DIRK COMMANDEUR

Die Bilanzierung der Aufwendungen für die Ingangsetzung und Erweiterung des Geschäftsbetriebs

Forschungsergebnisse aus dem
Revisionswesen und der betriebswirtschaftlichen Steuerlehre

Herausgegeben von Prof. Dr. Erich Loitlsberger, Prof. Dr. Dieter Rückle
und Prof. Dr. Jörg Baetge

Band 5

Die Bilanzierung der Aufwendungen für die Ingangsetzung und Erweiterung des Geschäftsbetriebs

Von

Dr. Dirk Commandeur

DUNCKER & HUMBLOT / BERLIN

CIP-Kurztitelaufnahme der Deutschen Bibliothek

Commandeur, Dirk:
Die Bilanzierung der Aufwendungen für die Ingang-
setzung und Erweiterung des Geschäftsbetriebs /
von Dirk Commandeur. — Berlin : Duncker und Humblot,
1986.
(Forschungsergebnisse aus dem Revisionswesen und
der betriebswirtschaftlichen Steuerlehre ; Bd. 5)
ISBN 3-428-06117-9

NE: GT

D 6

Druck: Berliner Buchdruckerei Union, Berlin 61
Printed in Germany

ISBN 3-428-06117-9

Vorwort des Herausgebers

Im Dezember 1985 wurde vom Deutschen Bundestag und vom Bundesrat das Bilanzrichtlinien-Gesetz verabschiedet, das die Vierte, Siebente und Achte Richtlinie des Rates der Europäischen Gemeinschaften in deutsches Recht umsetzt. Das Bilanzrichtlinien-Gesetz führt zu einer Reihe von Änderungen der gesetzlichen Regelungen über die Aufstellung, Prüfung und Veröffentlichung von Jahresabschlüssen. Eine bedeutsame Änderung gegenüber dem bisherigen Recht betrifft die Bilanzierungshilfe für Aufwendungen für die Ingangsetzung und Erweiterung des Geschäftsbetriebs. Danach dürfen neben den Aufwendungen der Ingangsetzung des Geschäftsbetriebs jetzt auch die Aufwendungen für die Erweiterung des Geschäftsbetriebs als Bilanzierungshilfe aktiviert werden. Es steht zu erwarten, daß sich die Bilanzierungspraxis dieser Möglichkeiten in großem Umfange bedienen wird. Diese Erwartung wird verstärkt durch die Tatsache, daß die Bilanzierungspraxis wegen der gleichzeitig gesetzlich vorgeschriebenen Ausschüttungssperre im Umfang der aktivierten Ingangsetzungs- und Erweiterungsaufwendungen keine negativen Konsequenzen für die Liquiditätslage des Unternehmens befürchten muß. Weiterhin ist die Bilanzierungshilfe künftig auch für die große Zahl der GmbH zulässig. Insbesondere die Ausweitung dieser als Ausnahmeregelung konzipierten Bilanzierungshilfe auf die Aufwendungen für die Erweiterung des Geschäftsbetriebs bedarf wegen ihrer Unbestimmtheit der Konkretisierung.

Diese gesetzliche Ausnahmevorschrift scheint auf den ersten Blick eine ziemlich großzügige Bilanzierungshilfe zu gewähren. Um die regulären Bilanzierungszwecke nicht zu sehr durch dieses Wahlrecht unterlaufen zu lassen, setzen sich Fachautoren, wie *Adler / Düring / Schmaltz*[1], für eine restriktive Auslegung solcher Bilanzierungshilfen ein. Von juristischen Methoden-Lehrern wird die These der restrikiven Auslegung von Ausnahmevorschriften dagegen bestritten. Sie zeigen, daß Ausnahmevorschriften vielmehr unter Beachtung aller juristischen Auslegungskriterien ausgelegt werden müssen, damit eine insgesamt akzeptable Lösung unter Berücksichtigung der gesetzlichen Regelvorschriften und der gesetzlichen Ausnahmevorschriften erzielt wird. Diese Überlegungen hat sich der Verfasser zu eigen gemacht und versucht, für die Bilanzierungshilfen — dargestellt am sehr aktuellen Beispiel des Aktivierungswahlrechtes für die Aufwendungen der Ingangsetzung und Erweiterung des Geschäftsbetriebs — eine konkrete Auslegung zu erarbeiten.

---

[1] Vgl. *Adler, H. / Düring, W. / Schmaltz, K.*, Rechnungslegung und Prüfung der Aktiengesellschaft, 4. Aufl., Bd. 1, Stuttgart 1968, § 153 Tz. 128.

Der Verfasser stellt sich die Aufgabe zu klären, ob der Wortlaut des § 269 HGB, wonach „Aufwendungen für die Ingangsetzung des Geschäftsbetriebs und dessen Erweiterung ... als Bilanzierungshilfe“ aktiviert werden dürfen, dem Bilanzierenden bei jeder Ingangsetzung und Erweiterung ein Aktivierungswahlrecht einräumt oder ob eine Aktivierung dieser Aufwendungen nur in Frage kommt, wenn eine Bilanzierungshilfe erforderlich ist. Er kommt zu dem Ergebnis, daß eine Aktivierung der Aufwendungen für die Ingangsetzung und Erweiterung des Geschäftsbetriebs nur dann zulässig ist, wenn einer der Zwecke dieser Bilanzierungshilfe durch die Aktivierung erfüllt wird. Als Zwecke der Bilanzierungshilfe des § 269 HGB hat der Verfasser zuvor

— die Vermeidung bzw. Verringerung eines Verlustausweises,
— die Vermeidung bzw. Verringerung einer Unterbilanz,
— die Vermeidung bzw. Verringerung einer formellen Überschuldung und
— die Vermeidung der Einberufung einer außerordentlichen Hauptversammlung wegen des Verlustes des halben Grundkapitals

herausgearbeitet.

Die Ausweitung des Aktivierungswahlrechts auf die Aufwendungen für die Erweiterung des Geschäftsbetriebs macht es erforderlich, den Begriff „Erweiterung“ durch einen betriebswirtschaftlichen Fachbegriff zu konkretisieren. Hierzu dient die Betriebsgröße. Als Maßstab zur Messung der Betriebsgröße wählt der Verfasser die Kapazität, die durch die Produktionshöhe, die Produktionsbreite und die Produktionstiefe gemessen wird. Für die Fragestellung der Bilanzierungshilfe beschränkt sich der Verfasser aber zu Recht auf die Feststellung, ob die Kapazität in bedeutender Weise verändert wurde. Die Beantwortung dieser Frage ist einfacher als die detaillierte Messung einer Veränderung. Zusätzlich wird das Relevanz-(Bedeutungs-)Kriterium herangezogen, um die Erweiterungsmaßnahmen gegenüber den übrigen Aktivitäten der Unternehmung, wie Betriebsumstellung und Betriebsverlegung, abgrenzen zu können. Weiterhin klärt der Verfasser die Dauer der Erweiterung und die Frage der Nachholung der Aktivierung. Neben der Erfassung der relevanten Aufwendungen im Rechnungswesen des Unternehmens geht der Verfasser auch auf die Möglichkeit der Teilaktivierung und auf die Abschreibung der aktivierten Aufwendungen ein. Bei der letzten Frage wird auch die Abschreibung aufgrund des Imparitätsprinzips geklärt. Danach darf die Bilanzierungshilfe nicht in Anspruch genommen werden, wenn sich die Ingangsetzung oder Erweiterung als Fehlmaßnahme herausstellt. Erweisen sich diese Maßnahmen erst nach der Aktivierung als Fehlmaßnahme, ist entsprechend abzuschreiben. Der Verfasser befaßt sich auch mit dem Ausweis und den Erläuterungen der aktivierten Aufwendungen für die Ingangsetzung und Erweiterung des Geschäftsbetriebs sowie mit der Ausschüttungssperre des § 269 Satz 2 HGB.

Bei der Auslegung der Vorschrift nimmt der Verfasser weder einen ausschließlich juristischen noch einen ausschließlich betriebswirtschaftlichen Standpunkt ein, sondern verbindet in eindrucksvoller Weise die von der juristischen

Methodenlehre zur Auslegung gesetzlicher Vorschriften entwickelten Kriterien mit betriebswirtschaftlichen Überlegungen. Dabei wird der Ausnahmecharakter der Bilanzierungshilfe stets berücksichtigt. Dies ist wegen des besonderen Verhältnisses zwischen der Bilanzierungshilfe als Spezialnorm und der gesetzlichen Generalnorm für die Aufstellung des Jahresabschlusses von Kapitalgesellschaften, die ein den tatsächlichen Verhältnissen entsprechendes Bild der Vermögens-, Finanz- und Ertragslage der Gesellschaft verlangt, für eine sinnvolle Auslegung unerläßlich. Während man normalerweise von einer übereinstimmenden Zielsetzung von Generalnorm und Einzelvorschriften ausgehen kann, ist das bei der gesetzlichen Ausnahmevorschrift über die Aktivierung der Aufwendungen der Ingangsetzung und Erweiterung des Geschäftsbetriebs nicht der Fall. Der Verfasser leistet somit zugleich einen Beitrag zur Lösung der bereits seit längerer Zeit kontrovers diskutierten Frage, ob und wieweit die Generalnorm bei der Auslegung gesetzlicher Einzelvorschriften heranzuziehen ist. Das vom Verfasser entwickelte Konzept wird zwar anhand der Bilanzierungshilfe für Aufwendungen der Ingangsetzung und Erweiterung des Geschäftsbetriebs dargestellt, der Ansatz läßt sich mutatis mutandis aber auch auf andere gesetzliche Ausnahmeregelungen übertragen.

Die vorliegende Arbeit steht auf hohem theoretischen Niveau. Sie bietet aber zugleich Bilanzpraktikern und Wirtschaftsprüfern, welche auf anwendbare Bilanzierungsanweisungen angewiesen sind, eine ausgewogene und verläßliche Lösung für diese aktuelle Bilanzierungsfrage. Die vorliegende Monographie ist die umfassendste und fundierteste Interpretation von Bilanzierungshilfen, die bisher im Schrifttum existiert.

Münster, im April 1986

Jörg Baetge

Vorwort des Verfassers

Der Leser mag darüber erstaunt sein, daß eine einzelne gesetzliche Vorschrift Grundlage einer wissenschaftlichen Arbeit sein kann. Wie wichtig und diffizil die Auslegung gesetzlicher Vorschriften jedoch ist, hebt bereits *Hugo von Wallis* in der Festschrift für Ottmar Bühler hervor:

„Daß der Auslegungsfrage soviel Gewicht beigemessen wird, ist für den nicht verwunderlich, der die außerordentliche Bedeutung der Gesetzesauslegung ermißt, der Klarheit darüber gewonnen hat, daß ein guter Interpret auch ein mangelhaftes Gesetz erträglich machen, eine schlechte Interpretation aber auch das beste Gesetz zum Verhängnis werden lassen kann.“[2]

Die vorliegende Arbeit wurde im November 1985 von der Wirtschaftswissenschaftlichen Fakultät der Westfälischen Wilhelms-Universität Münster als betriebswirtschaftliche Dissertation angenommen. Sie entstand während meiner Tätigkeit als wissenschaftlicher Mitarbeiter am Institut für Revisionswesen der Westfälischen Wilhelms-Universität Münster in den Jahren 1982 bis 1985.

Meinem verehrten akademischen Lehrer und Doktorvater, Herrn Prof. Dr. Jörg Baetge, danke ich für die intensive Betreuung, für wertvolle Ratschläge und für die konstruktive Kritik, die wesentlich zum Gelingen der Arbeit beigetragen haben. Dem Korreferenten, Herrn Prof. Dr. Ulrich Leffson, bin ich für viele wertvolle Anregungen, durch die die Arbeit verbessert werden konnte, zu Dank verpflichtet. Meinen Kolleginnen und Kollegen am Institut für Revisionswesen danke ich für ihre ständige Hilfsbereitschaft und für viele hilfreiche Diskussionen.

Den Herausgebern, Herrn Prof. Dr. Jörg Baetge, Herrn Prof. Dr. Erich Loitlsberger und Herrn Prof. Dr. Dieter Rückle, danke ich für die Aufnahme meiner Arbeit in ihre Schriftenreihe. Dem Münsteraner Gesprächskreis Rechnungslegung und Prüfung e.V. danke ich für die Unterstützung bei der Drucklegung.

Münster, im April 1986

Dirk Commandeur

---

[2] *von Wallis, H.*, Die wirtschaftliche Betrachtungsweise im Steuerrecht, in: Probleme des Finanz- und Steuerrechts, Festschrift für *Ottmar Bühler*, hrsg. v. *A. Spitaler*, Köln 1954, S. 249-277, hier S. 251.

Inhaltsverzeichnis

Abbildungsverzeichnis

Tabellenverzeichnis

Abkürzungsverzeichnis

Abb.	Abbildung
ABl.EG	Amtsblatt der Europäischen Gemeinschaften
Abs.	Absatz
AG	Die Aktiengesellschaft
AktG	Aktiengesetz vom 6.9.1965 in der Fassung vom 19. Dezember 1985
AktG a.F.	Aktiengesetz vom 6.9.1965 in der Fassung vom 29. März 1983
AktG 1937	Aktiengesetz vom 31.1.1937
Anm.	Anmerkung
Art.	Artikel
Aufl.	Auflage
Az.	Aktenzeichen
BayVBl.	Bayrische Verwaltungsblätter
BB	Der Betriebsberater
Bd.	Band
bearb.	bearbeitet
begr.	begründet
BFuP	Betriebswirtschaftliche Forschung und Praxis
BGB	Bürgerliches Gesetzbuch vom 18.8.1896
BGBl.	Bundesgesetzblatt
BGH	Bundesgerichtshof
BR-Drucks.	Bundesrats-Drucksache
BT-Drucks.	Bundestags-Drucksache
bzw.	beziehungsweise
d.	der
DB	Der Betrieb
DBW	Die Betriebswirtschaft
ders.	derselbe Autor
d.h.	das heißt
dies.	dieselben Autoren
Diss.	Dissertation
DM	Deutsche Mark

DStR	Deutsches Steuerrecht
E	Entwurf
EDV	Elektronische Datenverarbeitung
EG	Europäische Gemeinschaften
e.V.	eingetragener Verein
f.	folgende Seite
FN	Fußnote
GE	Geldeinheiten
GenG	Gesetz betreffend die Erwerbs- und Wirtschaftsgenossenschaften vom 1.5.1889 in der Fassung vom 19. Dezember 1985
GmbH	Gesellschaft mit beschränkter Haftung
GmbHG	Gesetz betreffend die Gesellschaften mit beschränkter Haftung vom 20.4.1892 in der Fassung vom 19. Dezember 1985
HdWW	Handwörterbuch der Wirtschaftswissenschaften
HGB	Handelsgesetzbuch vom 18.5.1897 in der Fassung vom 19. Dezember 1985
Hrsg.	Herausgeber
hrsg.	herausgegeben
HWB	Handwörterbuch der Betriebswirtschaft
HWPlan	Handwörterbuch der Planung
HWProd	Handwörterbuch der Produktion
HWR	Handwörterbuch des Rechnungswesens
HWRev	Handwörterbuch der Revision
HWS	Handwörterbuch der Sozialwissenschaften
i.d.R.	in der Regel
IdW	Institut der Wirtschaftsprüfer in Deutschland e.V.
i.V.m.	in Verbindung mit
KG	Kommanditgesellschaft
KGaA	Kommanditgesellschaft auf Aktien
KO	Konkursordnung
KTS	Konkurs-, Treuhand- und Schiedsgerichtswesen
NB	Neue Betriebswirtschaft
Nr.	Nummer
oHG	offene Handelsgesellschaft
OLG	Oberlandesgericht
PublG	Gesetz über die Rechnungslegung von bestimmten Unternehmen und Konzernen vom 15.8.1969 in der Fassung vom 19. Dezember 1985
RefE	Referentenentwurf
RegE	Regierungsentwurf

RGBl.	Reichsgesetzblatt
Rn.	Randnummer
S.	Seite
sog.	sogenannte(-r), (-s)
Sp.	Spalte
StBp	Steuerliche Betriebsprüfung
StGB	Strafgesetzbuch
StuW	Steuer und Wirtschaft
Tab.	Tabelle
Tz.	Textziffer
u.a.	und andere
u.U.	unter Umständen
v.	von/vom
VE	Vorentwurf
Verf.	Verfasser
vgl.	vergleiche
WiSt	Wirtschaftswissenschaftliches Studium
WISU	Das Wirtschaftsstudium
WPg	Die Wirtschaftsprüfung
z.B.	zum Beispiel
ZfB	Zeitschrift für Betriebswirtschaft
ZfbF	Zeitschrift für betriebswirtschaftliche Forschung
ZfgS	Zeitschrift für die gesamten Staatswissenschaften
ZfhF	Zeitschrift für handelswissenschaftliche Forschung
ZGR	Zeitschrift für Unternehmens- und Gesellschaftsrecht

1 Einleitung

11 Problemstellung

„Wo klare Begriffe fehlen, müssen Worte zum Bedecken der gedanklichen Blößen und im Wirtschaftsleben unserer Zeit auch allzuoft von Interessen dienen, die von dem begrifflichen Inhalt der Worte nicht mehr gedeckt werden."[1] Anstatt von unklaren Begriffen, wie in diesem Zitat von 1954, spricht man heute, soweit sich diese Begriffe in gesetzlichen Vorschriften finden, von auslegungsbedürftigen unbestimmten Rechtsbegriffen. Das Problem der Verwendung ungenauer Begriffe besteht heute unverändert. In Gesetzen sind unbestimmte Rechtsbegriffe häufig nicht vermeidbar. Zum einen ist es wegen der Vielfältigkeit der in der Praxis auftretenden Fälle nicht möglich, innerhalb des Gesetzes den Anwendungsbereich und die Rechtsfolgen einer gesetzlichen Vorschrift so detailliert zu regeln, daß bei der Anwendung der Vorschrift keinerlei Spielräume bestehen bleiben. Zum anderen ist eine derart konkrete Regelung nicht sinnvoll, da eine solche Vorschrift bei unvorhergesehenen Tatbeständen nicht ausreichend flexibel anwendbar ist.

Im Rahmen der juristischen Methodenlehre sind deshalb Kriterien zur Auslegung einzelner Rechtsbegriffe und gesetzlicher Vorschriften entwickelt worden. Diese Auslegungskriterien beziehen sich einerseits auf die einzelne auszulegende gesetzliche Vorschrift. Bei der Auslegung einer einzelnen Vorschrift wird andererseits als Auslegungskriterium auch der Zweck des Gesetzes bzw. des Gesetzesabschnitts herangezogen.[2] Der Gesetzeszweck wird im Rahmen der objektiv-teleologischen Auslegung aus den Einzelregelungen der gesamten Vorschriften des Gesetzes bzw. des Gesetzesabschnitts hergeleitet, d.h. es werden nicht nur die auszulegende Vorschrift selbst sondern auch die anderen Vorschriften des Gesetzes bei der Auslegung einer einzelnen Vorschrift mit berücksichtigt.

Diese Vorgehensweise ist aber für gesetzliche Ausnahmevorschriften ungeeignet, da diese Vorschriften mit anderen gesetzlichen Vorschriften zum Teil nicht kompatibel sind. Die Anwendung der Ausnahmevorschrift führt bezüglich bestimmter Regelungsinhalte zu anderen Rechtsfolgen als die Anwendung anderer gesetzlicher Vorschriften. Das gilt auch für die Vorschrift über die

---

[1] *Lange, A./Falk, B.*, Die Aktivierung von Anlaufkosten, in: Der Wirtschaftsprüfer 1954, S. 169-175, hier S.169.

[2] Vgl. z.B. *Larenz, K.*, Methodenlehre der Rechtswissenschaft, 5. Aufl., Berlin u.a. 1983, S. 313-325.

Bilanzierung der Aufwendungen für die Ingangsetzung und Erweiterung des Geschäftsbetriebs[3], also für die hier betrachtete gesetzliche Ausnahmevorschrift, die sowohl vom Schrifttum[4] als auch im Gesetz[5] als Bilanzierungshilfe bezeichnet wird. Bilanzierungshilfen gewähren den bilanzierenden Unternehmen Wahlrechte. Diese Wahlrechte werden mit anderen als den Jahresabschlußzwecken begründet und deshalb als bilanzfremd bezeichnet.[6] Z.B. wird mit solchen Wahlrechten vom Rechenschaftszweck des Jahresabschlusses abgewichen. D.h. die Wahlrechte sind inkompatibel sowohl mit anderen Vorschriften desselben Gesetzes als auch mit den Zwecken des Gesetzes, die als Kriterium zur Auslegung einer einzelnen Vorschrift angeführt werden. Gesetzliche Ausnahmevorschriften wie die Bilanzierungshilfen stellen innerhalb des Gesetzes einen Fremdkörper dar. Die Anwendung der juristischen Auslegungskriterien bei der Auslegung von gesetzlichen Ausnahmevorschriften bedarf deshalb einer kritischen Betrachtung.

In der Literatur[7] wird teilweise darauf verwiesen, daß solche Ausnahmevorschriften generell restriktiv auszulegen sind. Der Hinweis auf eine restriktive Auslegung von Ausnahmevorschriften hilft aber nicht weiter, da ein Kriterium fehlt, um im Einzelfall zu entscheiden, ob eine Auslegung als restriktiv eingestuft werden kann oder nicht. Die Forderung nach einer restriktiven Auslegung von Ausnahmevorschriften ist außerdem nicht unbestritten.[8] Für die Auslegung von gesetzlichen Ausnahmevorschriften ist eine genaue Analyse notwendig. Dann erst läßt sich entscheiden, wie die jeweilige Ausnahmevorschrift auszulegen ist.

---

[3] Vgl. §§ 269 und 282 HGB.

[4] Vgl. z.B. *Freericks, W.*, Bilanzierungsfähigkeit und Bilanzierungspflicht in Handels- und Steuerbilanz, Köln u.a. 1976, S. 218; *Müller-Dahl, F.P.*, Betriebswirtschaftliche Probleme der handels- und steuerrechtlichen Bilanzierungsfähigkeit, Berlin 1979, S. 172f.

[5] Vgl. § 269 Satz 1 HGB.

[6] Vgl. *Kropff, B.*, Sinn und Grenzen von Bilanzpolitik — im Hinblick auf den Entwurf des Bilanzrichtlinie-Gesetzes, in: Der Jahresabschluß im Widerstreit der Interessen, hrsg. v. *J. Baetge*, Düsseldorf 1983, S. 179-211, hier S. 202; *Lamers, A.*, Aktivierungsfähigkeit und Aktivierungspflicht immaterieller Werte, Bd. 2 der Hochschulschriften zur Betriebswirtschaftslehre, hrsg. v. *D. Beschorner / M. Heinhold*, München 1981, S. 98; *Frotz, H.*, Die durch § 149 Abs. 1 AktG gezogenen Grenzen von Bilanzstrategie und Bilanztaktik, in: DB 1976, S. 1343-1346, hier S. 1345.

[7] Vgl. z.B. *Mutze, O.*, Aktivierung und Bewertung immaterieller Wirtschaftsgüter nach Handels- und Steuerrecht, Berlin 1960, S. 277; *Helmrich, H.*, Zur Umsetzung der 4. und 7. EG-Richtlinie in deutsches Handels- und Gesellschaftsrecht, in: ZfbF 1985, S. 723-734, hier S. 728; *Adler, H. / Düring, W. / Schmaltz, K.*, Rechnungslegung und Prüfung der Aktiengesellschaft, 4. Aufl., Bd. 1, Stuttgart 1968, § 153 Tz. 128; *Limberg, M.*, Ingangsetzungskosten des Geschäftsbetriebs nach § 153 Abs. 4 AktG 1965 in der Handels- und Steuerbilanz, in: StBp 1973, S. 198-202, hier S. 200; *Richter, M.*, Die Bilanzierungshilfen, in: Handbuch des Jahresabschlusses in Einzeldarstellungen, hrsg. v. *K. von Wysocki / J. Schulze-Osterloh*, Köln 1984, Rn. 31.

[8] Vgl. *Larenz, K.*, Methodenlehre, S. 339 f.; *Bydlinski, F.*, Juristische Methodenlehre und Rechtsbegriff, Wien u.a. 1982, S. 81 und 440.

Das Ziel der vorliegenden Untersuchung ist, die Besonderheiten der Auslegung solcher gesetzlichen Ausnahmevorschriften herauszuarbeiten. Dabei wird als Beispiel die Bilanzierungshilfe des § 269 HGB, die ein Wahlrecht für die Aktivierung von Aufwendungen für die Ingangsetzung und Erweiterung des Geschäftsbetriebs gewährt, herangezogen. Diese Bilanzierungshilfe wurde im Rahmen der Umsetzung der 4. EG-Richtlinie in das HGB aufgenommen. Mit der Kodifizierung dieser Bilanzierungshilfe hat der deutsche Gesetzgeber ein nationales Wahlrecht der 4. EG-Richtlinie[9] in Anspruch genommen.

Die Regelung des § 269 HGB ist aus zwei Gründen von aktueller Bedeutung. Erstens gewinnen Vorleistungen, zu denen auch die Aufwendungen für die Ingangsetzung und Erweiterung des Geschäftsbetriebs zählen, mit zunehmend komplexeren Produkten und Produktionsprozessen für die Ertragslage der Unternehmen ständig an Bedeutung.[10] Zweitens ist der Anwendungsbereich dieser Bilanzierungshilfe gegenüber der in § 153 IV AktG a.F. enthaltenen entsprechenden Regelung erheblich erweitert worden. Der § 153 IV AktG a.F. konnte wegen seines, auf die Ingangsetzung des Geschäftsbetriebs begrenzten Anwendungsbereichs nur selten in Anspruch genommen werden. In der Zukunft wird sich das aller Voraussicht nach ändern. Nach § 269 HGB dürfen auch Aufwendungen für die Erweiterung des Geschäftsbetriebs aktiviert werden. Der Begriff Erweiterung läßt sich unterschiedlich weit auslegen. Hier besteht insofern einerseits für die Bilanzierenden die Möglichkeit, andererseits für die Jahresabschlußleser die Gefahr, daß die Bilanzierungshilfe des § 269 HGB als Mittel der Bilanzpolitik verwendet wird.

Im folgenden soll diese Bilanzierungshilfe unter der Berücksichtigung, daß diese Vorschrift eine gesetzliche Ausnahmevorschrift darstellt, ausgelegt werden. Bei der Auslegung soll insbesondere der Anwendungsbereich dieser Vorschrift bestimmt werden. *Godin / Wilhelmi*[11] stellen fest, daß die Grenze zwischen den Aufwendungen für die Errichtung des Betriebs[12] und den Aufwendungen für den laufenden Geschäftsbetrieb theoretisch schwierig, bei gesundem kaufmännischen Ermessen aber leicht zu finden ist. Diese Aussage zeigt, daß eine konkrete Auslegung erforderlich ist,[13] damit bezüglich des § 269

---

[9] Vgl. *Rat der Europäischen Gemeinschaften*, Vierte Richtlinie des Rates v. 25.7.1978, in: ABl.EG Nr. L 222 v. 14.8.1978, S. 11-31, hier Art. 34 I.

[10] Vgl. *Volkswagenwerk AG (Hrsg.)*, Aktuelle Probleme der Kosten- und Erlösrechnung bei weitgehend automatisierter Serienfertigung, Wolfsburger Fachgespräche, Bd. 7, Dialog zwischen Wissenschaft und Praxis über aktuelle Fragen des Finanzmanagements, Wolfsburg 1985; *Reuter, E.*, Neue Produkte erfordern erhebliche Vorleistungen, in: Handelsblatt Nr. 73 v. 16. April 1985, S. 22f.

[11] Vgl. *von Godin, R. / Wilhelmi, H.*, Aktiengesetz-Kommentar, 2. Aufl., Berlin 1950, § 133 Anm. 13.

[12] Vgl. § 133 Nr. 4 Satz 2 AktG 1937.

[13] Vgl. *Kropff, B.*, Bilanzwahrheit und Ermessensspielraum in den Rechnungslegungsvorschriften des Aktiengesetzes 1965, in: WPg 1966, S. 369-380, hier S. 373.

HGB nicht das eintritt, was *Lange / Falk*[14] in dem eingangs angeführten Zitat feststellen.

12 Gang der Untersuchung

Die Untersuchung ist einschließlich dieser Einleitung in vier Hauptabschnitte gegliedert.

Im zweiten Hauptabschnitt werden die gesetzliche Regelung des § 269 HGB, der für die Aufwendungen für die Ingangsetzung und Erweiterung des Geschäftsbetriebs ein Ansatzwahlrecht als Bilanzierungshilfe gewährt, und die Abschreibungsregelung des § 282 HGB kurz dargestellt und die Änderungen gegenüber § 153 IV AktG a.F. erläutert. Innerhalb des folgenden Hauptabschnitts (Abschnitt 3) werden anhand der Bilanzierungshilfe des § 269 HGB die Besonderheiten der Auslegung gesetzlicher Ausnahmevorschriften erarbeitet. Ausgehend von den in der juristischen Methodenlehre entwickelten Kriterien zur Auslegung von Gesetzestexten wird in Abschnitt 32 gezeigt, warum und wieweit bei der Auslegung von gesetzlichen Ausnahmevorschriften anders vorzugehen ist, als bei anderen gesetzlichen Vorschriften, die im folgenden, im Gegensatz zu den Ausnahmevorschriften, als Regelvorschriften bezeichnet werden. In Abschnitt 33 werden, aufbauend auf dem Ergebnis des Abschnitts 32, die Zwecke der Bilanzierungshilfe, die für die Auslegung erforderlich sind, herausgearbeitet. In Abschnitt 34 wird ermittelt, wo die Anwendung der Bilanzierungshilfe des § 269 HGB bei Ingangsetzungs- und Erweiterungsaufwendungen zu anderen Ergebnissen führt, als die Anwendung der handelsrechtlichen Regelvorschriften über die Aufstellung des Jahresabschlusses. Zur Lösung dieser Normenkonflikte zwischen der Bilanzierungshilfe als gesetzliche Ausnahmevorschrift und den handelsrechtlichen Regelvorschriften wird in Abschnitt 35 ein Verfahren entwickelt, anhand dessen bei der Auslegung vorzugehen ist.

Die in Abschnitt 3 erarbeiteten Kriterien zur Auslegung von gesetzlichen Ausnahmevorschriften werden im letzten Hauptabschnitt (Abschnitt 4) bei der Auslegung der Bilanzierungshilfe des § 269 HGB angewendet.

---

[14] Vgl. *Lange, A. / Falk, B.*, Die Aktivierung von Anlaufkosten, S. 169.

2 Die gesetzliche Regelung der Aktivierung von Aufwendungen für die Ingangsetzung und Erweiterung des Geschäftsbetriebs

21 Die Regelung des HGB

Eine Unternehmung aufzubauen setzt voraus, daß die für den Geschäftsbetrieb notwendigen Vermögensgegenstände, z.B. die Gebäude und die Produktionsanlagen, beschafft werden. Für diese Vermögensgegenstände besteht eine Aktivierungspflicht.[1] Daneben sind aber weitere Maßnahmen erforderlich, um mit der Unternehmenstätigkeit beginnen zu können. Geeignete Mitarbeiter sind auszuwählen und einzuarbeiten, die Unternehmensorganisation muß aufgebaut und die Beschaffungs- und Absatzkanäle müssen eingerichtet werden. Solche Aufwendungen werden als Aufwendungen für die Ingangsetzung des Geschäftsbetriebs bezeichnet. Entsprechende Aufwendungen entstehen nicht nur bei der Gründung einer Unternehmung sondern auch dann, wenn eine Unternehmung, z.B. durch den Bau einer zusätzlichen Produktionsanlage, erweitert wird. Hier liegen dann Aufwendungen für die Erweiterung der Unternehmung vor.

Die Aktivierung von Aufwendungen für die Ingangsetzung und Erweiterung des Geschäftsbetriebs ist in § 269 HGB gesetzlich geregelt. „Die Aufwendungen für die Ingangsetzung des Geschäftsbetriebs und dessen Erweiterung dürfen, soweit sie nicht bilanzierungsfähig sind, als Bilanzierungshilfe aktiviert werden“[2]. Diese Regelung entspricht Art. 34 I der 4. EG-Richtlinie, der für diese Bilanzierungshilfe ein nationales Wahlrecht enthält.

Die Möglichkeit der Aktivierung von Aufwendungen für die Ingangsetzung und Erweiterung des Geschäftsbetriebs wird in § 269 HGB explizit als Bilanzierungshilfe bezeichnet. Der Begriff Bilanzierungshilfe wird in der Literatur[3] schon seit beinahe dreißig Jahren für diese Bilanzposition verwendet.

---

[1] Vgl. §§ 246 I und 247 I HGB.

[2] § 269 Satz 1 HGB.

[3] Vgl. *Bundesminister der Justiz*, Referentenentwurf eines Aktiengesetzes, Köln 1958, Erläuternde Bemerkungen zum Referentenentwurf, S. 324; *Kropff, B.*, Leitgedanken der Bewertungsvorschriften des künftigen Aktienrechts, in: WPg 1964, S. 565-575, hier S. 566; *Bundesregierung*, Begründung des Regierungsentwurfs des Aktiengesetzes 1965, abgedruckt in: *Kropff, B.*, Aktiengesetz, Düsseldorf 1965, S. 244; *IdW*, Zur Frage der Bedeutung aktienrechtlicher Bewertungsvorschriften für das Steuerrecht, in: WPg 1967, S. 666-669, hier S. 666; *Döllerer, G.*, Die Maßgeblichkeit der Handelsbilanz für die Steuerbilanz, in: BB 1969, S. 501-507, hier S. 506; *Saage, G.*, Veränderte Grundlagen der Gewinnermittlung nach Handels- und Steuerrecht, in: DB 1969, S. 1661-1667 und

Im Zusammenhang mit dem Begriff Bilanzierungshilfe, der aussagt, daß ohne eine entsprechende gesetzliche Vorschrift keine Aktivierung zulässig ist, ist auch der Halbsatz „soweit sie nicht bilanzierungsfähig sind“[4] zu sehen. Das bedeutet, daß die Bilanzierungshilfe nur dann in Anspruch genommen werden darf, wenn diese Aufwendungen nicht unter einer anderen Bilanzposition, z.B. innerhalb der Anschaffungs- oder Herstellungskosten von Gegenständen des Anlage- oder Umlaufvermögens, aktiviert werden dürfen.

Die Aufwendungen für die Ingangsetzung und Erweiterung des Geschäftsbetriebs sind nach § 269 Satz 1 HGB gesondert vor dem Anlagevermögen auszuweisen. Nach § 268 II HGB ist für diesen Posten ein Anlagespiegel[5] aufzustellen. Dieser Anlagespiegel ist ebenso wie für die Posten des Anlagevermögens nach der direkten Bruttomethode[6] zu erstellen. Werden Aufwendungen für die Ingangsetzung und Erweiterung aktiviert, so ist dieser Posten im Anhang zu erläutern.[7]

§ 269 Satz 2 HGB enthält eine Regelung, die als Ausschüttungssperre[8], partielle Ausschüttungssperre[9], Ausschüttungsbarriere[10] und Ausschüttungs-

S. 1709-1714, hier S. 1667; *Völschau, G.*, Zielsetzung, System und rechtliche Gestaltung der Rechnungslegungsvorschriften des neuen Aktiengesetzes, Diss., Hamburg 1969, S. 246; *Freericks, W.*, Bilanzierungsfähigkeit, S. 218; *Moxter, A.*, Aktivierungsgrenzen bei immateriellen Anlagewerten, in: BB 1978, S. 821-825, hier S. 824; *Federmann, R.*, Bilanzierung nach Handelsrecht und Steuerrecht, 4. Aufl., Bielefeld 1978, S. 153; *Müller-Dahl, F.P.*, Betriebswirtschaftliche Probleme, S. 172f.

[4] § 269 Satz 1 HGB.

[5] Der Begriff „Anlagespiegel“ ist nicht ganz korrekt, da es sich bei den aktivierten Ingangsetzungs- und Erweiterungsaufwendungen nicht um einen Anlagegegenstand handelt. Dieser Begriff wird aber in der Literatur seit langem für die in § 268 II HGB geforderte Darstellung benutzt und soll deshalb auch hier verwendet werden.

[6] Vgl. *Küting, K./Haeger, B./Zündorf, H.*, Die Erstellung des Anlagengitters nach künftigem Bilanzrecht, in: BB 1985, S. 1948-1957, hier S. 1950-1953; *Harms, J.E./Küting, K.*, Die Notwendigkeit einer Sonderregelung für geringwertige Wirtschaftsgüter im künftigen Bilanzrecht, in: DB 1984, S. 1997-2005, hier S. 2001f.; *Bolin, M./Haeger, B./Zündorf, H.*, Einzelaspekte des künftigen Bilanzrechts, in: DB 1985, S. 605-611, hier S. 605.

[7] Vgl. § 269 Satz 1 HGB.

[8] Vgl. *Bundesregierung*, Entwurf eines Gesetzes zur Durchführung der Vierten Richtlinie des Rates der Europäischen Gemeinschaften zur Koordinierung des Gesellschaftsrechts (Bilanzrichtlinie-Gesetz), BR-Drucks. 257/83 vom 3. Juni 1983, Begründung, S. 80; *Harms, J.E./Küting, K.*, Bilanzpolitische Bedeutung von Bilanzierungshilfen nach altem und neuem Recht, in: BB 1984, S. 648-653, hier S. 649; *Kühnberger, M./Lenz, H./Stachuletz, R.*, Rechnungslegungsvorschriften des Entwurfs eines Bilanzrichtlinie-Gesetzes — ein Schritt zu einem „Allgemeinen Rechnungslegungsgesetz“?, in: DB 1982, S. 3-9, hier S. 5; *Kresse, W./Kotsch-Faßhauer, L.*, Das Bilanzrichtlinie-Gesetz und seine Anwendung in Buchführung und Jahresabschluß, Stuttgart 1984, S. 63; in einem anderen Sinn wird der Begriff von *Moxter, A.*, Bilanzlehre, Wiesbaden 1974, insbesondere S. 51-55 verwendet, der den Begriff Ausschüttungssperre als Jahresabschlußzweck eingeführt hat.

[9] Vgl. *Schruff, L.*, Rechnungslegung und Prüfung der AG und GmbH nach neuem Recht (4. EG-Richtlinie), Düsseldorf 1978, S. 82.

begrenzung[11] bezeichnet wird. Danach dürfen Gewinne nur dann ausgeschüttet bzw. entnommen werden, wenn in Höhe der aktivierten Aufwendungen für die Ingangsetzung und Erweiterung auflösbare Gewinnrücklagen vorhanden sind. Das bedeutet, daß auch ohne die Bilanzierungshilfe in Anspruch zu nehmen in gleicher Höhe ausgeschüttet werden könnte. Ziel dieser Regelung ist, daß die Höhe der Ausschüttungen von der Aktivierung der Aufwendungen für die Ingangsetzung und Erweiterung des Geschäftsbetriebs nicht beeinflußt wird.

Die Abschreibung der nach § 269 HGB aktivierten Aufwendungen regelt § 282 HGB. In jedem, dem Jahr der Aktivierung folgenden Geschäftsjahr sind mindestens 25 % des aktivierten Betrages abzuschreiben, d.h., daß die aktivierten Aufwendungen nach spätestens fünf Jahren abgeschrieben sind.

22 Die Änderungen gegenüber der Regelung in § 153 IV AktG a.F.

Das Bilanzrichtlinien-Gesetz[12] übernimmt ebenso wie der Gesetzentwurf der Bundesregierung[13] die Rechnungslegungsvorschriften, die vorher im Aktiengesetz enthalten waren, weitgehend in das Handelsgesetzbuch. Die gesetzliche Regelung der Bilanzierungshilfe in den §§ 269 und 282 HGB basiert auf der Regelung des § 153 IV Satz 2 und 3 AktG a.F., der die Aktivierung der „Kosten der Ingangsetzung des Geschäftsbetriebs" erlaubte. § 153 IV AktG a.F. verlangte einen gesonderten Ausweis innerhalb des Anlagevermögens und eine Abschreibung von mindestens 20 % in den folgenden Geschäftsjahren.

Vergleicht man die Regelungen des HGB mit § 153 IV AktG a.F., ergeben sich in den §§ 269 und 282 HGB eine Reihe von zum Teil bedeutenden Abweichungen:

a) Der Begriff Kosten wird durch den Begriff Aufwendungen ersetzt.

b) Neben den Aufwendungen für die Ingangsetzung sind auch Aufwendungen für die Erweiterung des Geschäftsbetriebs aktivierbar.

c) Der Ausweis erfolgt vor und nicht wie bisher innerhalb des Anlagevermögens.

d) Eine Ausschüttungssperre ist im Gesetz in Höhe des Betrags vorgeschrieben, in der die Bilanzierungshilfe in Anspruch genommen worden ist.

---

10 Vgl. *Veit, K.-R.*, Zur Bilanzierung von Organisationsausgaben und Gründungsausgaben nach künftigem Recht, in: WPg 1984, S. 65-70, hier S. 66.

11 Vgl. *Geisthardt, A.*, Bedeutung der vierten EG-Richtlinie für den Aussagegehalt des aktienrechtlichen Jahresabschlusses, Thun u.a. 1980, S. 187.

12 Vgl. Gesetz zur Durchführung der Vierten, Siebenten und Achten Richtlinie des Rates der Europäischen Gemeinschaften zur Koordinierung des Gesellschaftsrechts (Bilanzrichtlinien-Gesetz — BiRiLiG) vom 19. Dezember 1985, BGBl. 1985, Teil I, Nr. 62 v. 24.12.1985, S. 2355-2433.

13 Vgl. *Bundesregierung*, Gesetzentwurf eines Bilanzrichtlinie-Gesetzes vom 3. Juni 1983.

e) Die jährliche Mindestabschreibung beträgt ein Viertel der aktivierten Aufwendungen (bisher ein Fünftel).

f) Eine Erläuterung im Anhang ist explizit vorgeschrieben.

g) Der Anwendungsbereich der Regelung wurde geändert.

zu a): Die Verwendung des Begriffs Aufwendungen macht deutlich, daß nur Zahlungsgrößen aktiviert werden dürfen. Der Begriff Kosten war insofern irreführend. Eine materielle Änderung liegt hier allerdings nicht vor. Nach der betriebswirtschaftlichen Terminologie wäre es korrekter, den Begriff Aufwendungen durch den Begriff Ausgaben zu ersetzen, der bezüglich der Ingangsetzung und Erweiterung des Geschäftsbetriebs z.B. von *Chmielewicz*[14], *D. Schneider*[15], *Veit*[16] und der *Kommission Rechnungswesen*[17] verwendet wird. Aufwendungen sind periodisierte Ausgaben, die in der Gewinn- und Verlustrechnung und nicht in der Bilanz enthalten sind. Die Ausgaben für die Ingangsetzung und Erweiterung des Geschäftsbetriebs werden im Fall der Aktivierung nicht erfolgswirksam. Werden diese Ausgaben aktiviert, entstehen Aufwendungen erst, wenn der aktivierte Betrag durch Abschreibungen vermindert wird. In der Bilanz können somit nur Ausgaben aktiviert werden.[18] Aufwendungen liegen nur dann vor, wenn Ausgaben nicht aktiviert oder aktivierte Ausgaben abgeschrieben werden. Allerdings ist der Begriff Aufwand insofern für die aufgrund von § 269 HGB aktivierten Beträge sinnvoll, als diese Beträge normalerweise, d.h. ohne die Bilanzierungshilfe, als Aufwendungen in der Gewinn- und Verlustrechnung zu verrechnen wären. Durch die Bezeichnung als Aufwendungen wird deutlich, daß hier ausnahmsweise Beträge aktiviert wurden, die normalerweise Aufwandscharakter haben und diesen erst durch die Aktivierung verlieren.

---

[14] Vgl. *Chmielewicz, K.*, Vereinheitlichung der Rechnungslegung durch ein rechtsformunabhängiges Rechnungslegungsgesetz, in: Rechnungslegung nach neuem Recht, hrsg. v. *M. Bierich / W. Busse von Colbe / G. Laßmann / M. Lutter*, ZfbF, Sonderheft 10/1980, Wiesbaden 1980, S. 15-52, hier S. 38.

[15] Vgl. *Schneider, D.*, Gliederungs-, Ansatz- und Bewertungswahlrechte für den Jahresabschluß, in: Rechnungslegung nach neuem Recht, hrsg. v. *M. Bierich / W. Busse von Colbe / G. Laßmann / M. Lutter*, ZfbF, Sonderheft 10/1980, Wiesbaden 1980, S. 81-100, hier S. 91.

[16] Vgl. *Veit, K.-R.*, Organisationsausgaben, S. 65-70.

[17] Vgl. *Kommission Rechnungswesen im Verband der Hochschullehrer für Betriebswirtschaft e.V.*, Stellungnahme zum Regierungsentwurf eines Bilanzrichtlinie-Gesetzes, in: DBW 1983, S. 5-15, hier S. 8.

[18] Vgl. *Baetge, J. / Uhlig, A.*, Zur Ermittlung der handelsrechtlichen „Herstellungskosten" unter Verwendung der Daten der Kostenrechnung, in: WiSt 1985, S. 274-280, hier S. 276.

Unzutreffend ist der Begriff Auszahlungen, den § 245 I VE HGB[19] noch verwendete, der aber in § 269 HGB zu Recht nicht mehr enthalten ist. Auszahlungen unterscheiden sich von den Ausgaben dadurch, daß keine Kreditvorgänge erfaßt werden.[20] Für die Aktivierung der Bilanzierungshilfe ist es aber unerheblich, ob in Anspruch genommene Dienstleistungen bar bezahlt wurden oder ob ein Lieferantenkredit vereinbart wurde. Die Eingrenzung der Aktivierung auf angefallene Auszahlungen wäre somit zu eng.[21] Außerdem würde die Höhe des maximal aktivierbaren Betrags durch unterschiedliche Vereinbarung der Zahlungsmodalitäten bilanzpolitisch beeinflußbar.

Der Begriff Ausgaben entspricht zwar der betriebswirtschaftlichen Terminologie, im folgenden wird aber, um einen einheitlichen Begriff zu verwenden, wie im § 269 HGB von der Bilanzierung von Aufwendungen für die Ingangsetzung und Erweiterung des Geschäftsbetriebs gesprochen.

zu b): Die Möglichkeit, auch Aufwendungen für die Erweiterung des Geschäftsbetriebs zu aktivieren, ist eine bedeutende Erweiterung gegenüber dem alten Recht. Die Aktivierung der Aufwendungen für die Ingangsetzung des Geschäftsbetriebs ist bei jeder Unternehmung nur einmal, im Anschluß an die rechtliche Gründung möglich.[22] In der Vergangenheit ist hiervon nur selten Gebrauch gemacht worden.[23] Die Aktivierung von Aufwendungen für die Erweiterung des Geschäftsbetriebs ist dagegen nicht an dieses leicht meßbare Kriterium der Unternehmensgründung gebunden. Der Begriff Erweiterung läßt sich unterschiedlich weit

---

[19] Vgl. *Bundesminister der Justiz*, Vorentwurf eines Gesetzes zur Durchführung der Vierten Richtlinie des Rates der Europäischen Gemeinschaften zur Koordinierung des Gesellschaftsrechts (Bilanzrichtlinie-Gesetz), vom 5. Februar 1980, Text und Begründung, Az.: 9522/1-3-1a SH 3, abgedruckt bei: *Forster, K.-H./Gelhausen, W.D.*, Der Jahresabschluß nach dem Vorentwurf eines Bilanzrichtlinie-Gesetzes, 2. Aufl., Düsseldorf 1980.

[20] Vgl. *Männel, W.*, Auszahlungen, Ausgaben, Aufwand und Kosten, in: WISU 1979, S. 479-485, hier S. 480f.; *Weber, H.K.*, Ausgaben und Einnahmen, in: HWR, hrsg. v. *E. Kosiol/K. Chmielewicz/M. Schweitzer*, 2. Aufl., Stuttgart 1981, Sp. 93-100, hier Sp. 94f.

[21] Vgl. *Arbeitskreis „Rechnungslegungsvorschriften der EG-Kommission" der Gesellschaft für Finanzwirtschaft in der Unternehmensführung e.V. (GEFIU)*, Stellungnahme zum Vorentwurf eines Gesetzes zur Durchführung der 4. EG-(Bilanz-)Richtlinie zur Koordinierung des Gesellschaftsrechts (Bilanzrichtlinie-Gesetz) v. 5.2.1980, in: DB 1980, Beilage Nr. 12/80 zu Heft 24, S. 5.

[22] Vgl. *Veit, K.-R.*, Organisationsausgaben, S. 65.

[23] Vgl. *Kropff, B.*, Sinn und Grenzen, S. 198. Dieses liegt wohl auch darin begründet, daß mit der Inanspruchnahme der Bilanzierungshilfe des § 153 IV AktG a.F. keine Ausschüttungssperre verknüpft war. Die Bilanzierenden wollen die Aktionäre durch den Ausweis eines besseren Jahresergebnis nicht „sinnlich" machen; vgl. *Reuter, E.*, Bilanzierung in Ländern mit hohen Inflationsraten aus der Sicht einer multinationalen Großunternehmung, in: Das neue Bilanzrecht — Ein Kompromiß divergierender Interessen?, hrsg. v. *J. Baetge*, Düsseldorf 1985, S. 177-208, hier S. 192.

auslegen. Der Wortlaut des Gesetzes enthält keinen Hinweis, welches Kriterium heranzuziehen ist, um eine Unternehmenserweiterung festzustellen.

zu c): Durch den Ausweis vor dem Anlagevermögen wird deutlich, daß die Aufwendungen für die Ingangsetzung und Erweiterung des Geschäftsbetriebs in der Bilanz eine Sonderstellung einnehmen, da es sich hier nicht um einen Vermögensgegenstand handelt.[24]

zu d): Mit der Ausschüttungssperregelung soll verhindert werden, daß die Aktivierung von Aufwendungen für die Ingangsetzung und Erweiterung genutzt wird, eine höhere Ausschüttung zu ermöglichen. Hier wird dem ausgewogenen Interessenschutz und damit auch der Kapitalerhaltung Rechnung getragen.[25]

zu e): Mit der Erhöhung der Mindestabschreibung von 20 % auf 25 % der aktivierten Aufwendungen pro Jahr wird die Abschreibungsregelung an Art. 34 I a) der 4. EG-Richtlinie angepaßt.[26]

zu f): Die explizite Forderung des § 269 Satz 1 HGB, diesen Posten im Anhang zu erläutern, ist neu. Hierdurch ergeben sich u.U. Änderungen bezüglich des Umfangs der Erläuterungen. Aufgrund von § 160 II AktG a.F. war bereits die Inanspruchnahme der Bilanzierungshilfe des § 153 IV AktG a.F. erläuterungspflichtig.

zu g): Eine weitere Änderung betrifft nicht die materielle Regelung des § 269 HGB, sondern den Anwendungsbereich der Vorschrift. Umstritten war bisher, ob die Aktivierung der Aufwendungen für die Ingangsetzung des Geschäftsbetriebs nach § 153 IV AktG a.F. nur für Aktiengesellschaften oder auch für andere Rechtsformen zulässig war. Eine Reihe von Autoren[27] vertrat die Auffassung, daß eine Aktivierung bei allen

---

[24] Vgl. *Freericks, W.*, Bilanzierungsfähigkeit, S. 218; *Heyd, R.*, Ziele und Funktionsfähigkeit von Jahresabschlüssen nach den vorparlamentarischen Regierungsvorlagen für ein Bilanzrichtlinie-Gesetz unter besonderer Berücksichtigung des Interessenschutzes und der Interessengewichtung bei unterschiedlichen Rechtsformen, Frankfurt/Main u.a. 1982, S. 397; *Limberg, M.*, Ingangsetzungskosten, S. 201; *Moxter, A.*, Aktivierungsgrenzen bei immateriellen Anlagewerten, S. 824; *Niehus, R.J.*, Rechnungslegung und Prüfung der GmbH nach neuem Recht, Kommentar zu den die GmbH betreffenden Vorschriften des Regierungsentwurfs eines Bilanzrichtlinie-Gesetzes vom 12.2.1982, Berlin u.a. 1982, § 42 Rn. 189; *Bundesregierung*, Gesetzentwurf eines Bilanzrichtlinie-Gesetzes vom 3. Juni 1983, Begründung, S. 80 i.V.m. S. 72 f.

[25] Vgl. *Baetge, J.*, Grundsätze ordnungsmäßiger Buchführung, in: Handbuch der Rechnungslegung — Kommentar zur Bilanzierung und Prüfung, hrsg. v. *K. Küting/C.-P. Weber*, Stuttgart 1986, S. 177-204, hier S. 185.

[26] Vgl. *Rechtsausschuß des Deutschen Bundestags*, Entwurf eines Gesetzes zur Durchführung der Vierten, Siebenten und Achten Richtlinie des Rates der Europäischen Gemeinschaften zur Koordinierung des Gesellschaftsrechts (Bilanzrichtlinien-Gesetz - BiRiLiG) vom 13. November 1985, BT-Drucks. 10/4268 v. 18.11.85, Begründung zu § 282 HGB, S. 109.

Rechtsformen möglich war. Andere Autoren[28] widersprachen dieser Ansicht. *Chmielewicz*[29] hielt beide Auffassungen für vertretbar.

Durch die Übernahme einer dem § 153 IV AktG a.F. ähnlichen Regelung in den zweiten Abschnitt des dritten Buches des HGB ist § 269 HGB bei allen Kapitalgesellschaften anwendbar, denn der zweite Abschnitt gilt speziell für Kapitalgesellschaften. Durch diese Einordnung der Bilanzierungshilfe in das Gesetz wird aber auch die Absicht des Gesetzgebers deutlich, daß die Bilanzierungshilfe von Unternehmen mit anderer Rechtsform grundsätzlich nicht angewendet werden darf.[30]

Die Bilanzierungshilfe des § 269 HGB dürfte nur dann von allen Kaufleuten angewendet werden, wenn diese Vorschrift als Grundsatz ordnungsmäßiger Buchführung anzusehen wäre und damit nach § 243 I HGB für alle Kaufleute gelten würde. Das ist aber nicht der Fall, da es sich bei der Bilanzierungshilfe um eine Ausnahmevorschrift handelt, die mit den Jahresabschlußzwecken nicht kompatibel ist. Mit Bilanzierungshilfen sollen Härtefälle, die sich bei der Anwendung der Regelvorschriften über den Jahresabschluß ergeben, vermieden werden. Wegen der weniger strengen Vorschriften in dem für alle Kaufleute geltenden Teil des HGB[31] sind Bilanzierungshilfen für Unternehmen, die nur diesen Teil des HGB zu beachten haben, insofern nicht zwingend erforderlich.

Zudem beziehen sich die Zwecke der Bilanzierungshilfe des § 269 HGB, die im folgenden ermittelt werden, einerseits darauf, die Ertragslage positiver darzustellen und andererseits bestimmte rechtliche Folgen, z.B. die Einberufung einer außerordentlichen Hauptversammlung, zu verhindern. Für Unternehmen, die nur den ersten Abschnitt des dritten Buches des HGB anwenden müssen, besteht, da sie nicht offenlegungspflichtig sind,[32] kein Anlaß, die Ertragslage besser darzustellen. Ein Grund, bestimmte rechtliche Folgen zu vermeiden, liegt ebenfalls nicht vor, da

---

27 Vgl. *Klinger, K.*, Anlaufkosten bei der Errichtung, Einrichtung und Ingangsetzung von Industriebetrieben, in: DB 1965, S. 225-228, hier S. 227; *Richter, M.*, Die Bilanzierungshilfen, Rn. 6a; *Schmidt, H.*, Bilanzierung und Bewertung, Wiesbaden 1978, S. 196-198; *IdW (Hrsg.)*, Wirtschaftsprüfer-Handbuch 1985/86, Bd. 1, 9. Aufl., Düsseldorf 1985, S. 691.

28 Vgl. *Maul, K.-H.*, Bilanzierungshilfen im künftigen Bilanzrecht, in: AG 1980, S. 233-240, hier S. 234; *Stuhrmann, G.*, Zur Frage der steuerlichen Aktivierungspflicht von Ingangsetzungskosten nach § 153 Abs. 4 S. 2 AktG, in: Information 1975, S. 391-392, hier S. 392.

29 Vgl. *Chmielewicz, K.*, Vereinheitlichung der Rechnungslegung, S. 38.

30 Vgl. *Rechtsausschuß des Deutschen Bundestags*, Bilanzrichtlinien-Gesetz vom 13. November 1985, Begründung zu § 269 HGB, S. 106.

31 Vgl. z.B. die §§ 247 I und 253 II und IV HGB mit den für Kapitalgesellschaften geltenden §§ 265, 266, 268, 275, 279 und 280 HGB.

32 Vgl. § 325 HGB.

das Gesetz für diese Unternehmen solche rechtlichen Folgen nicht verlangt. Die Bilanzierungshilfe des § 269 HGB ist somit für Unternehmen, die ausschließlich den allgemeinen Teil des HGB zu beachten haben, nicht erforderlich.

Die Bilanzierungshilfe des § 269 HGB gilt für alle Unternehmen, die neben dem ersten auch den zweiten Abschnitt des dritten Buches des HGB bei der Erstellung des Jahresabschlusses anzuwenden haben, d.h. für alle Kapitalgesellschaften. Außerdem darf diese Bilanzierungshilfe nach § 336 II HGB von Genossenschaften und nach § 5 I PublG von Unternehmen, die nach dem PublG rechnungslegungspflichtig sind, angewendet werden. Der Anwendungsbereich der Bilanzierungshilfe des § 269 HGB erstreckt sich somit auf die Aktiengesellschaft, die Kommanditgesellschaft auf Aktien, die GmbH, die Genossenschaft und auf die Unternehmen, die das PublG zu beachten haben.

23 Die Notwendigkeit der Auslegung der gesetzlichen Regelung

Ebenso wie § 153 IV AktG a.F. enthalten auch die §§ 269 und 282 HGB bezüglich der Regelungen über die Aktivierung von Aufwendungen für die Ingangsetzung und Erweiterung des Geschäftsbetriebs erhebliche Spielräume. Diese Spielräume entstehen, da bei der Formulierung von Gesetzestexten unbestimmte Rechtsbegriffe verwendet werden, die der Bilanzierende bei der Rechtsanwendung, d.h. bei der Aufstellung des Jahresabschlusses, auszulegen hat.[33] Solche „Stücke offengelassener Gesetzgebung“[34] entstehen, da der Gesetzgeber nicht in der Lage ist, sämtliche möglicherweise auftretenden Sonderfälle detailliert im Gesetz zu regeln.[35]

Erstens sind die unbestimmten Rechtsbegriffe „Ingangsetzung“ und „Erweiterung“ zu nennen. Hier stellt sich die Frage, wann eine Ingangsetzung oder eine Erweiterung des Geschäftsbetriebs vorliegt, d.h. anhand welcher Kriterien eine Ingangsetzung und eine Erweiterung festgestellt werden kann. Der Wortlaut des Gesetzes sagt hierüber nichts aus.

Zweitens geht aus den gesetzlichen Vorschriften nicht hervor, welche Arten von Aufwendungen aktiviert werden dürfen. Bezüglich der Aufwendungen für die Ingangsetzung des Geschäftsbetriebs enthalten die Kommentare zu § 153 IV

[33] Vgl. *Creifelds, C. (Hrsg.)*, Rechtswörterbuch, 7. Aufl., München 1983, „unbestimmte Rechtsbegriffe“, S. 1118; *Engisch, K.*, Einführung in das juristische Denken, 8. Aufl., Stuttgart u.a. 1983, S. 108; *Wolff, H.J. / Bachof, O.*, Verwaltungsrecht I, 9. Aufl., München 1974, S. 188f.; *Schwerdtfeger, G.*, Öffentliches Recht in der Fallbearbeitung, 5. Aufl., München 1980, S. 30f.

[34] *Kruse, H.W.*, Grundsätze ordnungsmäßiger Buchführung, Köln 1976, S. 188.

[35] Vgl. *Leffson, U.*, Die Grundsätze ordnungsmäßiger Buchführung, 6. Aufl., Düsseldorf 1982, S. 22.

AktG a.F. nur vage Umschreibungen. Bei *Adler/Düring/Schmaltz* heißt es beispielsweise: „Zu den Kosten der Ingangsetzung des Geschäftsbetriebs gehören alle Aufwendungen, die gemacht werden im Interesse des Aufbaus der Innen- und Außenorganisation des Unternehmens, der Ingangsetzung und der Ausübung des Betriebes, also nicht nur die Betriebsaufwendungen im engeren Sinne, sondern auch die Kosten der Betriebs-, Verwaltungs- und Vertriebsorganisation. Ob darunter auch Werbungskosten ... fallen, ... erscheint ... zweifelhaft.“[36] Ähnlich vage Formulierungen finden sich in anderen Kommentaren zum AktG.[37] Auch hier sind Kriterien notwendig, um im Einzelfall entscheiden zu können, welche Aufwendungen aktiviert werden dürfen.

Grundlegend ist aber die Frage, wann das Wahlrecht, Aufwendungen für die Ingangsetzung und Erweiterung des Geschäftsbetriebs zu aktivieren, von den Unternehmen genutzt werden darf. Der Wortlaut des § 269 HGB ist in dieser Hinsicht nicht eindeutig. „Die Aufwendungen für die Ingangsetzung des Geschäftsbetriebs und dessen Erweiterung dürfen ... als Bilanzierungshilfe aktiviert werden“[38]. Ist eine Aktivierung aufgrund dieser Vorschrift immer erlaubt, wenn eine Ingangsetzung oder Erweiterung stattgefunden hat, oder z.B. nur dann, wenn eine Situation vorliegt, in der für den Bilanzierenden die im Wortlaut erwähnte Hilfe erforderlich ist, d.h. wenn die mit der Bilanzierungshilfe des § 269 HGB verfolgten Zwecke erfüllt werden?

Die genannten Fragen machen deutlich, daß die gesetzlichen Vorschriften über die Aktivierung von Aufwendungen für die Ingangsetzung und Erweiterung des Geschäftsbetriebs auslegungsbedürftig sind. Hierzu sind die in den Rechtswissenschaften entwickelten Auslegungskriterien heranzuziehen.[39]

---

[36] *Adler, H./Düring, W./Schmaltz, K.*, Rechnungslegung und Prüfung der Aktiengesellschaft, 4. Aufl., Bd. 1, § 153 Tz. 125.

[37] Vgl. *Kropff, B.*, in: *E. Geßler/W. Hefermehl/U. Eckardt/B. Kropff*, Aktiengesetz-Kommentar, Bd. III, § 153 Anm. 59; *Claussen, C.P.*, in: Kölner Kommentar zum Aktiengesetz, hrsg. v. *W. Zöllner*, Bd. 2, 1. Lieferung, §§ 148-178, Köln u.a. 1971, § 153 Anm. 36.

[38] § 269 Satz 1 HGB.

[39] Vgl. z.B. *Bydlinski, F.*, Juristische Methodenlehre und Rechtsbegriff, S. 428-467; *Engisch, K.*, Einführung in das juristische Denken, S. 63-106; *Fikentscher, W.*, Methoden des Rechts, Bd. IV, Tübingen 1977, S. 288-312; *Larenz, K.*, Methodenlehre, S. 298-350; *Coing, H.*, Juristische Methodenlehre, Berlin u.a. 1972, S. 25-37.

3 Die Besonderheiten der Auslegung von Bilanzierungshilfen

31 Der Begriff Bilanzierungshilfe und § 269 HGB

Das Wahlrecht, Aufwendungen für die Ingangsetzung und Erweiterung des Geschäftsbetriebs zu aktivieren, wird im Wortlaut des § 269 HGB explizit als Bilanzierungshilfe bezeichnet. § 153 IV AktG a.F. enthielt diesen Begriff dagegen noch nicht. Der Begriff Bilanzierungshilfe wurde für die Regelung des § 153 IV AktG a.F. in der Literatur aber bereits verwendet.[1]

Bilanzierungshilfen werden definiert als „Abweichungen von den sonst geltenden Bilanznormen“[2], die der Gesetzgeber aus Gründen gewährt, die von den Jahresabschlußzwecken abweichen. *Lamers*[3] spricht insofern von bilanzfremden Gründen. Bilanzierungshilfen sind nicht darauf ausgerichtet, einen Beitrag zur Erfüllung der Jahresabschlußzwecke zu leisten, denn die Zwecke der Bilanzierungshilfen sind mit dem Zwecksystem des Jahresabschlusses nicht kompatibel.

Bilanzierungshilfen können sowohl auf die Aktiv- als auch auf die Passivseite der Bilanz bezogen sein.[4] In der vorliegenden Untersuchung interessiert allerdings nur die Behandlung der Bilanzierungshilfen auf der Aktivseite der Bilanz, da § 269 HGB ein Aktivierungswahlrecht gewährt.

§ 246 I HGB verpflichtet den Bilanzierenden, alle Vermögensgegenstände, Schulden und die Rechnungsabgrenzungsposten in die Bilanz aufzunehmen. Dürfen aufgrund einer gesetzlichen Vorschrift darüber hinaus bestimmte Beträge aktiviert werden, liegt eine Bilanzierungshilfe vor.[5] Bilanzierungshilfen

---

[1] Vgl. Abschnitt 21.

[2] *Kropff, B.*, Sinn und Grenzen, S. 196.

[3] Vgl. *Lamers, A.*, Aktivierungsfähigkeit, S. 98; ähnlich *Kropff, B.*, Sinn und Grenzen, S. 202; *Frotz, H.*, Die durch § 149 Abs. 1 AktG gezogenen Grenzen von Bilanzstrategie und Bilanztaktik, S. 1345.

[4] Vgl. *Kommission Rechnungswesen im Verband der Hochschullehrer für Betriebswirtschaft e.V.*, Reformvorschläge zur handelsrechtlichen Rechnungslegung, in: DBW 1979, S. 1-70, hier S. 12; *Maul, K.-H.*, Bilanzierungshilfen im künftigen Bilanzrecht, S. 233; *Moxter, A.*, Bilanzlehre, S. 65 und 436 unterscheidet zwischen Aktivierungs- und Passivierungshilfen.

[5] Vgl. *Dziadkowski, D.*, Bilanzhilfsposten (Bilanzierungshilfen) und Bewertungshilfen im künftigen Handelsbilanzrecht, in: BB 1982, S. 1336-1345, hier S. 1337f.; *Federmann, R.*, Bilanzierung nach Handels- und Steuerrecht, S. 153; *Freericks, W.*, Bilanzierungsfähigkeit, S. 207; *Lamers, A.*, Aktivierungsfähigkeit, S. 97f.; *Maul, K.-H.*, Bilanzierungshilfen

sind explizit im Gesetz geregelte Ausnahmevorschriften,[6] die zumindest in einzelnen Punkten inkompatibel mit anderen Vorschriften des gleichen Gesetzes sind.

Die Regelung des § 269 HGB über die Aktivierung der Aufwendungen für die Ingangsetzung und Erweiterung des Geschäftsbetriebs steht z.B. dem § 246 I HGB entgegen, der als Ansatzvorschrift, die die Vollständigkeit des Jahresabschlusses sicherstellen soll, mit der Aufzählung der zu aktivierenden Posten gleichzeitig die Aktivierung weiterer Posten nicht zuläßt. Da die Aufwendungen für die Ingangsetzung und Erweiterung weder zu den in § 246 I HGB genannten Rechnungsabgrenzungsposten gehören, noch ein Vermögensgegenstand sind[7], besteht aufgrund von § 246 I HGB insoweit ein Bilanzierungsverbot, dem § 269 HGB entgegensteht.

Ein weiteres wichtiges Merkmal von Bilanzierungshilfen ist, daß ein Ansatzwahlrecht besteht.[8] Dieses Wahlrecht liegt in dem Ausnahmecharakter der Bilanzierungshilfe begründet.[9] Der Bilanzierende soll nicht dazu gezwungen werden, eine Vorschrift anzuwenden, die aus bilanzfremden Gründen entstanden ist und inkompatibel mit anderen Vorschriften des Gesetzes ist.

Neben der Vorschrift über die Aktivierung der Aufwendungen für die Ingangsetzung und Erweiterung des Geschäftsbetriebs werden in der Literatur[10]

---

im künftigen Bilanzrecht, S. 233; *Schneider, D.*, Gliederungs-, Ansatz- und Bewertungswahlrechte für den Jahresabschluß, S. 91.

[6] Vgl. *Baetge, J. / Ballwieser, W.*, Ansatz und Ausweis von Leasingobjekten in Handels- und Steuerbilanz, in: DBW 1978, S. 3-19, hier S. 9.

[7] Vgl. Abschnitt 22.

[8] Vgl. *Chmielewicz, K.*, Vereinheitlichung der Rechnungslegung, S. 38; *Kommission Rechnungswesen im Verband der Hochschullehrer für Betriebswirtschaft e.V.*, Reformvorschläge, S. 12; *Schneider, D.*, Bilanzierungs- und Buchungsfähigkeit, Sp. 218.

[9] Vgl. *Moxter, A.*, Bilanzlehre, S. 436.

[10] Vgl. *Döllerer, G.*, Handelsbilanz ist gleich Steuerbilanz, in: Der Jahresabschluß im Widerstreit der Interessen, hrsg. v. *J. Baetge*, Düsseldorf 1983, S. 157-177, hier S. 174f.; *Dziadkowski, D.*, Die Aktivierungsunfähigkeit handelsrechtlicher Bilanzierungshilfen in der Steuerbilanz, in: BB 1980, S. 1515-1520, hier S. 1515-1518; *ders.*, Bilanzhilfsposten, S. 1337-1343; *Heyd, R.*, Ziele, S. 399-401; *Kropff, B.*, Sinn und Grenzen, S. 196-203; *ders.*, Bilanzwahrheit und Ermessensspielraum, S. 372f.; *Lamers, A.*, Aktivierungsfähigkeit, S. 98f. und 200; *Maul, K.-H.*, Bilanzierungshilfen im künftigen Bilanzrecht, S. 239; *Moxter, A.*, Goodwill, in: HWR, hrsg. v. *E. Kosiol / K. Chmielewicz / M. Schweitzer*, 2. Aufl., Stuttgart 1981, Sp. 684-691, hier Sp. 688f.; *ders.*, Bilanzlehre, S. 436; *Müller-Dahl, F.P.*, Die Bilanzierung des Goodwill — betriebswirtschaftlich sowie handels- und steuerrechtlich unter Berücksichtigung des Vorentwurfs eines Bilanzrichtlinie-Gesetzes, in: BB 1981, S. 274-284, hier S. 277f.; *Ott, J.*, Gibt es eine Verpflichtung zur Passivierung von Pensionsanwartschaften?, in: BB 1983, S. 1643-1645, hier S. 1644; *Richter, M.*, Die Bilanzierungshilfen, Rn. 3f.; *Schneider, D.*, Bilanzierungs- und Buchungsfähigkeit, in: HWR, hrsg. v. *E. Kosiol / K. Chmielewicz / M. Schweitzer*, 2. Aufl., Stuttgart 1981, Sp. 215-224, hier Sp. 217f.; *Tipke, K.*, Steuerrecht, 7. Aufl., Köln 1979, S. 220; *Völschau, G.*, Zielsetzung, S. 246f.; *Walter, N.*, Zur Ansatzfähigkeit immaterieller Anlagewerte in der Handels- und Steuerbilanz, Diss., Berlin 1982, S. 127-129.

auch die Vorschriften über den derivativen Geschäfts- oder Firmenwert[11], den Verschmelzungsmehrwert[12], das Disagio[13], die entgeltlich erworbenen immateriellen Vermögensgegenstände[14], die Rechnungsabgrenzungsposten[15] und das im Regierungsentwurf[16] noch enthaltene Passivierungswahlrecht für die Pensionsrückstellungen[17] als Bilanzierungshilfen bezeichnet. Ob es sich bei den genannten Vorschriften um Bilanzierungshilfen in dem hier skizzierten Sinne handelt, ist fraglich. Dieses zu beurteilen ist aber nicht Gegenstand dieser Untersuchung.

32 Die Anwendung der juristischen Auslegungskriterien bei Bilanzierungshilfen

321. Vorbemerkung

Mit der Auslegung von Gesetzen befaßt sich die juristische Methodenlehre. Die Auslegung von Gesetzen wird verstanden als „ein vermittelndes Tun, durch das sich der Auslegende den Sinn eines Textes, der ihm problematisch geworden ist, zum Verständnis bringt."[18] Mit problematisch ist gemeint, daß die gesetzliche Vorschrift mehrere Deutungen zuläßt.[19] Aufgabe der Auslegung ist die Konkretisierung einer nicht eindeutigen gesetzlichen Vorschrift, wobei der jeweilige Anwendungsfall zu berücksichtigen ist.[20]

Eine Auslegung ist immer dann notwendig, wenn bei einem gegebenen Tatbestand aufgrund des auslegungsbedürftigen Wortlauts einer gesetzlichen Vorschrift verschiedene, sich gegenseitig ausschließende Rechtsfolgen, z.B. die Bilanzierung unterschiedlich hoher Beträge, möglich sind. Dies trifft auf die gesetzlichen Vorschriften über die Aktivierung von Aufwendungen für die Ingangsetzung und Erweiterung des Geschäftsbetriebs zu. In vielen praktischen Fällen ist beispielsweise nicht eindeutig, ob eine Erweiterung des Geschäftsbetriebs vorliegt und welche Aufwendungen der Erweiterung des Geschäftsbetriebs zugerechnet werden dürfen.

---

[11] Vgl. § 255 IV HGB.

[12] Vgl. § 348 II AktG.

[13] Vgl. § 250 III HGB.

[14] Vgl. § 248 II HGB.

[15] Vgl. § 250 I und II HGB.

[16] Vgl. *Bundesregierung*, Gesetzesentwurf eines Bilanzrichtlinie-Gesetzes vom 3. Juni 1983.

[17] Vgl. § 250 III RegE HGB.

[18] *Larenz, K.*, Methodenlehre, S. 195.

[19] Vgl. *Larenz, K.*, Methodenlehre, S. 195.

[20] Vgl. *Gadamer, H.-G.*, Wahrheit und Methode — Grundzüge einer philosophischen Hermeneutik, (1. Aufl.), Tübingen 1960, S. 312.

Um diese Frage zu klären, sind folgende Kriterien zur Auslegung der Bilanzierungshilfe des § 269 HGB heranzuziehen:[21]

a) Der Wortsinn der Vorschrift,
b) der Bedeutungszusammenhang des Gesetzes (systematisch-logische Auslegung),
c) die Regelungsabsicht, die Zwecke und die Normvorstellungen des Gesetzgebers (historische Auslegung) und
d) die objektiv-teleologische Auslegung.

Larenz[22] nennt neben diesen vier Kriterien noch das Kriterium der verfassungskonformen Auslegung. Dies ist insoweit von Bedeutung, als die Verfassung gegenüber anderen Rechtsnormen, die mit ihr im Widerspruch stehen, Vorrang hat.[23] Bestritten wurde z.B. die Verfassungskonformität des in § 250 III RegE HGB[24] noch enthaltenen Wahlrechts für die Pensionsrückstellungen.[25] Durch die nach dem HGB[26] bestehende Passivierungspflicht für Pensionsrückstellungen wurden diese Zweifel ausgeräumt. Da bezüglich der Aktivierung von Aufwendungen für die Ingangsetzung und Erweiterung des Geschäftsbetriebs keine Hinweise auf Widersprüche zu einzelnen Artikeln des Grundgesetzes vorliegen, kann bei der weiteren Untersuchung von einer Prüfung der gesetzlichen Vorschriften über die Aktivierung von Aufwendungen für die Ingangsetzung und Erweiterung des Geschäftsbetriebs auf Verfassungskonformität abgesehen werden.

322. Die Auslegung anhand des Wortsinns

Mit der Auslegung anhand des Wortsinns ist die Ermittlung der „Bedeutung eines Ausdrucks oder einer Wortverbindung im allgemeinen Sprachgebrauch oder, falls ein solcher feststellbar ist, im besonderen Sprachgebrauch"[27] gemeint. *Bydlinski*[28] unterscheidet zwischen dem allgemeinen Sprachgebrauch, dem spezifisch juristischen Sprachgebrauch und dem speziellen Sprachgebrauch der von der gesetzlichen Vorschrift betroffenen Personen. Der allgemeine Sprachgebrauch entspricht der Umgangssprache. Ein spezifisch juristischer

---

[21] Vgl. *Larenz, K.*, Methodenlehre, S. 298-350; *Bydlinski, F.*, Juristische Methodenlehre und Rechtsbegriff, S. 428-467.

[22] Vgl. *Larenz, K.*, Methodenlehre, S. 325-328.

[23] Vgl. *Larenz, K.*, Methodenlehre, S. 325.

[24] Vgl. *Bundesregierung*, Gesetzentwurf eines Bilanzrichtlinie-Gesetzes vom 3. Juni 1983.

[25] Vgl. *Birk, D.*, Zur Verfassungsmäßigkeit des Passivierungswahlrechts für Pensionsrückstellungen nach § 250 Abs. 3 HGBE (Bilanzrichtliniegesetz), in: BB 1983, S. 2065-2071.

[26] Vgl. § 249 HGB.

[27] *Larenz, K.*, Methodenlehre, S. 305f.

[28] Vgl. *Bydlinski, F.*, Juristische Methodenlehre und Rechtsbegriff, S. 438-440.

Sprachgebrauch liegt dann vor, wenn die in einer Gesetzesvorschrift verwendeten Begriffe im Bereich der Rechtswissenschaften eine vom allgemeinen Sprachgebrauch abweichende oder eine gegenüber dem allgemeinen Sprachgebrauch eingeschränkte Bedeutung haben.[29] Ein spezieller Sprachgebrauch kann bei der Auslegung von Gesetzen oder einzelnen Vorschriften, die an einen besonderen Adressatenkreis gerichtet sind, herangezogen werden.[30] Dies trifft auch auf die hier untersuchten Vorschriften über die Aktivierung von Ingangsetzungs- und Erweiterungsaufwendungen zu.

Diese Vorschriften sind für Personen bestimmt, die sich mit der Bilanzierung befassen. Bei Begriffen wie „ausweisen" und „abschreiben", die in den §§ 269 bzw. 282 HGB enthalten sind, ist der Wortsinn auf den speziellen Regelungsbereich bezogen. Eine Auslegung im Sinne von Ausweisen bei einer Verkehrskontrolle oder Ausweisen aus einem Staat bzw. Abschreiben im Sinne des Verdoppelns einer Vorlage kommt hier nicht in Betracht.

Der spezifisch juristische und der spezielle Sprachgebrauch sind, soweit vorhanden, dem allgemeinen Sprachgebrauch bei der Auslegung anhand des Wortsinns grundsätzlich vorzuziehen.[31] Allerdings ist zu prüfen, ob diese Auslegung der gesetzlichen Norm angemessen ist,[32] d.h. ob der im Gesetz verwendete Begriff im Sinne des spezifisch juristischen oder des speziellen Sprachgebrauchs zu verstehen ist. Kommt man zu dem Ergebnis, daß der Begriff im Sinne des allgemeinen Sprachgebrauchs verwendet wurde, so ist der allgemeine Sprachgebrauch heranzuziehen.[33]

Die Frage, ob bei der Auslegung von dem Sprachgebrauch zur Zeit der Entstehung des Gesetzes oder vom Sprachgebrauch im Zeitpunkt der Auslegung[34] auszugehen ist, kann vernachlässigt werden, da bei der hier betrachteten gesetzlichen Regelung die beiden Zeitpunkte nur unwesentlich auseinanderfallen.

Der Wortsinn einer Vorschrift erfüllt zwei Funktionen. Erstens ist der Wortsinn Ausgangspunkt jeder Auslegung und zweitens steckt er unter Hinzuziehung des im jeweiligen Fall anzuwendenden Sprachgebrauchs die Grenzen der möglichen Auslegung ab.[35]

---

[29] Vgl. *Bydlinski, F.*, Juristische Methodenlehre und Rechtsbegriff, S. 439 und 442.

[30] Vgl. *Bydlinski, F.*, Juristische Methodenlehre und Rechtsbegriff, S. 439.

[31] Vgl. *Bydlinski, F.*, Juristische Methodenlehre und Rechtsbegriff, S. 439.

[32] Vgl. *Rinck, G.*, Wirtschaftswissenschaftliche Begriffe in Rechtsnormen, in: Recht im Wandel, Beiträge zu Strömungen und Fragen im heutigen Recht, Festschrift Hundertfünfzig Jahre Carl Heymanns Verlag, Köln u.a. 1965, S. 361-375, hier S. 367.

[33] Vgl. *Rinck, G.*, Wirtschaftswissenschaftliche Begriffe in Rechtsnormen, S. 367f.

[34] Vgl. *Larenz, K.*, Methodenlehre, S. 308f.

[35] Vgl. *Canaris, C.-W.*, Die Festellung von Lücken im Gesetz — Eine methodologische Studie über Voraussetzungen und Grenzen richterlicher Rechtsfortbildung praeter legem, 2. Aufl., Berlin 1983, S. 21-23; *Larenz, K.*, Methodenlehre, S. 307 und 309f.; *Siebert, W.*,

323. Die Auslegung anhand des Bedeutungszusammenhangs des Gesetzes

Die Auslegung anhand des Bedeutungszusammenhangs geht über die zunächst betrachtete und auszulegende Norm hinaus.[36] Die auszulegende Norm wird im Zusammenhang mit ihrem Kontext gesehen,[37] d.h. das Gesetz oder der Abschnitt eines Gesetzes, in dem die zu untersuchende Norm enthalten ist, wird bei der Auslegung mit herangezogen. In unserem Fall werden somit nicht nur die §§ 269 und 282 HGB betrachtet, sondern der Teil des Gesetzes, der sich mit dem Jahresabschluß befaßt.[38] Da die Bilanzierungshilfe ausschließlich von Kapitalgesellschaften, Genossenschaften und publizitätspflichtigen Unternehmen angewendet werden darf,[39] dürfen allerdings solche Vorschriften des allgemeinen Teils des HGB, die für diese Rechtsformen nicht gelten, z.B. § 253 IV HGB, bei der Auslegung anhand des Bedeutungszusammenhangs nicht berücksichtigt werden.

Zwischen der auszulegenden Norm und den Vorschriften des gesamten Regelungsbereichs wird eine sachliche Übereinstimmung vermutet.[40] D.h., daß sich die einzelnen Vorschriften ergänzen und nicht widersprechen. Von mehreren, nach dem Wortsinn möglichen Bedeutungen, ist bei der Auslegung nach dem Bedeutungszusammenhang diejenige heranzuziehen, die im Rahmen des Kontextes am sinnvollsten erscheint.[41]

Diese Vorgehensweise ist bei der Auslegung von Bilanzierungshilfen allerdings nicht sinnvoll, da es sich bei Bilanzierungshilfen um Ausnahmevorschriften handelt, die teilweise mit den handelsrechtlichen Regelvorschriften, die bei der Auslegung anhand des Bedeutungszusammenhangs heranzuziehen wären, nicht kompatibel sind. Bei Ausnahmevorschriften kann die Auslegung anhand des Bedeutungszusammenhangs des Gesetzes deshalb nur eine untergeordnete Rolle spielen. Bei der Auslegung Vorschriften heranzuziehen, die mit der auszulegenden Norm nicht kompatibel sind, kann nicht zu einem sinnvollen Ergebnis der Auslegung führen.

Die Methode der Gesetzesauslegung, Heidelberg 1958, S. 39; *Weimar, R.*, Von der Gesetzesanwendung zur Rechtsfortschreibung, in: Hermeneutik und Strukturtheorie des Rechts, hrsg. v. *M.W. Fischer / E. Mock / H. Schreiner*, Stuttgart 1984, S. 155-167, hier S. 163; *Fikentscher, W.*, Methoden des Rechts, Bd. IV, S. 294-301.

[36] Vgl. *Bydlinski, F.*, Juristische Methodenlehre und Rechtsbegriff, S. 442.

[37] Vgl. *Larenz, K.*, Methodenlehre, S. 313.

[38] Vgl. §§ 238-289 HGB.

[39] Vgl. Abschnitt 22.

[40] Vgl. *Larenz, K.*, Methodenlehre, S. 310.

[41] Vgl. *Larenz, K.*, Methodenlehre, S. 310.

324. Die Auslegung anhand der Regelungsabsicht, der Zwecke und der Normvorstellungen des Gesetzgebers

Bei diesem Kriterium der Auslegung wird versucht zu ermitteln, welche Absichten bzw. Zwecke der Gesetzgeber mit der auszulegenden Vorschrift und dem Gesetz insgesamt verfolgt hat.[42] Allerdings ist dieses Kriterium nur insoweit relevant, wie die Absichten des Gesetzgebers nicht unmittelbar im Gesetz festgehalten sind.[43] Denn wenn die Absichten zweifelsfrei im Gesetz genannt sind, bedarf es dieses Auslegungskriteriums nicht mehr. Die Absichten des Gesetzgebers werden dann bei der Auslegung anhand des Wortsinns ermittelt. In der Präambel der 4. EG-Richtlinie sind z.B. die Zwecke dieser Richtlinie ausdrücklich genannt. Zu beachten ist aber, daß u.U. nur einzelne Absichten gesetzlich fixiert sind. Um auch in diesem Fall die Absichten des Gesetzgebers vollständig, d.h. alle mit den einzelnen Vorschriften des Gesetzes verfolgten Zwecke zu erfassen, ist eine Auslegung anhand dieses Kriteriums notwendig.

Probleme bereitet die Frage, wer der Gesetzgeber ist. Gesetzgeber im strengen Sinne sind diejenigen Personen bzw. Gremien, die darüber entscheiden, ob ein Gesetzentwurf Gültigkeit erlangt oder nicht. Bei der Verabschiedung des Bilanzrichtlinien-Gesetzes,[44] war dies neben dem Bundestag auch der Bundesrat. Die einzelnen Personen, die diesen Gremien angehören, haben sich mit Detailfragen der Gesetze meist nicht befaßt. Sie orientieren sich bei ihrer Entscheidung einerseits an den Zwecken, die das Gesetz erfüllen soll und andererseits an etwaigen Nebenwirkungen des Gesetzes.[45]

Näher mit den einzelnen Normen befassen sich die Verfasser der Gesetzestexte und die den Gesetzentwurf beratenden Gremien. Obwohl sie nicht als Gesetzgeber bezeichnet werden können, sind ihre Äußerungen für die Auslegung bedeutend, da sie sich bemüht haben, die einzelnen Vorschriften so zu formulieren, daß der vom Gesetzgeber beabsichtigte Zweck des Gesetzes bestmöglich erfüllt wird.[46] Aufschluß über die Absichten der Verfasser geben Entwürfe, Begründungen und Beratungsprotokolle, die die Entstehungsgeschichte des Gesetzes deutlich machen.[47] Um Informationen über die Entstehungsgeschichte des Bilanzrichtlinien-Gesetzes zu erlangen, sind die Materialien über die Entwicklung der 4. EG-Richtlinie[48], die Entwürfe des Justizministe-

---

[42] Vgl. *Larenz, K.*, Methodenlehre, S. 313.

[43] Vgl. *Bydlinski, F.*, Juristische Methodenlehre und Rechtsbegriff, S. 449 und 451.

[44] Vgl. Gesetz zur Durchführung der Vierten, Siebenten und Achten Richtlinie des Rates der Europäischen Gemeinschaften zur Koordinierung des Gesellschaftsrechts (Bilanzrichtlinien-Gesetz — BiRiLiG) vom 19. Dezember 1985.

[45] Vgl. *Larenz, K.*, Methodenlehre, S. 314.

[46] Vgl. *Larenz, K.*, Methodenlehre, S. 315.

[47] Vgl. *Larenz, K.*, Methodenlehre, S. 315f.

riums bzw. der Bundesregierung einschließlich der Begründungen[49], zahlreiche Stellungnahmen verschiedener Verbände[50] und eine Vielzahl von Veröffentli-

---

[48] Vgl. *Kommission der Europäischen Gemeinschaften*, Vorentwurf einer 4. Richtlinie vom 9.3.1968, in: ABl.EG Nr. L 65 v. 14.3.1968, S. 8-12; *ders.*, Vorschlag einer 4. Richtlinie vom 16.11.1971, in: ABl.EG Nr. C 7 v. 28.1.1972, S. 11-26; *ders.*, Geänderter Vorschlag einer 4. Richtlinie vom 26.2.1973, in: Bulletin der EG, Beilage 6/74; *Rat der Europäischen Gemeinschaften*, Vierte Richtlinie des Rates v. 25.7.1978, in: ABl.EG Nr. L 222 v. 14.8.1978, S. 11-31; *Kommission und Rat der Europäischen Gemeinschaften*, Erklärungen der Kommission und des Rates für das Protokoll über die Ratstagung am 25. Juli 1978 (Dok. Rat R/1961/78 (ES 93) v. 18.7.1978), abgedruckt bei: *H. Biener*, AG, KGaA, GmbH, Konzerne — Rechnungslegung, Prüfung und Publizität nach den Richtlinien der EG, Köln 1979, S. 183-185; *Europäisches Parlament*, Entschließung mit der Stellungnahme des Europäischen Parlaments zu dem Vorschlag der Kommission der Europäischen Gemeinschaften an den Rat für eine 4. Richtlinie, in: ABl.EG Nr. C 129 v. 11.12.1972, S. 38-40; *Wirtschafts- und Sozialausschuß der Europäischen Gemeinschaften*, Anhörung des Wirtschafts- und Sozialausschusses zu dem Vorschlag für eine 4. Richtlinie, in: ABl.EG Nr. C 39 v. 7.6.1973, S. 31-39; *Groupe d'Etudes des Experts Comptables de la C.E.E.*, Deutsche Übersetzung der 1. Stellungnahme v. 26.6.1972 zum Vorschlag einer 4. Richtlinie (Dokument GEEC - 4DSA - 26672), abgedruckt bei: *L. Schruff*, Rechnungslegung und Prüfung, S. III/2-III/7; *ders.*, Deutsche Übersetzung der 2. Stellungnahme v. 21.2.1973 zum Vorschlag einer 4. Richtlinie (Dokument GEEC - 4DSA - 21273), abgedruckt bei: *L. Schruff*, Rechnungslegung und Prüfung, S. III/8-III/16; *ders.*, Deutsche Übersetzung der 3. Stellungnahme v. 21.4.1975 zum geänderten Vorschlag einer 4. Richtlinie (Dokument GEEC - 4DSA - 21475), abgedruckt bei: *L. Schruff*, Rechnungslegung und Prüfung, S. III/17-III/21; *ders.*, Deutsche Übersetzung der 4. Stellungnahme v. 18.6.1975 zum geänderten Vorschlag einer 4. Richtlinie (Dokument GEEC - 4DSA - 18675), abgedruckt bei: *L. Schruff*, Rechnungslegung und Prüfung, S. III/22-III/25.

[49] Vgl. *Bundesminister der Justiz*, Vorentwurf eines Bilanzrichtlinie-Gesetzes vom 5. Februar 1980; *ders.*, Entwurf eines Gesetzes zur Durchführung der Vierten Richtlinie des Rates der Europäischen Gemeinschaften zur Koordinierung des Gesellschaftsrechts (Bilanzrichtlinie-Gesetz), vom 18. Mai 1981, Az.: 3507/8 - 30 784/81; *Bundesregierung*, Entwurf eines Gesetzes zur Durchführung der Vierten Richtlinie des Rates der Europäischen Gemeinschaften zur Koordinierung des Gesellschaftsrechts (Bilanzrichtlinie-Gesetz), vom 12. Februar 1982, BR-Drucks. 61/82 vom 19. März 1982; *ders.*, Gesetzentwurf eines Bilanzrichtlinie-Gesetzes vom 3. Juni 1983; *Rechtsausschuß des Deutschen Bundestags, Unterausschuß „Bilanzrichtlinie-Gesetz"*, Entwurf einer geänderten Konzeption von Vorschriften des Bilanzrichtlinie-Gesetzes vom 29. März 1985; *ders.*, Entwurf eines Gesetzes zur Durchführung der Vierten, Siebenten und Achten Richtlinie des Rates der Europäischen Gemeinschaften zur Koordinierung des Gesellschaftsrechts (Bilanzrichtlinien-Gesetz) vom 1. August 1985; *Rechtsausschuß des Deutschen Bundestags*, Bilanzrichtlinien-Gesetz vom 13. November 1985.

[50] Vgl. *Arbeitskreis „Rechnungslegungsvorschriften der EG-Kommission" der Gesellschaft für Finanzwirtschaft in der Unternehmensführung e.V. (GEFIU)*, Stellungnahme zum Vorschlag einer 4. Richtlinie des Rates zur Koordinierung der nationalen Gesetzgebungen hinsichtlich des Jahresabschlusses der Kapitalgesellschaften, in: DB 1978, Beilage Nr. 12/78 zu Heft 31; *ders.*, Vorschlag zur Umsetzung der 4. EG-Richtlinie in deutsches Aktienrecht, in: DB 1979, Beilage Nr. 3/79 zu Heft 13; *ders.*, Stellungnahme zum Vorentwurf eines Gesetzes zur Durchführung der 4. EG-(Bilanz-)Richtlinie zur Koordinierung des Gesellschaftsrechts (Bilanzrichtlinie-Gesetz) vom 5.2.1980; *Deutscher Industrie- und Handelstag u.a.*, Zur Durchführung der 4. EG-(Bilanz-)Richtlinie zum Gesellschaftsrecht, in: DB 1979, S. 1093-1099; *dies.*, Erste Stellungnahme zum Vorentwurf

chungen[51], die die Redaktoren des Gesetzes teilweise zu Änderungen einzelner Vorschriften bewogen haben, heranzuziehen. Wichtige Informationen über die Absicht des Gesetzgebers liefert auch ein Vergleich der auszulegenden Norm mit dem Rechtszustand, der vor Erlaß dieser Norm bestand.[52] Bei der Auslegung sind somit auch die Gesetze heranzuziehen, die ganz oder teilweise durch ein neues Gesetz ersetzt oder ergänzt wurden. Bezüglich des Bilanzrichtlinien-Gesetzes sind dies insbesondere das HGB[53], das AktG[54], das GmbHG[55], das GenG[56] und das PublG[57]. Bei der Auslegung von Vorschriften über die Bilanzierung sind sowohl die Vorschriften des AktG 1965 als auch des AktG 1937 zu berücksichtigen. Besonders die Änderungen einzelner Vorschriften im Laufe der Jahre geben Aufschluß über die Absichten des Gesetzgebers, denn Änderungen werden bewußt und damit auch begründet herbeigeführt.

---

eines Bilanzrichtlinie-Gesetzes, in: BB 1980, Beilage Nr. 9/80 zu Heft 28; *dies.*, Stellungnahme zum Entwurf eines Bilanzrichtlinie-Gesetzes, in: DB 1981, S. 2448-2461; *dies.*, Stellungnahme der Spitzenverbände zum Bilanzrichtlinie-Gesetz, in: DB 1984, Beilage Nr. 7/84 zu Heft 9; *IdW*, Stellungnahme des Instituts der Wirtschaftsprüfer in Deutschland e.V.: Zur Transformation der 4. EG-Richtlinie ins nationale Recht, in: WPg 1979, S. 169-185; *ders.*, Stellungnahme zum Regierungsentwurf eines Bilanzrichtlinie-Gesetzes 1983, in: WPg 1984, S. 125-140; *Wirtschaftsprüferkammer/IdW*, Gemeinsame Stellungnahme zum Vorentwurf eines Bilanzrichtlinie-Gesetzes, in: WPg 1980, S. 501-523; *dies.*, Gemeinsame Stellungnahme zum Entwurf eines Bilanzrichtlinie-Gesetzes, in: WPg 1981, S. 609-621; *dies.*, Gemeinsame Stellungnahme zur geänderten Konzeption des Bilanzrichtlinie-Gesetzes, in: WPg 1985, S. 349-353; *dies.*, Gemeinsame Stellungnahme zum Entwurf eines Bilanzrichtlinien-Gesetzes, in: WPg 1985, S. 537-553; *Kommission Rechnungswesen im Verband der Hochschullehrer für Betriebswirtschaft e.V.*, Reformvorschläge zur handelsrechtlichen Rechnungslegung, in: DB 1978, S. 1291-1292; *ders.*, Reformvorschläge, S. 1-70; *ders.*, Stellungnahme zum Vorentwurf eines Bilanzrichtlinie-Gesetzes vom 5.2.1980, in: DBW 1980, S. 589-597; *ders.*, Stellungnahme zum Regierungsentwurf eines Bilanzrichtlinie-Gesetzes, S. 5-15.

51 Vgl. z.B. *Bierich, M./Busse von Colbe, W./Laßmann, G./Lutter, M. (Hrsg.)*, Rechnungslegung nach neuem Recht, ZfbF, Sonderheft 10/1980, Wiesbaden 1980; *Biener, H.*, AG, KGaA, GmbH, Konzerne — Rechnungslegung, Prüfung und Publizität nach den Richtlinien der EG; *Busse von Colbe, W./Laßmann, G. (Hrsg.)*, Zum Vorentwurf eines Bilanzrichtlinie-Gesetzes gemäß 4. EG-Richtlinie, Stuttgart 1981; *Jonas, H.H.*, Die EG-Bilanzrichtlinie, Freiburg 1980; *Knoblauch, P.*, Die vierte EG-Richtlinie, Frankfurt/Main 1978; *Niehus, R.J.*, Rechnungslegung der GmbH; *Schruff, L.*, Rechnungslegung und Prüfung; *Busse von Colbe, W./Chmielewicz, K. (Hrsg.)*, Das neue Bilanzrichtliniegesetz, Institut für Unternehmensführung und Unternehmensforschung, Arbeitsbericht Nr. 26, Bochum 1983 (Nachdruck 1984); *Baetge, J. (Hrsg.)*, Das neue Bilanzrecht — Ein Kompromiß divergierender Interessen?, Düsseldorf 1985.

52 Vgl. *Kriele, M.*, Theorie der Rechtsgewinnung — entwickelt am Problem der Verfassungsinterpretation, Berlin 1967, S. 83.

53 Vgl. HGB in der Fassung v. 4.7.1980.

54 Vgl. AktG in der Fassung v. 29.3.1983.

55 Vgl. GmbHG in der Fassung v. 25.10.1982.

56 Vgl. GenG in der Fassung v. 29.7.1976.

57 Vgl. PublG in der Fassung v. 29.3.1983.

Bei der Betrachtung der Entstehungsgeschichte ist auch die 4. EG-Richtlinie zu beachten. Die 4. EG-Richtlinie ist insoweit ein Sonderfall, als sie neben dem nationalen Recht geltendes europäisches Recht darstellt.[58] Die Richtlinie schafft materielles Recht, bindet zunächst aber nur den nationalen Gesetzgeber,[59] der nach Art. 55 I der 4. EG-Richtlinie verpflichtet ist, die Richtlinie in nationales Recht umzusetzen.[60] Aber auch nach erfolgter Umsetzung in nationales Recht wird die 4. EG-Richtlinie nicht bedeutungslos.[61]

In der Literatur[62] wird die Auffassung vertreten, daß der Richtlinie widersprechendes nationales Recht nicht angewendet werden darf. Für die Rechtsanwender, d.h. für die Bilanzierenden und die Wirtschaftsprüfer, muß aber von einem Vertrauensschutz ausgegangen werden.[63] Der Rechtsanwender darf davon ausgehen, daß der nationale Gesetzgeber die Richtlinie korrekt übertragen hat, d.h., daß bei Anwendung des nationalen Rechts gleichzeitig die Vorschriften der 4. EG-Richtlinie erfüllt werden. Die Richtlinie muß vom Rechtsanwender nicht parallel zu den nationalen Vorschriften beachtet werden. Die Richtlinie darf und muß u.U. aber zur Auslegung des neugeschaffenen nationalen Rechts herangezogen werden.[64] Das gilt insbesondere für den Fall, daß der nationale Gesetzgeber absichtlich oder unbewußt Lücken im Gesetz belassen hat.

Die Regelung über die Aktivierung von Aufwendungen für die Ingangsetzung und Erweiterung des Geschäftsbetriebs ist in Art. 34 der 4. EG-Richtlinie

---

[58] Vgl. *Helmrich, H.*, Europäische Rechtsetzung und die Aufgabe des nationalen Gesetzgebers, in: Das neue Bilanzrecht — Ein Kompromiß divergierender Interessen?, hrsg. v. *J. Baetge*, Düsseldorf 1985, S. 13-27, hier S. 16.

[59] Vgl. *Ipsen, H.P.*, Europäisches Gemeinschaftsrecht, Tübingen 1972, § 21 Tz. 21 S. 455 und § 21 Tz. 23 S. 457; *Lutter, M.*, Rechtliches Gewicht und rechtspolitische Bedeutung der 4. Richtlinie, in: Rechnungslegung nach neuem Recht, hrsg. v. *M. Bierich/W. Busse von Colbe/G. Laßmann/M. Lutter*, ZfbF, Sonderheft 10/1980, Wiesbaden 1980, S. 3-13, hier S. 5.

[60] Vgl. *Lutter, M.*, Rechnungslegung nach künftigem Recht, in: DB 1979, S. 1285-1296, hier S. 1286.

[61] Zum Verhältnis zwischen dem europäischen und dem nationalen Recht vgl. insbesondere *Bleckmann, A.*, Europarecht — Das Recht der Europäischen Wirtschaftsgemeinschaft, 4. Aufl., Köln u.a. 1985, S. 220-276.

[62] Vgl. *Huthmacher, K.E.*, Der Vorrang des Gemeinschaftsrechts bei indirekten Kollisionen, Köln u.a. 1985, S. 102; *Riegel, R.*, Allgemeine Auslegungsgrundsätze und Grundlagen des Gemeinschaftsrechts, in: BayVBl. 1974, S. 33-39, hier S. 38; *Grabitz, E.*, Gemeinschaftsrecht bricht nationales Recht, Abhandlungen aus dem Seminar für öffentliches Recht, Universität Hamburg, hrsg. v. *R. Laun/H.P. Ipsen*, Heft 55, Hamburg 1966, S. 118.

[63] Vgl. *Bleckmann, A.*, Gemeinschaftsrechtliche Probleme des Entwurfs des Bilanzrichtlinie-Gesetzes, in: BB 1984, S. 1525-1526, hier S. 1526.

[64] Vgl. *Grabitz, E.*, Gemeinschaftsrecht bricht nationales Recht, S. 118; *Lutter, M.*, Europäisches Gesellschaftsrecht, 2. Aufl., ZGR, Sonderheft 1/1984, Berlin u.a. 1984, S. 20; *Zuleeg, M.*, Die Rechtswirkung europäischer Richtlinien, in: ZGR 1980, S. 466-485, hier S. 478.

enthalten. Art. 34 der 4. EG-Richtlinie gewährt ein nationales Wahlrecht, d.h. die Mitgliedstaaten der Europäischen Gemeinschaften sind frei, diese Regelung in nationales Recht umzusetzen. Hieraus kann aber nicht geschlossen werden, daß die 4. EG-Richtlinie für die Auslegung des § 269 HGB unbedeutend ist. Übernimmt der nationale Gesetzgeber diese Regelung, so müssen gleichzeitig die in Art. 34 der 4. EG-Richtlinie vorgeschriebenen Regelungen über die Abschreibungen, die Ausschüttungssperre und über die Erläuterungen im Anhang mit transformiert werden.

In § 245 VE HGB[65] wurde z.B. die Ausschüttungssperregelung entgegen der 4. EG-Richtlinie zunächst nicht übernommen. Wäre es dabei geblieben, so wäre die 4. EG-Richtlinie bei der Auslegung dieser nationalen Vorschrift von Bedeutung gewesen. Aber auch bei der jetzt vorliegenden korrekten Umsetzung des Art. 34 der 4. EG-Richtlinie in deutsches Recht können die Regelungen der Richtlinie bei der Auslegung zusätzliche Informationen über die von dem europäischen Gesetzgeber beabsichtigte und von dem nationalen Gesetzgeber zu transformierende Regelung geben.

Bei der Auslegung der Bilanzierungshilfe für die Aufwendungen der Ingangsetzung und Erweiterung des Geschäftsbetriebs anhand des hier besprochenen Auslegungskriteriums ist darauf zu achten, daß es sich bei der Bilanzierungshilfe um eine Ausnahmevorschrift handelt. Das bedeutet, daß das Zwecksystem des gesamten Gesetzes und die Zwecke der Bilanzierungshilfe nicht miteinander kompatibel sind. Bei den Regelvorschriften sind dagegen die Zwecke einzelner Normen und das Zwecksystem des Gesetzes miteinander kompatibel. Allerdings können auch bei Regelvorschriften Konflikte, zwar nicht mit dem Zwecksystem insgesamt, aber doch mit einzelnen Zwecken dieses Zwecksystems auftreten, wenn das Zwecksystem selbst nicht widerspruchsfrei ist. Das trifft auf das System der Jahresabschlußzwecke zu, das miteinander konkurrierende Zwecke enthält.[66] Einzelne Regelvorschriften des HGB können somit durchaus mit einzelnen Jahresabschlußzwecken nicht übereinstimmen. Im Gegensatz zu der Bilanzierungshilfe des § 269 HGB leisten die Regelvorschriften aber einen Beitrag, zumindest einzelne Zwecke des Jahresabschlusses zu erfüllen. Dem gesamten Zwecksystem des Gesetzes wird erst durch die Anwendung aller Regelvorschriften entsprochen. Einzelne Regelvorschriften stehen somit dem Zwecksystem insgesamt nicht entgegen. Das Zwecksystem des Gesetzes kann daher bei der Auslegung einzelner Regelvorschriften herangezogen werden. Dabei sind vorrangig diejenigen Zwecke zu berücksichtigen, denen die Regelvorschrift nicht entgegensteht.

Bei der Auslegung von Ausnahmevorschriften sind dagegen primär die Zwecke der jeweiligen Ausnahmevorschrift und erst in zweiter Linie die Zwecke

---

[65] Vgl. *Bundesminister der Justiz*, Vorentwurf eines Bilanzrichtlinie-Gesetzes vom 5. Februar 1980.

[66] Vgl. *Baetge, J.*, Objektivierung, S. 7.

des gesamten Gesetzes heranzuziehen.[67] Die Zwecke des gesamten Gesetzes dürfen aber nicht vollständig außer acht gelassen werden. Die Anwendung der Ausnahmevorschrift darf nicht dazu führen, daß die mit den Regelvorschriften verfolgten Zwecke des gesamten Gesetzes völlig konterkariert bzw. unterlaufen werden.

325. Die objektiv-teleologische Auslegung

Nach der im vorhergehenden Abschnitt (324.) erörterten Vorgehensweise wird die Absicht des Gesetzgebers anhand von Materialien außerhalb des Gesetzestextes ermittelt. Die objektiv-teleologische Auslegung unterscheidet sich hiervon in zweierlei Hinsicht. Erstens greift man zeitlich nicht auf Materialien aus der Entstehungszeit des Gesetzes zurück, sondern verbleibt gedanklich in der Gegenwart. Dieser Unterschied entfällt bei der derzeitigen Auslegung der §§ 269 und 282 HGB, da hier keine wesentliche zeitliche Differenz zwischen der Verabschiedung des Bilanzrichtlinien-Gesetzes und der Gegenwart besteht.

Zweitens wird nicht von Materialien außerhalb des Gesetzes sondern direkt vom Gesetz, d.h. von der auszulegenden Norm selbst ausgegangen.[68] Nicht die Absicht des Gesetzgebers wird festgestellt, sondern der objektive Zweck des Gesetzes bzw. Gesetzesabschnitts und der einzelnen Norm.[69]

Zum einen werden anhand der einzelnen, auszulegenden Norm deren Zwecke ermittelt, zum anderen anhand des gesamten Gesetzes die Zwecke des Gesetzes insgesamt. Die so gewonnenen Zwecke der einzelnen auszulegenden Norm und des Gesetzes insgesamt werden dann bei der Auslegung berücksichtigt. Von den verschiedenen nach dem Wortsinn möglichen Bedeutungen einer Norm hat diejenige Bedeutung Vorrang, die die Zwecke des Gesetzes und der einzelnen Norm am besten erfüllt. Auch hier gilt, daß zwischen den Zwecken des HGB und den Zwecken der Bilanzierungshilfe Inkompatibilitäten bestehen. Daher ist bei der Auslegung zwischen den Zwecken des HGB und den Zwecken der Bilanzierungshilfe streng zu trennen.

326. Das Verhältnis der einzelnen Auslegungskriterien zueinander

Die vier genannten Auslegungskriterien sind nicht alternativ anzuwendende Methoden,[70] vielmehr ergänzen sie sich bei der Auslegung von Gesetzen. Ausgangspunkt jeder Gesetzesauslegung ist der Wortsinn.[71] Eine Auslegung ist

---

[67] Vgl. *Kropff, B.*, Bilanzwahrheit und Ermessensspielraum, S. 372f.

[68] Vgl. *Bydlinski, F.*, Juristische Methodenlehre und Rechtsbegriff, S. 454.

[69] Vgl. *Larenz, K.*, Methodenlehre, S. 321.

[70] Vgl. *Larenz, K.*, Methodenlehre, S. 328f.

[71] Vgl. *Larenz, K.*, Methodenlehre, S. 305.

ohne die Beachtung des Wortsinns nicht möglich. Auf der einen Seite ist der Wortsinn die Grundlage der weiteren Auslegung, auf der anderen Seite grenzt der Wortsinn die Auslegung gegenüber der Rechtsfortbildung ab.[72] Eine Auslegung ist, anders als die Rechtsfortbildung, nur im Rahmen des Wortsinns einer Vorschrift möglich. Das Ergebnis jeder Auslegung muß mit dem Wortsinn vereinbar sein.[73] Der Wortsinn stellt insofern eine Grenze für die Auslegung dar.[74]

Um einen Ausnahmefall handelte es sich bei der Forderung des HGB[75], daß der Kaufmann die Geschäftsvorfälle in „gebundenen Büchern" aufzuzeichnen habe. Diese Vorschrift, die aus dem Jahre 1897 stammte, wurde von der technischen Entwicklung, insbesondere der EDV-Buchführung überholt. Der Zeitabstand zwischen der Gesetzgebung und der Anwendung der Vorschrift war hier so groß geworden, daß diese technische Entwicklung bei der Verabschiedung des Gesetzes nicht vorhersehbar war und damit auch nicht im Wortlaut der Vorschrift berücksichtigt werden konnte. Das ist bei der hier auszulegenden Vorschrift nicht der Fall. Der Wortsinn bildet daher die absolute Grenze für die Auslegung.

Innerhalb dieses Spielraums, den der Wortsinn beläßt, sind die anderen Auslegungskriterien heranzuziehen. Eine generelle Rangfolge der Kriterien existiert nicht. Im jeweiligen Einzelfall entsteht durch die Ergebnisse, die anhand der verschiedenen Kriterien ermittelt werden, ein Gesamtbild der auszulegenden Norm, das i.d.R. eine konkrete Auslegung ermöglicht. Das Gewicht, mit dem die anhand der einzelnen Auslegungskriterien gewonnenen Ergebnisse in das Gesamtergebnis der Auslegung eingehen, hängt wesentlich davon ab, wie ergiebig die einzelnen Kriterien im Einzelfall sind.[76]

Bei der Auslegung von Ausnahmevorschriften wird der Bedeutungszusammenhang i. d. R. eine untergeordnete Rolle spielen. Dies ergibt sich daraus, daß — wie gesagt — Ausnahmevorschriften mit einzelnen anderen Normen des Gesetzes nicht kompatibel sind. Die verschiedenen Auslegungen, die der Wortsinn zuläßt, führen bei Ausnahmevorschriften zumindest teilweise zu anderen Ergebnissen als die Anwendung der Normen, die bei der Auslegung anhand des Bedeutungszusammenhangs zu berücksichtigen sind.

Soweit die Ausnahmevorschrift mit den Regelvorschriften nicht kompatibel ist, kann der Bedeutungszusammenhang des Gesetzes nicht in dem Maße, wie

---

72 Vgl. *Bydlinski, F.*, Juristische Methodenlehre und Rechtsbegriff, S. 441.

73 Vgl. *Siebert, W.*, Die Methode der Gesetzesauslegung, S. 39.

74 Vgl. *Fikentscher, W.*, Methoden des Rechts, Bd. IV, S. 294-301; *Canaris, C.-W.*, Die Feststellung von Lücken im Gesetz, S. 21-23; *Larenz, K.*, Methodenlehre, S. 329; *Siebert, W.*, Die Methode der Gesetzesauslegung, S. 39; *Weimar, R.*, Von der Gesetzesanwendung zur Rechtsfortschreibung, S. 163.

75 Vgl. § 43 II HGB in der bis zum 14.12.1976 gültigen Fassung.

76 Vgl. *Larenz, K.*, Methodenlehre, S. 331.

bei den Regelvorschriften, zur Auslegung der Ausnahmevorschrift herangezogen werden. Eine Auslegung anhand des Bedeutungszusammenhangs würde in solchen Fällen zu Ergebnissen führen, die mit dem Zweck der auszulegenden Norm nicht vereinbar sind. Bei den Teilbereichen der Ausnahmevorschrift, die mit den Regelvorschriften kompatibel sind, ist der Bedeutungszusammenhang dagegen bei der Auslegung heranzuziehen.

Der Fall, daß eine Vorschrift, die eine Ausnahmeregelung enthält, teilweise mit anderen Vorschriften im Widerspruch steht und teilweise nicht, ist nicht ungewöhnlich. Im Bereich der Bilanzierung ist dies z.B. immer der Fall, wenn etwas ausnahmsweise bilanziert werden darf und gleichzeitig eine Erläuterung im Anhang vorgeschrieben ist. Die Bilanzierung als solche steht im Widerspruch zu anderen Normen, nicht aber deren Erläuterung.

Zusammenfassend kann festgehalten werden, daß sich das anzuwendende Verfahren bei der Auslegung von Ausnahmevorschriften von der Auslegung anderer Vorschriften nicht grundsätzlich unterscheidet. Die Bedeutung der einzelnen Auslegungskriterien wird allerdings i.d.R. verändert sein. Die Zwecke der Ausnahmevorschrift werden bei der Auslegung tendenziell stärker und der Bedeutungszusammenhang geringer herangezogen werden.

327. Extensive oder restriktive Auslegung von Bilanzierungshilfen

In der Literatur[77] wird teilweise die Auffassung vertreten, daß Ausnahmevorschriften generell restriktiv auszulegen sind. Dies würde somit auch für Bilanzierungshilfen gelten. *Selchert* schreibt, daß die Regelung des § 269 HGB über die Aktivierung von Aufwendungen für die Ingangsetzung und Erweiterung „aufgrund ihres Charakters als Bilanzierungshilfe eng auszulegen"[78] ist. Dieser generellen Aussage kann nicht zugestimmt werden.[79] Das schließt allerdings nicht aus, daß man im Einzelfall zu dem Ergebnis gelangt, daß eine restriktive Auslegung angebracht ist.

Eine Ausnahmevorschrift ist so extensiv oder restriktiv auszulegen, wie es sich aus der Anwendung aller Auslegungskriterien ergibt.[80] Anhaltspunkte für die Entscheidung über eine extensive oder restriktive Auslegung liefern meist die

---

[77] Vgl. *Mutze, O.*, Aktivierung und Bewertung, S. 277; *Richter, M.*, Die Bilanzierungshilfen, Rn. 31; *Limberg, M.*, Ingangsetzungskosten, S. 200; *Adler, H./Düring, W./Schmaltz, K.*,Rechnungslegung und Prüfung der Aktiengesellschaft, 4. Aufl., Bd. 1, § 153 Tz. 128; *Helmrich, H.*, Zur Umsetzung der 4. und 7. EG-Richtlinie in deutsches Handels- und Gesellschaftsrecht, S. 728.

[78] *Selchert, F.W.*, Bilanzierung und Bilanzierungsmethode nach dem Bilanzrichtlinie-Gesetz, in: BB 1984, S. 1399-1404, hier S. 1402; vgl. auch *Castan, E.*, Rechnungslegung der Unternehmung, 2. Aufl., München 1984, S. 30.

[79] Vgl. *Bydlinski, F.*, Juristische Methodenlehre und Rechtsbegriff, S. 81 und 440; *Larenz, K.*, Methodenlehre, S. 339f.

[80] Vgl. *Larenz, K.*, Methodenlehre, S. 337f.

Absicht des Gesetzgebers[81] und die bei der objektiv-teleologischen Auslegung ermittelten Zwecke der Ausnahmevorschrift. Die anderen Auslegungskriterien sind aber ebenfalls zu berücksichtigen.[82]

328. Die Dominanz der Zweckorientierung bei der Auslegung von Bilanzierungshilfen

Von den erläuterten Auslegungskriterien beziehen sich zwei Kriterien auf die Zwecke der auszulegenden Norm bzw. des Gesetzes. Dies sind die Auslegung anhand der Absicht des Gesetzgebers und die objektiv-teleologische Auslegung. Die beiden anderen Kriterien, die Auslegung anhand des Wortsinns und die Auslegung anhand des Bedeutungszusammenhangs des Gesetzes, reichen i.d.R. nicht aus, um zu einem eindeutigen Ergebnis der Auslegung zu gelangen. Dazu trägt mit bei, daß die Auslegung anhand des Bedeutungszusammenhangs bei der hier betrachteten Bilanzierungshilfe nur begrenzt anwendbar ist. Hieraus ergibt sich, daß den Zwecken der auszulegenden Norm und den Zwecken des Gesetzes, in dem die Norm enthalten ist, bei der Entscheidung, welche der nach dem Wortsinn möglichen Bedeutungen bei der Auslegung heranzuziehen ist, besonderes Gewicht zukommt.[83]

Bei der Auslegung der Bilanzierungshilfe des § 269 HGB kommt hinzu, daß nicht nur zwischen den Zwecken, die der Gesetzgeber vor Augen hatte, und den bei der objektiv-teleologischen Auslegung ermittelten Zwecken unterschieden werden muß, sondern daß auch jeweils zwischen den Zwecken der gewährten Bilanzierungshilfe und den Zwecken des Gesetzes insgesamt zu trennen ist.

Bei der Auslegung von Vorschriften, die keine Ausnahmeregelung darstellen, ist diese Trennung nicht erforderlich, da die Zwecke der auszulegenden Norm und das Zwecksystem des Gesetzes übereinstimmen. Die einzelne Regelvorschrift soll nämlich dazu beitragen, daß das Zwecksystem des Gesetzes erfüllt wird. Die speziellen Zwecke einer einzelnen Regelvorschrift werden anhand des Zwecksystems des Gesetzes ermittelt, d.h. sie stehen auf einer anderen, untergeordneten Ebene und sind mit dem übergeordneten Zwecksystem kompatibel.

Wegen der bei Ausnahmevorschriften zumindest teilweise bestehenden Konflikte zwischen den Zwecken der Ausnahmevorschrift und dem Zwecksystem

---

[81] Vgl. *Larenz, K.*, Methodenlehre, S. 340.

[82] Vgl. *Engisch, K.*, Einführung in das juristische Denken, S. 100-104.

[83] Vgl. dazu auch *Tipke, K.*, Über teleologische Auslegung, Lückenfeststellung und Lückenausfüllung, in: Der Bundesfinanzhof und seine Rechtsprechung, Festschrift für *Hugo von Wallis*, hrsg. v. *F. Klein/K. Vogel*, Bonn 1985, S. 133-150, hier S. 134-138 und *Coing, H.*, in: Kommentar zum Bürgerlichen Gesetzbuch, begr. v. *J. von Staudinger*, bearb. v. *H. Coing/N. Habermann*, 12. Aufl., Berlin 1980, Einleitung Tz. 150 und 195, die der teleologischen Auslegung generell das dominierende Gewicht bei der Auslegung zusprechen.

des Gesetzes sind die Zwecke der Ausnahmevorschrift und des Gesetzes bei der Auslegung getrennt zu beachten. Bei der Auslegung der §§ 269 und 282 HGB ist deshalb zu unterscheiden zwischen

a) den Zwecken, die der Gesetzgeber mit den §§ 269 und 282 HGB verfolgt hat,
b) den bei der objektiv-teleologischen Auslegung ermittelten Zwecken der §§ 269 und 282 HGB,
c) den Zwecken, die der Gesetzgeber mit den gesetzlichen Regelvorschriften über den Jahresabschluß der Kapitalgesellschaften[84] (Drittes Buch des HGB, ausgenommen die Vorschriften, die nicht für Kapitalgesellschaften gelten) verfolgt hat und
d) den bei der objektiv-teleologischen Auslegung ermittelten Zwecken der in c) genannten Vorschriften über den Jahresabschluß der Kapitalgesellschaften.

Die Zwecke, die der Gesetzgeber einer einzelnen Norm oder einem Gesetz zugrundegelegt hat und die bei der objektiv-teleologischen Auslegung ermittelten Zwecke stimmen umso stärker überein, je besser es dem Gesetzgeber gelingt, die von ihm beabsichtigten Zwecke, so in die einzelnen Vorschriften des Gesetzes umzusetzen, daß die Vorschriften Ausdruck der Zwecke sind, die der Gesetzgeber mit dem Gesetz verfolgt. Bei einer völlig zweckgerechten Gesetzesfassung würden somit die beiden Auslegungskriterien, die Zwecke des Gesetzgebers und die objektiv-teleologisch gewonnenen Zwecke, zum selben Ergebnis führen. Denn hier wird auf zwei verschiedenen Wegen versucht, die gleichen Zwecke einer einzelnen Norm bzw. eines Gesetzes festzustellen.

Eine völlig zweckgerechte Gesetzesfassung ist aber nicht möglich, weil verbale Formulierungen meist nicht so präzise gefaßt werden können, daß der Wortsinn nur eine Bedeutung zuläßt. Daraus ergibt sich die Konsequenz, daß die bei der objektiv-teleologischen Auslegung ermittelten Zwecke häufig von den Zwecken, die der Gesetzgebung zugrundelagen, abweichen. Auch solche voneinander abweichenden Zwecke sind bei der Auslegung zu berücksichtigen, vorausgesetzt, deren Ermittlung anhand der beiden Auslegungskriterien ist fehlerfrei.

33 Die Zwecke der Bilanzierungshilfe des § 269 HGB

331. Die Vorgehensweise bei der Ermittlung der Zwecke der Bilanzierungshilfe

In den Abschnitten 324. und 325. wurde dargelegt, wie die Zwecke einer gesetzlichen Vorschrift zu ermitteln sind. Diese Vorgehensweise verbietet nicht, auf in der Literatur genannte Zwecke von Bilanzierungshilfen zurückzugreifen. Die in der Literatur genannten Zwecke sind allerdings anhand der Auslegungskriterien zu prüfen. Insoweit kann das induktive Verfahren der Übernahme von Literaturmeinungen als Ideenlieferant bei der Aufgabe, die Zwecke der hier

[84] Aufgrund des eingeschränkten Anwendungsbereichs der Bilanzierungshilfe (Abschnitt 22.) sind die Jahresabschlußzwecke von Kapitalgesellschaften heranzuziehen.

betrachteten Bilanzierungshilfe zu ermitteln, herangezogen werden.[85] Diese Vorgehensweise bietet sich hier an, da in der Literatur[86] eine Reihe von Zwecken für Bilanzierungshilfen herausgearbeitet wurde. Zusätzlich ist zu überlegen, ob weitere Zwecke der Bilanzierungshilfe mit den in den Abschnitten 324. und 325. beschriebenen Methoden zu gewinnen sind.

Für die Auslegung der Bilanzierungshilfe der §§ 269 und 282 HGB dürfen — wie gesagt — allerdings nur solche in der Literatur genannten Zwecke weiter verwendet werden, die entweder der Absicht des Gesetzgebers in bezug auf die §§ 269 und 282 HGB entsprechen oder im Rahmen der objektiv-teleologischen Auslegung aus den §§ 269 und 282 HGB ermittelt werden können oder die beide Kriterien gleichzeitig erfüllen.

Bei der Auslegung einer gesetzlichen Regelung anhand der Absicht des Gesetzgebers ist es denkbar, daß der Gesetzgeber der Regelung einen Zweck zuschreibt, den die Regelung nicht erfüllen kann. In solchen Fällen darf die Auslegung nicht auf diesen Zweck zurückgreifen, weil sich sonst Widersprüche zwischen der Regelungsabsicht und dem Wortsinn der Vorschrift ergeben würden. Der Wortsinn begrenzt aber, wie allgemein anerkannt, die Auslegung,[87] d.h. Zwecke, die der Bilanzierungshilfe zugeschrieben werden, die von ihr aber nicht erfüllt werden können, müssen bei der Auslegung unberücksichtigt bleiben.

332. Die Berücksichtigung der verschiedenen Rechtsformen

Die Bilanzierungshilfe des § 269 HGB darf von Unternehmen in der Rechtsform der Aktiengesellschaft, der Kommanditgesellschaft auf Aktien, der GmbH, der Genossenschaft und von solchen Unternehmen, die aufgrund des Publizitätsgesetzes rechnungslegungspflichtig sind, angewendet werden.[88] Bei der weiteren Erörterung muß beachtet werden, daß die Aktivierung von Aufwendungen für die Ingangsetzung und Erweiterung des Geschäftsbetriebs nach § 269 HGB bei den verschiedenen Rechtsformen, für die die Bilanzierungshilfe gilt, zu unterschiedlichen Auswirkungen führen kann. Einzelne Zwecke der Bilanzierungshilfe können nur bei bestimmten Rechtsformen erfüllt werden. Die Zwecke der Bilanzierungshilfe des § 269 HGB sind somit abhängig von den verschiedenen Rechtsformen, bei denen die Bilanzierungshilfe anwendbar ist, zu beurteilen.

---

[85] Vgl. *Leffson, U.*, GoB, S. 29.

[86] Vgl. Abschnitt 333.1.

[87] Vgl. *Canaris, C.-W.*, Die Feststellung von Lücken im Gesetz, S. 21-23; *Fikentscher, W.*, Methoden des Rechts, Bd. IV, S. 294-301; *Larenz, K.*, Methodenlehre, S. 307 und 309f.; *Siebert, W.*, Die Methode der Gesetzesauslegung, S. 39; *Weimar, R.*, Von der Gesetzesanwendung zur Rechtsfortschreibung, S. 163.

[88] Vgl. Abschnitt 22.

333. Die Eignung der Bilanzierungshilfe des § 269 HGB zur Erfüllung der in der Literatur für Bilanzierungshilfen genannten Zwecke

333.1 Systematisierung der in der Literatur genannten Zwecke von Bilanzierungshilfen

In der Literatur werden folgende Zwecke für Bilanzierungshilfen angeführt:

a) Hilfe zur Vermeidung eines Verlustausweises[89]
b) Hilfe zur Vermeidung einer Unterbilanz[90]
c) Hilfe zur Vermeidung einer Überschuldung
 — Vermeidung einer formellen Überschuldung[91]
 — Vermeidung einer konkursrechtlichen Überschuldung[92]
d) Hilfe zur Vermeidung der Einberufung einer außerordentlichen Hauptversammlung[93]

---

[89] Vgl. *Kropff, B.*, Sinn und Grenzen, S. 198; *Schneider, D.*, Gliederungs-, Ansatz- und Bewertungswahlrechte für den Jahresabschluß, S. 91; *Coenenberg, A.G.*, Jahresabschluß und Jahresabschlußanalyse, 7. Aufl., München 1984, S. 92; *Federmann, R.*, Bilanzierung nach Handelsrecht und Steuerrecht, S. 153; *Knobbe-Keuk, B.*, Bilanz- und Unternehmenssteuerrecht, 5. Aufl., Köln 1985, S. 61; *Kropff, B.*, in: *E. Geßler / W. Hefermehl / U. Eckardt / B. Kropff*, Aktiengesetz-Kommentar, Bd. III, § 153 Anm. 60; *von Godin, R. / Wilhelmi, H.*, Aktiengesetz-Kommentar, 4. Aufl., Bd. I, Berlin u.a. 1971, § 153 Anm. 6; *Richter, M.*, Die Bilanzierungshilfen, Rn. 2; *Timm, W.*, Die Gründungs- und Ingangsetzungskosten — ihre Behandlung im Jahresabschluß der Aktiengesellschaft in den Ländern der Europäischen Wirtschaftsgemeinschaft, in: Die Rechnungslegung in den Ländern der Europäischen Gemeinschaft und in den USA, hrsg. v. *W. Busse von Colbe / M. Lutter*, Bochum 1973, S. 178-201, hier S. 187 f.; *Stuhrmann, G.*, Ingangsetzungskosten, S. 392; *Eckes, B.*, Bewertungsstetigkeit — Muß- oder Sollvorschrift?, Geänderte Konzeption im neuen Entwurf eines Bilanzrichtlinie-Gesetzes, in: BB 1985, S. 1435-1444, hier S. 1439; *Wöhe, G.*, Bilanzierung und Bilanzpolitik, 6. Aufl., München 1984, S. 672; *Freericks, W.*, Bilanzierungsfähigkeit, S. 219; *Marettek, A.*, Ingangsetzungs- und Erweiterungsaufwendungen, Prüfung der, in: HWRev, hrsg. v. *A.G. Coenenberg / K. von Wysocki*, Stuttgart 1983, Sp. 624-628, hier Sp. 626.

[90] Vgl. *Mutze, O.*, Aktivierung und Bewertung, S. 275; *Müller-Dahl, F.P.*, Betriebswirtschaftliche Probleme, Berlin 1979, S. 131; *Timm, W.*, Gründungs- und Ingangsetzungskosten, S. 188.

[91] Vgl. *Harms, J.E. / Küting, K.*, Bilanzpolitische Bedeutung, S. 649; *Dziadkowski, D.*, Bilanzhilfsposten, S. 1337f.; *Veit, K.-R.*, Organisationsausgaben, S. 67; *Richter, M.*, Die Bilanzierungshilfen, Rn. 2.

[92] Vgl. *Saage, G.*, Gewinnermittlung, S. 1667; *Heyd, R.*, Ziele, S. 402; *Hantke, H.*, Handels- und steuerrechtlicher Jahresabschluß, München u.a., 1982, S. 194f.; *Chmielewicz, K.*, Vereinheitlichung der Rechnungslegung, S. 38; *Federmann, R.*, Bilanzierung nach Handelsrecht und Steuerrecht, S. 153; *Geisthardt, A.*, Bedeutung der vierten Richtlinie, S. 188; *Dziadkowski, D.*, Aktivierungsunfähigkeit, S. 1516; *ders.*, Bilanzhilfsposten, S. 1337f.; *Schneider, D.*, Bilanzierungs- und Buchungsfähigkeit, Sp. 218; *Müller-Dahl, F.P.*, Betriebswirtschaftliche Probleme, S. 131f.; *ders.*, Bilanzierung des Goodwill, S. 277f.; *Wetzel, H.-P.*, Die Auswirkungen des Bilanzrichtlinie-Gesetzes auf den Maßgeblichkeitsgrundsatz der Handelsbilanz für die Steuerbilanz und umgekehrt, Konstanzer Dissertationen, Bd. 58, Konstanz 1985, S. 86; *Harms, J.E. / Küting, K.*, Bilanzpolitische Bedeutung, S. 649; *Coenenberg, A.G.*, Jahresabschluß und Jahresabschlußanalyse, S. 34 und 92.

e) Ausschüttungshilfe[94]
f) Ausschüttungssperrhilfe[95]
g) Hilfe zur Ermittlung eines periodengerechten Erfolgs[96]

Als — nicht in der Literatur genannter — Zweck der Bilanzierungshilfe kommt daneben folgender Zweck in Betracht:
h) Hilfe zur Glättung der Periodenergebnisse[97]

Weitere Zwecke der Bilanzierungshilfe des § 269 HGB sind bei Auswertung der Materialien über diese gesetzliche Vorschrift und bei objektiv-teleologischem Vorgehen nicht ersichtlich.

Die drei erstgenannten Zwecke, die Vermeidung eines Verlustausweises, einer Unterbilanz und einer formellen Überschuldung, beziehen sich allein darauf, das Bilanzbild zu verbessern.

Bei der Vermeidung einer Überschuldung muß danach unterschieden werden, ob eine formelle Überschuldung oder eine Überschuldung im konkursrechtlichen Sinn verhindert werden soll. Bei der Verhinderung einer formellen Überschuldung geht es darum, das Bild der Jahresbilanz zu verbessern. Der Zweck, eine konkursrechtliche Überschuldung zu verhindern, zielt dagegen nicht darauf ab, die Jahresbilanz positiver darzustellen. Die rechtliche Folge, ein Konkursverfahren einleiten zu müssen, soll durch die Bilanzierungshilfe

---

[93] Vgl. *Veit, K.-R.*, Organisationsausgaben, S. 67f.; *Hantke, H.*, Handels- und steuerrechtlicher Jahresabschluß, S. 194f.; *Freericks, W.*, Bilanzierungsfähigkeit, S. 219; *Wöhe, G.*, Bilanzierung und Bilanzpolitik, S. 672; *Timm, W.*, Gründungs- und Ingangsetzungskosten, S. 188; *Schneider, D.*, Bilanzierungs- und Buchungsfähigkeit, Sp. 218.

[94] Vgl. *Moxter, A.*, Bilanzlehre, S. 65 und 456; *Baetge, J./Ballwieser, W.*, Zum bilanzpolitischen Spielraum der Unternehmensleitung, in: BFuP 1977, S. 199-215, hier S. 213; *Müller-Dahl, F.P.*, Betriebswirtschaftliche Probleme, S. 131f.; *Heyd, R.*, Ziele, S. 399-402; *Völschau, G.*, Zielsetzung, S. 246; *Maul, K.-H.*, Bilanzierungshilfen im künftigen Bilanzrecht, S. 233; *von Godin, R./Wilhelmi, H.*, Aktiengesetz-Kommentar, 4. Aufl., Bd. I, § 153 Anm. 6; *Timm, W.*, Gründungs- und Ingangsetzungskosten, S. 188; *Stuhrmann, G.*, Ingangsetzungskosten, S. 392. *Adam, E.*, Die Generalklausel über den Inhalt des Jahresabschlusses nach dem Aktiengesetz 1965, Frankfurt/Main u.a. 1975, S. 181.

[95] Vgl. *Müller-Dahl, F.P.*, Betriebswirtschaftliche Probleme, S. 131 und 133; *Schneider, D.*, Bilanzierungs- und Buchungsfähigkeit, Sp. 218.

[96] Vgl. *Dziadkowski, D.*, Aktivierungsunfähigkeit, S. 1519; *Klinger, K.*, Anlaufkosten, S. 227; *Mutze, O.*, Aktivierung und Bewertung, S. 275; *Kühnberger, M./Lenz, H./Stachuletz, R.*; Rechnungslegungsvorschriften des Entwurfs eines Bilanzrichtlinie-Gesetzes — ein Schritt zu einem „Allgemeinen Rechnungslegungsgesetz"?, in: DB 1982, S. 3-9, hier S. 6; *Heyd, R.*, Ziele, S. 402f.; *Müller-Dahl, F.P.*, Betriebswirtschaftliche Probleme, S. 131; *Greiffenhagen, H.*, Zur Aktivierung von Betriebseinrichtungskosten, in: GmbH-Rundschau 1964, S. 3-7, hier S. 4; *Stüdemann, K.*, Grundlagen zur Unterscheidung von materiellen und immateriellen Gütern und zu ihrer Aktivierung in der Bilanz, in: DB 1985, S. 345-352, hier S. 351.

[97] Für die Anregung zu diesem möglichen Zweck der Bilanzierungshilfe, der die für diese Bilanzierungshilfe in Frage kommenden Zwecke vervollständigt, danke ich Herrn Prof. Dr. *Ulrich Leffson*.

verhindert werden. Grundlage für die Entscheidung, ob ein Konkursantrag zu stellen ist, ist aber nicht die Jahresbilanz, sondern eine nach anderen Regeln aufgestellte konkursrechtliche Überschuldungsbilanz.[98] D.h. es ist zwischen dem Zweck, eine formelle Überschuldung und dem Zweck, eine konkursrechtliche Überschuldung zu verhindern, zu trennen.

Durch die Inanspruchnahme einer Bilanzierungshilfe soll verhindert werden, daß z.B. bei der Bilanzierungshilfe des § 269 HGB die Aufwendungen für die Ingangsetzung und Erweiterung des Geschäftsbetriebs in der Periode, in der sie angefallen sind, sofort erfolgswirksam werden und damit u.U. zu einem Verlustausweis, einer Unterbilanz oder einer formellen Überschuldung führen. Beabsichtigt ist jeweils, den Verlustausweis, die Unterbilanz bzw. die formelle Überschuldung völlig zu vermeiden oder zu verringern. Wenn im folgenden von dem Zweck der Vermeidung z.B. einer Unterbilanz gesprochen wird, soll hierunter jeweils auch die Verringerung z.B. des Betrags, in dessen Höhe eine Unterbilanz besteht, gefaßt werden.

Mit einer Glättung der Jahresergebnisse soll einerseits das Bilanzbild beeinflußt werden und andererseits in den aufeinanderfolgenden Geschäftsjahren eine Stetigkeit bei den Ausschüttungen erreicht werden.

Die Zwecke, eine konkursrechtliche Überschuldung und die Einberufung einer außerordentlichen Hauptversammlung zu vermeiden, zielen darauf ab, rechtliche Folgen, die das Gesetz für bestimmte Unternehmenssituationen vorschreibt, zu verhindern. Rechtliche Folgen, wie die Einleitung eines Konkursverfahrens oder die Einberufung einer außerordentlichen Hauptversammlung, kann die Bilanzierungshilfe aber nur bei den Rechtsformen verhindern, bei denen an die Überschuldung im Sinne des Konkursrechts bzw. an den Verlust des halben Grundkapitals rechtliche Konsequenzen geknüpft sind.

Während bei der Verhinderung rechtlicher Folgen und bei der Beeinflussung des Bilanzbildes Auswirkungen auf die Höhe der Ausschüttungen u.U. als Nebeneffekt auftreten können, haben die Ausschüttungshilfe und die Ausschüttungssperrhilfe allein den Zweck, die Höhe der Ausschüttungen zu beeinflussen. Abhängig von der Art der Bilanzierungshilfe kann sich bei der Ausnutzung des Wahlrechts u.U. eine Erhöhung oder eine Verminderung der Ausschüttung ergeben. Eine einzelne Bilanzierungshilfe, z.B. § 269 HGB, kann somit entweder eine Ausschüttungshilfe oder eine Ausschüttungssperrhilfe gewähren oder aber keinerlei Einfluß auf die Ausschüttung haben. Die beiden genannten Zwecke können aber nicht gleichzeitig von einer einzelnen Bilanzierungshilfe erfüllt werden.

In der Abb. 1 sind die genannten Zwecke der Bilanzierungshilfen systematisch zusammengefaßt und den herausgearbeiteten vier übergeordneten Zwecken,

— Beeinflussung des Bilanzbildes,

---

[98] Vgl. Gliederungspunkt 333.41.

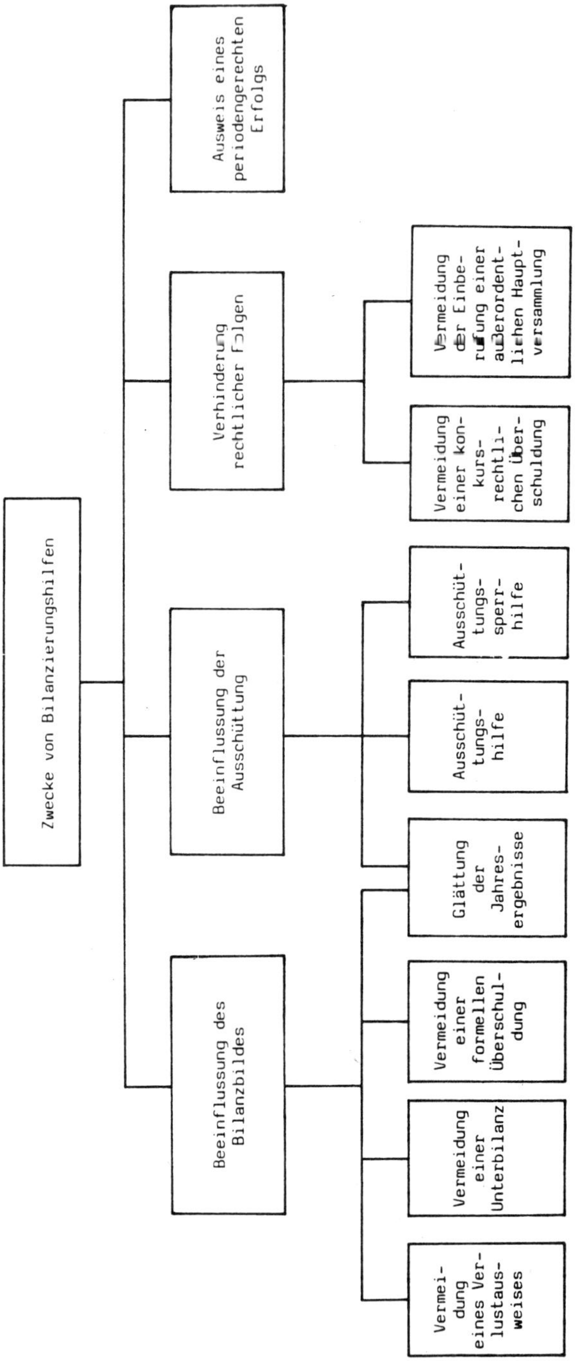

Abb. 1. Systematik der in der Literatur genannten Zwecke von Bilanzierungshilfen

— Verhinderung rechtlicher Folgen,
— Beeinflussung der Ausschüttung und
— Ausweis eines periodengerechten Erfolgs,
zugeordnet worden.

333.2 Die Beurteilung der Bilanzierungshilfe des § 269 HGB als Hilfe zur Vermeidung eines Verlustausweises

Im Jahresabschluß können zwei Arten von Verlusten auftreten. Zum einen kann das Geschäftsjahr mit einem negativen Ergebnis abgeschlossen werden. Dies führt zum Ausweis eines negativen Jahresergebnisses (Jahresfehlbetrag) in der Gewinn- und Verlustrechnung. Zum anderen kann in der Bilanz ein Verlust auftreten. Bei der Ermittlung des Bilanzgewinns bzw. -verlustes wird von dem Jahresergebnis aus der Gewinn- und Verlustrechnung ausgegangen, zusätzlich aber ein Gewinn- bzw. Verlustvortrag und die Einstellungen in die Rücklagen bzw. die Auflösung von Rücklagen berücksichtigt. Das Jahresergebnis und der Bilanzgewinn bzw. -verlust sind somit nicht voneinander unabhängig. Sie können aber durchaus unterschiedliche Vorzeichen aufweisen.

Der Ausweis des Jahresergebnisses bleibt im Gegensatz zum früheren Recht nicht auf die Gewinn- und Verlustrechnung beschränkt. Die Bilanzgliederung des § 266 III HGB sieht im Rahmen des gegenüber dem früheren Recht geänderten Eigenkapitalausweises, der durch die Zusammenfassung aller Eigenkapitalpositionen die Bilanzklarheit verbessert[99], den Ausweis des Jahresergebnisses innerhalb der Bilanz vor. Das Jahresergebnis wird dann sowohl in der Gewinn- und Verlustrechnung als auch in der Bilanz ausgewiesen. Einen Posten Bilanzgewinn bzw. -verlust enthält die Bilanz dann nicht. Wird die Bilanz allerdings gemäß § 268 I HGB nach vollständiger oder teilweiser Verwendung des Jahresergebnisses aufgestellt, so tritt in der Bilanz an die Stelle des Jahresergebnisses der Posten Bilanzgewinn bzw. Bilanzverlust.[100]

Die Aktivierung der Aufwendungen für die Ingangsetzung und Erweiterung des Geschäftsbetriebs führt zu einer Erhöhung der auf der Aktivseite der Bilanz ausgewiesenen Beträge. Gleichzeitig wird der in der Gewinn- und Verlustrechnung ausgewiesene Aufwand vermindert bzw. ein zusätzlicher Ertrag in Höhe des für die Ingangsetzung und Erweiterung aktivierten Betrages ausgewiesen. Ein Jahresüberschuß wird durch die Aktivierung erhöht, ein Jahresfehlbetrag vermindert. Die Bilanzierungshilfe des § 269 HGB ist somit geeignet, den Ausweis eines Jahresfehlbetrages zu vermeiden bzw. zu verringern. Ist ohne die Aktivierung der Aufwendungen für die Ingangsetzung und Erweiterung ein

[99] Vgl. *Biener, H.*, AG, KGaA, GmbH, Konzerne, S. 47; *Harms, J.E. / Küting, K.*, Ermittlung und Ausweis des Eigenkapitals nach dem Bilanzrichtlinie-Gesetz, in: DB 1983, S. 1449-1454, hier S. 1453; *Jonas, H.H.*, Die EG-Bilanzrichtlinie, S. 106; *Pohlig, R.*, Anmerkungen zum Eigenkapitalausweis und zur Ergebnisverwendung nach künftigem Recht, in: DBW 1981, S. 140-145, hier S. 140.

[100] Vgl. § 268 I HGB.

Jahresfehlbetrag auszuweisen, dessen Höhe geringer oder gleich hoch ist, wie der aufgrund der Bilanzierungshilfe aktivierbare Betrag, so wird durch die Inanspruchnahme der Bilanzierungshilfe der Ausweis eines Jahresfehlbetrages vermieden. Übersteigt der Jahresfehlbetrag den aufgrund der Bilanzierungshilfe aktivierbaren Betrag, wird der Jahresfehlbetrag verringert.

Die Ausführungen gelten für einen Bilanzverlust entsprechend. Wird in der Bilanz die Verwendung des Jahresergebnisses berücksichtigt, führt die Aktivierung der Aufwendungen für die Ingangsetzung und Erweiterung ceteris paribus zu einer Vermeidung bzw. Verminderung eines Bilanzverlustes.

Als Ergebnis bleibt festzuhalten, daß die Bilanzierungshilfe des § 269 HGB geeignet ist, einen Jahresfehlbetrag und einen Bilanzverlust zu vermeiden bzw. zu verringern. Der Zweck, einen Verlustausweis im Jahresabschluß zu verhindern, kann somit durch die Aktivierung von Aufwendungen für die Ingangsetzung und Erweiterung des Geschäftsbetriebs erfüllt werden.

333.3 Die Beurteilung der Bilanzierungshilfe des § 269 HGB als Hilfe zur Vermeidung einer Unterbilanz

Eine Unterbilanz entsteht, wenn der Jahresfehlbetrag zuzüglich eines Verlustvortrags, abzüglich eines Gewinnvortrags die Summe aus den Gewinn- und Kapitalrücklagen[101] übersteigt.[102] Die Rücklagenbildung aus dem Jahresergebnis ist allerdings nicht für alle Rechtsformen gesetzlich vorgeschrieben. Eine Rücklagenbildung setzt häufig eine entsprechende Regelung in der Satzung bzw. im Gesellschaftsvertrag oder einen Gesellschafterbeschluß voraus.[103] Liegt eine Unterbilanz vor, so sind bei Aktiengesellschaften Teile des Grundkapitals aufgezehrt. Die Summe des in der Bilanz ausgewiesenen Eigenkapitals ist geringer als das in der Bilanz ausgewiesene Grundkapital. Bei der Kommanditgesellschaft auf Aktien sind zum Grundkapital jeweils die Kapitaleinlagen hinzuzurechnen. Bei der GmbH, der Genossenschaft und der Personengesellschaft treten an die Stelle des Grundkapitals das Stammkapital, das Geschäftsguthaben der Genossen bzw. die Kapitaleinlagen der Gesellschafter.

---

[101] Vgl. § 272 II und III HGB.

[102] Vgl. *Arians, G.*, Sonderbilanzen, Bilanzen aus besonderem Anlaß und Grundsätze ordnungsmäßiger Bilanzierung, 2. Aufl., Köln u.a. 1985, S. 221f.; *Veit, K.-R.*, Die Konkursrechnungslegung, Köln u.a. 1982, S. 23; *Fischer, W.*, Die Überschuldungsbilanz, Köln u.a. 1980, S. 6; *Coenenberg, A.G.*, Jahresabschluß und Jahresabschlußanalyse, 7. Aufl., München 1984, S. 29; *Pribilla, M.E.*, Die Überschuldungsbilanz, in: KTS 1958, S. 1-8 und 17-24, hier S. 2.

[103] Vgl. § 29 II GmbHG, § 7 Nr. 2 GenG; *Forster, K.-H.*, Zur Bilanzierung, Reservebildung und Ausschüttung in der GmbH, Anmerkungen zum Aufsatz von Marcus Lutter, in: DB 1979, S. 1099-1100, hier S. 1099f.; *Sudhoff, H.*, Der Gesellschaftsvertrag der Personengesellschaften, 5. Aufl., München 1978, S. 216f.; *IdW (Hrsg.)*, Wirtschaftsprüfer-Handbuch 1985/86, Bd. 1, S. 686.

Die Vermeidung einer Unterbilanz ist der Vermeidung eines Verlustausweises sehr ähnlich. Der Unterschied liegt darin, daß ein Verlust entstanden ist, der durch die Auflösung von Rücklagen nicht mehr kompensiert werden kann, d.h. der Verlust ist größer als die Summe aller Rücklagen. Eine Unterbilanz wird durch die Aktivierung von Aufwendungen für die Ingangsetzung und Erweiterung des Geschäftsbetriebs immer dann vermieden, wenn der Betrag der Bilanzierungshilfe mindestens genauso hoch ist wie die Differenz zwischen dem Verlust ohne Aktivierung der Aufwendungen für die Ingangsetzung und Erweiterung und den gesamten Rücklagen. Das sei an dem folgenden Beispiel verdeutlicht:

Die Unternehmung hat nach § 269 HGB das Wahlrecht, 100 GE als Aufwendungen für die Ingangsetzung und Erweiterung des Geschäftsbetriebs zu aktivieren. Ohne die Aktivierung von Aufwendungen für die Ingangsetzung und Erweiterung hätte die Bilanz folgendes Aussehen:

Bilanz der X-AG zum 31.12.87

Anlagevermögen	350	250		Grundkapital
Umlaufvermögen	450	100		Rücklagen
		./. 200		Bilanzverlust
			150	Eigenkapital
			250	Rückstellungen
			400	Verbindlichk.
	800		800	

Vergleicht man den Betrag der als Eigenkapital ausgewiesen wird mit der Höhe des Grundkapitals, so wird deutlich, daß ein Teil des Grundkapitals durch den Verlust aufgezehrt wurde. D.h. es liegt eine Unterbilanz vor.

Bei der Aktivierung der Aufwendungen für die Ingangsetzung und Erweiterung ergibt sich folgende Bilanz:

Bilanz der X-AG zum 31.12.87

Aufwendungen für die Ingangsetzung und Erweiterung des Geschäftsbetriebes	100	250		Grundkapital
		100		Rücklagen
		./. 100		Bilanzverlust
			250	Eigenkapital
Anlagevermögen	350		250	Rückstellungen
Umlaufvermögen	450		400	Verbindlichk.
	900		900	

In dieser Bilanz reichen die Rücklagen aus, den Bilanzverlust auszugleichen. Das Grundkapital der Unternehmung wird somit nicht angegriffen, d.h. es liegt keine Unterbilanz vor. Die Aktivierung der Aufwendungen für die Ingangsetzung und Erweiterung des Geschäftsbetriebs hat dazu geführt, eine Unterbilanz zu vermeiden.

Das erörterte Beispiel gilt für Unternehmen anderer Rechtsform entsprechend.

333.4 Die Beurteilung der Bilanzierungshilfe des § 269 HGB als Hilfe zur Vermeidung einer Überschuldung

333.41 Die Unterscheidung zwischen der formellen und der konkursrechtlichen Überschuldung

Eine Überschuldung kann erstens in der jährlich aufzustellenden Handelsbilanz oder in einer Zwischenbilanz festgestellt werden. Die Literatur spricht hier von formeller[104], bilanzieller[105] oder buchmäßiger Überschuldung.[106] Hier soll im folgenden von der formellen Überschuldung gesprochen werden. Der Begriff bilanzielle Überschuldung erscheint zu weit. Der Bilanzbegriff wird in vielfältiger Weise verwendet,[107] auch bei Konkursverfahren.[108] Der Ausdruck „formell" macht dagegen deutlich, daß in der Jahresbilanz zwar eine Überschuldung ausgewiesen wird, hieran aber nicht die rechtliche Folge geknüpft ist, ein Konkurs- oder Vergleichsverfahren einzuleiten.

Zweitens wird der Überschuldungsbegriff im Sinne der konkursrechtlichen Überschuldung verwendet. Eine Überschuldung im Sinne des Konkursrechts liegt vor, wenn in der Bilanz, die speziell für den Zweck aufgestellt wird, um festzustellen, ob ein Konkursantrag wegen Überschuldung gestellt werden muß, die Schulden nicht mehr durch das Vermögen gedeckt werden. *Auler*[109] spricht hier im Gegensatz zu der formellen Überschuldung in der Handelsbilanz von materieller Überschuldung. Diese konkursrechtliche Überschuldungsbilanz ist nicht anhand der handelsrechtlichen Bilanzierungsregeln sondern anhand des Konkursrechts aufzustellen.[110]

---

[104] Vgl. *Auler, W.-D.*, Prüfungspflichten bei einer notleidenden Aktiengesellschaft, in: DB 1976, S. 1537-1539, hier S. 1537.

[105] Vgl. *Richter, M.*, Die Bilanzierungshilfen, Rn. 2.

[106] Vgl. *Dziadkowski, D.*, Bilanzhilfsposten, S. 1337f.; *Harms, J.E. / Küting, K.*, Bilanzpolitische Bedeutung, S. 649; *Kommission Rechnungswesen im Verband der Hochschullehrer für Betriebswirtschaft e.V.*, Stellungnahme zum Regierungsentwurf eines Bilanzrichtlinie-Gesetzes, S. 7.

[107] Vgl. *Arians, G.*, Sonderbilanzen, S. 17-23.

[108] Vgl. *Fischer, W.*, Die Überschuldungsbilanz, S. 46f.; *Arians, G.*, Sonderbilanzen, S. 227f.

[109] Vgl. *Auler, W.-D.*, Prüfungspflichten bei einer notleidenden Aktiengesellschaft, in: DB 1976, S. 1537-1539, hier S. 1537.

[110] Vgl. *Egner, H. / Wolff, G.*, Zur Unbrauchbarkeit des Überschuldungstatbestands als gläubigerschützendes Instrument, in: AG 1978, S. 99-106, hier S. 101f.; *Veit, K.-R.*, Die

Die Bilanzierungshilfe des § 269 HGB kann somit den Zweck haben, die formelle Überschuldung in der Handelsbilanz oder die Überschuldung im Sinne des Konkursrechts oder beide Arten der Überschuldung zu vermeiden.

Als Hilfe zur Vermeidung einer formellen Überschuldung sehen *Veit*[111] und *Harms / Küting*[112] die Bilanzierungshilfe an. *Dziadkowski*[113] spricht zwar von einer buchmäßigen Überschuldung, die durch eine Aktivierungshilfe verhindert werden soll. Er unterscheidet offensichtlich aber nicht zwischen der Verhinderung einer formellen Überschuldung und der Vermeidung eines Überschuldungskonkurses,[114] denn er zitiert bei seinen Ausführungen *Chmielewicz*[115], der aber eindeutig von der Vermeidung eines Überschuldungskonkurses spricht. *Harms / Küting*[116] unterscheiden dagegen zwischen der formellen Überschuldung und der Überschuldung im Sinne des Konkursrechts. Sie sehen den Zweck einer Bilanzierungshilfe sowohl in der Vermeidung einer formellen Überschuldung als auch in der Verhinderung eines Konkurses und verwenden hierfür die Begriffe „Überschuldungsverhinderungsinstrument" und „Konkursverhinderungsinstrument".[117] Als Mittel zur Verhinderung eines Konkurses werden

---

Konkursrechnungslegung, S. 24; *Schmalenbach, E.*, Dynamische Bilanz, 12. Aufl., Köln u.a. 1956, S. 212; *Fischer, W.*, Die Überschuldungsbilanz, S. 45f.; *Schmidt, K.*, Sinnwandel und Funktion des Überschuldungstatbestandes, in: Juristenzeitung 1982, S. 165-174, hier S. 169f.; *Pribilla, M.E.*, Die Überschuldungsbilanz, S. 3 und 5; *Arians, G.*, Sonderbilanzen, S. 28f.; *Zilias, M.*, Unterbilanz und Überschuldung der Aktiengesellschaft, in: WPg 1977, S. 445-455, hier S. 447; *Hefermehl, W.*, in: *E. Geßler, / W. Hefermehl / U. Eckardt / B. Kropff*, Aktiengesetz-Kommentar, Bd. II, München 1973, § 92 Anm. 17; *Mertens, H.-J.*, in: Kölner Kommentar zum Aktiengesetz, hrsg. v. *W. Zöllner*, Bd. 1, 3. Lieferung, §§ 74-94, Köln u.a. 1970, § 92 Anm. 13; *Muser, W.*, Die aktienrechtliche Meldepflicht nach § 83 AktG 1937, in: WPg 1961, S. 29-33, hier S. 29; *Schürer, H.*, Der Tatbestand der Überschuldung im deutschen Insolvenzrecht, Diss., München 1962, S. 86; *Harneit, P.*, Überschuldung und erlaubtes Risiko, Bd. 8 der Schriften zum gesamten Wirtschaftsstrafrecht, hrsg. v. *E. Samson / K. Tiedemann*, Köln 1984, S. 11; *Drukarczyk, J.*, Bilanzielle Überschuldungsmessung — Zur Interpretation der Vorschriften von § 92 Abs. 2 AktG und § 64 Abs. 1 GmbHG, in: ZGR 1979, S. 553-582, hier S. 560f.; *Blumers, W.*, Überschuldung als Konkursgrund bei der GmbH u. Co. KG, in: BB 1976, S. 1441-1443, hier S. 1442; *Aden, M.*, Das Konkursrecht, Wiesbaden 1983, S. 7; *Plate, G.*, Die Konkursbilanz, Köln u.a. 1979, S. 46; *Weber, H.K.*, Betriebswirtschaftliches Rechnungswesen, 2. Aufl., München 1978, S. 282; *Biermann, M.*, Die Überschuldung als Voraussetzung zur Konkurseröffnung, Die Unternehmung im Markt, Bd. 9, hrsg. v. *J. Fettel*, Berlin 1963, S. 66f.

111 Vgl. *Veit, K.-R.*, Organisationsausgaben, S. 67.

112 Vgl. *Harms, J.E. / Küting, K.*, Bilanzpolitische Bedeutung, S. 649.

113 Vgl. *Dziadkowski, D.*, Bilanzhilfsposten, S. 1337f.

114 Vgl. *Dziadkowski, D.*, Aktivierungsunfähigkeit, S. 1516; *ders.*, Bilanzhilfsposten, S. 1337f.

115 Vgl. *Chmielewicz, K.*, Vereinheitlichung der Rechnungslegung, S. 38.

116 Vgl. *Harms, J.E. / Küting, K.*, Bilanzpolitische Bedeutung, S. 649.

117 Vgl. *Harms, J.E. / Küting, K.*, Bilanzpolitische Bedeutung, S. 649.

Bilanzierungshilfen auch von *Chmielewicz*[118], *Federmann*[119], *Müller-Dahl*[120] und *Schneider*[121] bezeichnet.

In der Begründung des Regierungsentwurfs[122] wird die Vermeidung einer Überschuldung als Zweck der Bilanzierungshilfe des § 269 HGB genannt. Deutlich wird aber nicht, welche Art der Überschuldung gemeint ist, d.h. ob die Bilanzierungshilfe eine formelle oder eine konkursrechtliche Überschuldung oder beides verhindern soll.

333.42 Die Beurteilung der Bilanzierungshilfe des § 269 HGB als Hilfe zur Vermeidung einer formellen Überschuldung

Eine formelle Überschuldung liegt vor, wenn in einer nach den Vorschriften des HGB aufgestellten Jahres- oder Zwischenbilanz das Eigenkapital einer Unternehmung durch Verluste aufgezehrt ist. Nach § 268 III HGB ist in Höhe des Verlustes, der nach der Verrechnung mit den einzelnen Positionen des Eigenkapitals verbleibt, auf der Aktivseite der Bilanz der Posten „Nicht durch Eigenkapital gedeckter Fehlbetrag" auszuweisen. Dieser Fehlbetrag ist immer dann, aber auch nur dann, auszuweisen, wenn sich bei der Aufstellung der Bilanz eine formelle Überschuldung ergibt. Ein Jahresverlust, der nicht zu einer formellen Überschuldung führt, ist nach den §§ 266 III und 268 I HGB nicht wie bisher auf der Aktivseite sondern auf der Passivseite der Bilanz unter der Position Eigenkapital auszuweisen.[123] Die Bilanz, die eine formelle Überschuldung zeigt, sieht folgendermaßen aus:

Bilanz der X-AG zum 31.12.87

Anlagevermögen	500	200	Grundkapital
Umlaufvermögen	600	./. 200	Durch Eigenkapital gedeckter Bilanzverlust
Nicht durch Eigenkapital gedeckter Fehlbetrag	100	0	Eigenkapital
		450	Rückstellungen
		750	Verbindlichk.
	1200	1200	

Der gesamte Bilanzverlust wird durch zwei verschiedene Positionen in der Bilanz ausgewiesen. Der Anteil des Verlustes, der durch Eigenkapital gedeckt

[118] Vgl. *Chmielewicz, K.*, Vereinheitlichung der Rechnungslegung, S. 38.

[119] Vgl. *Federmann, R.*, Bilanzierung nach Handelsrecht und Steuerrecht, S. 153.

[120] Vgl. *Müller-Dahl, F.P.*, Bilanzierung des Goodwill, S. 277f.

[121] Vgl. *Schneider, D.*, Bilanzierungs- und Buchungsfähigkeit, Sp. 218.

[122] Vgl. *Bundesregierung*, Gesetzentwurf eines Bilanzrichtlinie-Gesetzes vom 3. Juni 1983, Begründung, S. 80.

[123] Vgl. *Veit, K.-R.*, Organisationsausgaben, S. 67.

ist, wird auf der Passivseite als negative Position des Eigenkapitals aufgeführt. Die Summe der Positionen, die auf der Passivseite das Eigenkapital angeben, darf keinen negativen Wert annehmen. Ist das Eigenkapital durch Verluste vollständig aufgezehrt, ist auf der Passivseite ein Eigenkapital von null Geldeinheiten auszuweisen. Der durch das Eigenkapital nicht abgedeckte Verlustanteil ist als letzte Position auf der Aktivseite zu bilanzieren. In dem Beispiel sind 200 GE des Gesamtverlustes von 300 GE auf der Passivseite als der durch das Eigenkapital gedeckte Verlust und 100 GE auf der Aktivseite der Bilanz als der nicht durch Eigenkapital gedeckte Verlust ausgewiesen.

Harms / Küting[124] und *Niehus*[125] weisen, abweichend von der hier vertretenen Auffassung, in ihren Beispielen den gesamten Verlust des abgelaufenen Geschäftsjahres als Bilanzverlust auf der Passivseite der Bilanz aus. In der Vorspalte ergibt sich dann bei der Addition der einzelnen Eigenkapitalpositionen ein negativer Betrag. Diesen negativen Betrag übernehmen die Autoren aber nicht in die Hauptspalte sondern setzen für das Eigenkapital einen Betrag von null Geldeinheiten ein. Bei diesem Verfahren besteht keine Übereinstimmung zwischen der Summe der in der Vorspalte aufgeführten Beträge und dem in der Hauptspalte für das Eigenkapital aufgeführten Betrag. Da die Hauptspalte einer Bilanz aber die Aufgabe hat, einzelne Bilanzpositionen nach übergeordneten Gliederungspunkten zusammenzufassen, um die Übersichtlichkeit der Bilanz zu verbessern, dürfen sich die in der Vor- und Hauptspalte insgesamt ausgewiesenen Beträge nicht unterscheiden.

Außerdem ist der Ausweis eines Postens, der die Höhe des Eigenkapitals angibt, nicht im Gesetz vorgeschrieben. D.h. die einzelnen Posten des Eigenkapitals lassen sich auch direkt in der Hauptspalte darstellen. Daraus folgt, daß ein Verlust auf der Passivseite der Bilanz nur bis zu der Höhe ausgewiesen werden darf, in der er durch Eigenkapital gedeckt ist. Ein nicht durch Eigenkapital gedeckter Verlust kann nach § 268 III HGB ansonsten auf der Aktivseite der Bilanz nicht mehr ausgewiesen werden. Der nicht durch Eigenkapital gedeckte Verlust würde dann schon auf der Passivseite der Bilanz als negativer Betrag berücksichtigt. Die von *Harms / Küting* und *Niehus* vertretene Auffassung widerspricht somit § 268 III HGB und ist daher abzulehnen. Bei einer formellen Überschuldung ist somit nicht vermeidbar, den Gesamtverlust aufzuspalten und teils auf der Aktiv- teils auf der Passivseite der Bilanz auszuweisen.

Bei dem in dem oben angeführten Beispiel angewendeten Verfahren, bei dem nur der durch das Eigenkapital gedeckte Verlustanteil auf der Passivseite der Bilanz ausgewiesen wird, ist zur Sicherung der Bilanzklarheit allerdings darauf entsprechend hinzuweisen. In dem Beispiel wird der Passivposten deshalb als „Durch Eigenkapital gedeckter Bilanzverlust“ bezeichnet.

---

124 Vgl. *Harms, J.E. / Küting, K.*, Bilanzpolitische Bedeutung, S. 650.

125 Vgl. *Niehus, R.J.*, Rechnungslegung der GmbH, § 42 Tz. 296.

Eine formelle Überschuldung kann durch die Aktivierung der Aufwendungen für die Ingangsetzung und Erweiterung des Geschäftsbetriebs nach § 269 HGB verhindert werden, wenn der aktivierte Betrag mindestens ebenso hoch ist, wie der ohne eine Aktivierung auszuweisende, nicht durch Eigenkapital gedeckte Verlustanteil. Lassen sich also z.B. in der Bilanz der X-AG zum 31.12.1987 aufgrund der Bilanzierungshilfe des § 269 HGB Aufwendungen für die Ingangsetzung und Erweiterung in Höhe von 100 GE aktivieren, ist die formelle Überschuldung abgebaut:

Bilanz der X-AG zum 31.12.1987

Aufwendungen für die Ingangsetzung und Erweiterung des Geschäftsbetriebs	100	200	Grundkapital
		./. 200	Bilanzverlust
		0	Eigenkapital
		450	Rückstellungen
Anlagevermögen	500	750	Verbindlichk.
Umlaufvermögen	600		
	1200	1200	

Die Bilanzierungshilfe des § 269 HGB ist unabhängig von der Rechtsform geeignet, eine formelle Überschuldung zu verhindern.

333.43 Die Beurteilung der Bilanzierungshilfe des § 269 HGB als Hilfe zur Vermeidung einer konkursrechtlichen Überschuldung

Die Überschuldung ist nur bei bestimmten Rechtsformen Konkursgrund. Der Vorstand einer Aktiengesellschaft hat nach § 92 II AktG die Eröffnung des Konkurs- oder Vergleichsverfahrens zu beantragen, wenn das Vermögen der Gesellschaft die Schulden nicht mehr deckt. § 92 II AktG ist i.V.m. § 278 III AktG auch bei der Kommanditgesellschaft auf Aktien anzuwenden. Auch die Geschäftsführer einer GmbH und der Vorstand einer Genossenschaft sind nach § 64 I GmbHG bzw. § 99 I GenG verpflichtet, bei Überschuldung einen Konkursantrag zu stellen. Die Überschuldung ist auch bei Personengesellschaften, bei denen kein persönlich haftender Gesellschafter eine natürliche Person ist, Konkursgrund.[126] Den Zweck, eine konkursrechtliche Überschuldung zu verhindern, kann die Bilanzierungshilfe des § 269 HGB, wenn überhaupt, dann nur bei den genannten Rechtsformen erfüllen.

Eine weitere Voraussetzung dafür, daß die Bilanzierungshilfe des § 269 HGB den Zweck erfüllen kann, eine konkursrechtliche Überschuldung und damit die Eröffnung eines Konkursverfahrens zu verhindern, ist, daß das Ansatzwahl-

[126] Vgl. für die offene Handelsgesellschaft § 130a HGB, für die Kommanditgesellschaft §§ 177a und 161 II, 130a HGB.

recht des § 269 HGB auch für die Bilanz besteht, anhand der die Überschuldung im Sinne des Konkursrechts festgestellt wird.

Das Wahlrecht des § 269 HGB, Aufwendungen für die Ingangsetzung und Erweiterung des Geschäftsbetriebs zu aktivieren, gilt nur für eine nach den handelsrechtlichen Bilanzierungsvorschriften aufgestellte Jahres- oder Zwischenbilanz.[127] Anhand welcher Regeln eine konkursrechtliche Überschuldungsbilanz aufzustellen ist, ist umstritten.[128] Einigkeit besteht aber darüber, daß die handelsrechtlichen Vorschriften nicht auf die konkursrechtliche Überschuldungsbilanz übertragbar sind.[129]

Teilweise wird die Auffassung vertreten, daß in der konkursrechtlichen Überschuldungsbilanz Aufwendungen für die Ingangsetzung und Erweiterung generell nicht angesetzt werden dürfen.[130] In der Literatur[131] wird aber auch die Meinung vertreten, daß für die Aktivierung der Aufwendungen für die Ingangsetzung und Erweiterung des Geschäftsbetriebs in der konkursrechtlichen Überschuldungsbilanz generell oder unter bestimmten Voraussetzungen ein Wahlrecht besteht. Dieses Wahlrecht kann aber nicht auf der Bilanzierungshilfe des § 269 HGB beruhen, da die Bilanzierungsvorschriften der Jahresbilanz nicht auf die konkursrechtliche Überschuldungsbilanz übertragbar sind. Ein Ansatzwahlrecht in der konkursrechtlichen Überschuldungsbilanz könnte nur aus den Zwecken der Überschuldungsbilanz hergeleitet werden. Zwischen einem derartigen Wahlrecht in der konkursrechtlichen Überschuldungsbilanz und § 269 HGB beständen dann aber keinerlei Verbindungen.

Das bedeutet, daß § 269 HGB keinen Einfluß auf die Ansatzvorschriften der konkursrechtlichen Überschuldungsbilanz hat. Eine unmittelbare Verhinde-

---

[127] Vgl. *Veit, K.-R.*, Organisationsausgaben, S. 67.

[128] Vgl. z.B. *Schmidt, K.*, Sinnwandel und Funktion des Überschuldungstatbestandes, S. 170f.; *Gurke, M.*, Verhaltensweisen und Sorgfaltspflichten von Vorstandsmitgliedern und Geschäftsführern bei drohender Überschuldung, Berlin 1982, S. 46-53; *Veit, K.-R.*, Die Konkursrechnungslegung, S. 24-33; *Fischer, W.*, Die Überschuldungsbilanz, S. 45-127; *Kupsch, P.*, Bilanzierungsproblematik und Vorstandspflichten bei Verlust in Höhe der Hälfte des Grundkapitals und bei Überschuldung, in: WPg 1982, S. 273-280, hier S. 275-280; *ders.*, Zur Problematik der Überschuldungsmessung, in: BB 1984, S. 159-165, hier S. 161-164.

[129] Vgl. Abschnitt 333.41.

[130] Vgl. *Kupsch, P.*, Zur Problematik der Überschuldungsmessung, S. 164; *Veit, K.-R.*, Die Konkursrechnungslegung, S. 31; *Kühnberger, M.*/*Lenz, H.*/*Stachuletz, R.*, Rechnungslegungsvorschriften, S. 6; *Weber, H.K.*, Betriebswirtschaftliches Rechnungswesen, S. 282 i.V.m. S. 272.

[131] Vgl. *Lütkemeyer, J.*, Die Überschuldung der GmbH — ein Beitrag zum Recht der Unternehmensbewertung, Gelsenkirchen 1983, S. 267; *Schwantag, K.*, Kosten der Betriebseinrichtung im Jahresabschluß und in der Überschuldungsbilanz von Kapitalgesellschaften, in: Aktuelle Betriebswirtschaft, Festschrift für *K. Mellerowicz*, Berlin 1952, S. 206-224, hier S. 222; *Pribilla, M.E.*, Die Überschuldungsbilanz, S. 19; *Auler, W.-D.*, Der Überschuldungsstatus als Bewertungsproblem, in: DB 1976, S. 2169-2173, hier S. 2171.

rung einer in der konkursrechtlichen Überschuldungsbilanz festgestellten Überschuldung, mit der Folge eines Konkurs- oder Vergleichsverfahrens, durch das Wahlrecht des § 269 HGB, Aufwendungen für die Ingangsetzung und Erweiterung des Geschäftsbetriebs zu aktivieren, scheidet somit aus.

Zu prüfen ist aber auch, ob die formelle Überschuldung, die ja durch die Inanspruchnahme der Bilanzierungshilfe des § 269 HGB vermieden werden kann, ein Indikator für die Überschuldung im konkursrechtlichen Sinne ist, und damit die Bilanzierungshilfe u.U. mittelbar geeignet ist, eine konkursrechtliche Überschuldung zu verhindern. Das würde allerdings voraussetzen, daß die Unternehmensleitung nur dann überprüfen müßte, ob die Unternehmung im Sinne des Konkursrechts überschuldet ist, wenn sich bei Aufstellung der Jahres- oder einer Zwischenbilanz eine formelle Überschuldung ergibt.[132] § 92 II AktG verlangt eine Überprüfung, ob die Unternehmung überschuldet ist, aber nicht nur dann, wenn sich bei Aufstellung der Jahres- oder einer Zwischenbilanz eine formelle Überschuldung ergibt, sondern auch dann, wenn „bei pflichtgemäßem Ermessen anzunehmen ist, daß eine Überschuldung besteht."[133] Die Pflicht, einen Konkurs- oder Vergleichsantrag zu stellen, gilt also unabhängig von der Erstellung einer Jahres- oder Zwischenbilanz.[134]

Dieses Ergebnis läßt sich mit der Änderung des AktG 1937 gegenüber der bis dahin geltenden Regelung belegen. Vor dem AktG 1937 waren die gesetzlichen Vorschriften für Aktiengesellschaften in den §§ 178-319 HGB enthalten. Während der bis 1937 gültige § 240 HGB zur Feststellung der konkursrechtlichen Überschuldung noch ausdrücklich auf die Jahres- oder Zwischenbilanz verwies, werden die Jahres- oder Zwischenbilanz im § 83 II AktG 1937, der mit § 92 II AktG 1965 identisch ist, nicht mehr erwähnt.

Der Vorstand muß stets über die Lage der Unternehmung informiert sein und damit auch wissen, wann die Gefahr der konkursrechtlichen Überschuldung für eine Unternehmung besteht.[135] Das gilt auch für die Geschäftsführer der GmbH, obwohl in § 64 I GmbHG, im Gegensatz zu § 92 II AktG, zur Feststellung der konkursrechtlichen Überschuldung noch auf die Jahres- oder Zwischenbilanz verwiesen wird.[136] Bei der Auslegung des § 64 I GmbHG wird

---

[132] Vgl. *Veit, K.-R.*, Organisationsausgaben, S. 67.

[133] *Pribilla, M.E.*, Die Überschuldungsbilanz, S. 2; ebenso § 99 I GenG.

[134] Vgl. *Veit, K.-R.*, Organisationsausgaben, S. 67; *Blumers, W.*, Bilanzierungstatbestände und Bilanzierungsfristen in Handelsrecht und Strafrecht, Köln 1983, S. 12-16.

[135] Vgl. *Pribilla, M.E.*, Die Überschuldungsbilanz, S. 2; *Hefermehl, W.*, in: *E. Geßler / W. Hefermehl / U. Eckardt / B. Kropff*, Aktiengesetz-Kommentar, Bd. III, § 92 Anm. 20.

[136] Vgl. *Gurke, M.*, Sorgfaltspflichten von Vorstandsmitgliedern, S. 38-41; *Schmidt, K.*, in: Kommentar zum GmbHG, 6. Aufl., Bd. II, Köln 1978-1983, § 64, Anm. 11-13; *Lütkemeyer, J.*, Die Überschuldung der GmbH, S. 196-200; *Ulmer, P.*, Konkursantragspflicht bei Überschuldung der GmbH und Haftungsrisiken bei Konkursverschleppung, in: KTS 1981, S. 469-492, hier S. 483f.

ausnahmsweise vom Wortlaut der Vorschrift abgewichen. Dies ist erforderlich, damit Unternehmen verschiedener Rechtsformen bezüglich der konkursrechtlichen Überschuldungsmessung gleich behandelt werden. Im Gegensatz zu § 92 II AktG ist in § 64 I GmbHG der Hinweis auf die Jahres- bzw. Zwischenbilanz noch nicht gestrichen worden. Dieser Hinweis auf die Jahres- oder Zwischenbilanz in § 64 I GmbHG ist „als Relikt vergangener Zeiten zu betrachten, dem nach heutiger Rechtsauffassung keinerlei Bedeutung beigemessen werden kann."[137]

Die Gefahr der Überschuldung im Sinne des Konkursrechts besteht, wenn sich die Unternehmung in wirtschaftlichen Schwierigkeiten befindet.[138] Kenntnis darüber sollte der Vorstand aber nicht erst bei Aufstellung der Jahres- oder Zwischenbilanz erlangen. Insbesondere besteht die Gefahr der Überschuldung nicht erst dann, wenn eine formelle Überschuldung vorliegt, sondern z.B. schon dann, wenn mehrere Jahre hohe Verluste entstanden sind, das halbe Grundkapital durch Verluste aufgezehrt ist oder hohe Forderungsverluste eingetreten sind.[139] *Auler*[140] vertritt die Auffassung, daß der Jahresabschlußprüfer und entsprechendes gilt auch für den Vorstand nicht erst bei einer formellen Überschuldung, sondern z.B. bereits dann, wenn das halbe Grundkapital aufgebraucht ist, zu prüfen hat, ob die Unternehmung überschuldet ist. Seit einiger Zeit wird auch daran gearbeitet, Verfahren zu entwickeln, die anhand von Kennzahlen Aussagen über die Insolvenzwahrscheinlichkeit einer Unternehmung liefern.[141] Die formelle Überschuldung ist somit allenfalls einer von mehreren Indikatoren für eine Überschuldung im Sinne des Konkursrechts.[142]

---

[137] *Gurke, M.*, Zur Konkursantragspflicht der GmbH-Geschäftsführer wegen Überschuldung der Gesellschaft, in: DB 1982, S. 1857-1858, hier S. 1857; vgl. auch *Blumers, W.*, Bilanzierungstatbestände, S. 14-16.

[138] Vgl. *Pribilla, M.E.*, Die Überschuldungsbilanz, S. 2.

[139] Vgl. *Schedlbauer, H.*, Sonderprüfungen, Stuttgart 1984, S. 373.

[140] Vgl. *Auler, W.-D.*, Prüfungspflichten bei einer notleidenden Aktiengesellschaft, S. 1537.

[141] Vgl. z.B. *Weibel, P.F.*, Die Aussagefähigkeit von Kriterien zur Bonitätsbeurteilung im Kreditgeschäft der Banken, Bern u.a. 1973; *Beermann, K.*, Prognosemöglichkeiten von Kapitalverlusten mit Hilfe von Jahresabschlüssen, Bd. 11 der Schriftenreihe des Instituts für Revisionswesen der Westfälischen Wilhelms-Universität Münster, hrsg. v. *U. Leffson*, Düsseldorf 1976; *Weinrich, G.*, Kreditwürdigkeitsprognose — Steuerung des Kreditgeschäftes durch Risikoklassen, Wiesbaden 1978; *Baetge, J.*, Früherkennung negativer Entwicklungen der zu prüfenden Unternehmung mit Hilfe von Kennzahlen, in: WPg 1980, S. 651-665; *Gebhardt, G.*, Insolvenzprognosen aus handelsrechtlichen Jahresabschlüssen, Wiesbaden 1980; *Schönbrodt, B.*, Erfolgsprognosen mit Bilanzkennzahlen, Beiträge zum Rechnungs-, Finanz- und Revisionswesen, Bd. 3, hrsg. v. *A.G. Coenenberg / K. von Wysocki*, Frankfurt/Main u.a. 1981; *Baetge, J.*, Vermögens- und Finanzlage, Prüfung der, in: HWRev, hrsg. v. *A.G. Coenenberg / K. von Wysocki*, Stuttgart 1983, Sp. 1641-1662.

[142] Vgl. hierzu auch *Bönkhoff, F.J.*, Die Kreditwürdigkeitsprüfung — zugleich ein Beitrag zur Prüfung von Plänen und Prognosen, Bd. 17 der Schriftenreihe des Instituts für Revisionswesen der Westfälischen Wilhelms-Universität Münster, hrsg. v. *U. Leffson*, Düsseldorf 1983, insbesondere S. 48-85.

Fraglich ist aber, ob dieser Indikator im Grenzfall durch die Aktivierung von Aufwendungen für die Ingangsetzung und Erweiterung des Geschäftsbetriebs nach § 269 HGB ausgeschaltet werden kann. D.h. ob sich der Vorstand aufgrund der Inanspruchnahme der Bilanzierungshilfe und einer damit verbundenen Vermeidung einer formellen Überschuldung seiner Pflicht entziehen kann, zu prüfen, ob die Unternehmung überschuldet ist.

Die Ausübung des Wahlrechts, Ingangsetzungs- und Erweiterungsaufwendungen zu aktivieren, ändert nichts an der wirtschaftlichen Situation der Unternehmung. Dessen muß sich auch der Vorstand bewußt sein, wenn er Aufwendungen für die Ingangsetzung und Erweiterung aktiviert. Die Inanspruchnahme der Bilanzierungshilfe des § 269 HGB darf somit nicht dazu führen, eine Prüfung der konkursrechtlichen Überschuldung, die ohne die Aktivierung von Ingangsetzungs- und Erweiterungsaufwendungen vorgenommen worden wäre, zu unterlassen. Der Vorstand würde sonst gegen die Sorgfaltspflichten des § 93 I AktG verstoßen, mit der Folge der Schadensersatzpflicht gegenüber der Gesellschaft[143] und gegenüber den Gläubigern[144].

Problematisch ist, daß sich bei Unternehmen, die sich entweder in der Ingangsetzungsphase befinden oder die eine umfangreiche Erweiterung des Geschäftsbetriebs hinter sich haben, bei der Aufstellung einer konkursrechtlichen Überschuldungsbilanz nicht selten eine Überschuldung, mit der Folge eines Konkurs- oder Vergleichsantrages ergibt. Das führt dazu, daß u.U. Unternehmen aufgelöst werden, obwohl für sie gute Aussichten für die Zukunft bestünden.

Die Bilanzierungshilfe des § 269 HGB ist indes nicht geeignet, den Vorstand in solchen Fällen von den haftungs-[145] und strafrechtlichen Konsequenzen[146] zu befreien. Verzichtet der Vorstand auf die Aufstellung einer konkursrechtlichen Überschuldungsbilanz oder stellt er trotz festgestellter konkursrechtlicher Überschuldung keinen Konkurs- oder Vergleichsantrag, weil er der Meinung ist, daß die Unternehmung die Ingangsetzungs- oder Erweiterungsphase überstehen kann, obwohl eine Überschuldung vorliegt, so trägt er sowohl das haftungs- als auch das strafrechtliche Risiko. Dieses Risiko liegt aber nicht in den gesetzlichen Vorschriften über die Aufstellung der Jahresbilanz, sondern in den konkursrechtlichen Vorschriften begründet.

Im übrigen reicht es zum Überleben eines konkursrechtlich überschuldeten aber zukunftsträchtigen Unternehmens nicht aus, wenn der Vorstand auf einen Konkursantrag verzichtet, denn auch die Gläubiger sind nach § 103 KO

---

143 Vgl. § 93 II und III Nr. 6 AktG.

144 Vgl. § 93 V AktG..

145 Vgl. § 93 II, III Nr. 6 und V AktG, § 64 II GmbHG, § 34 II, III Nr. 4 und V GenG und § 130a III HGB.

146 Vgl. § 401 AktG, § 84 GmbHG, § 148 GenG, § 130b HGB und § 283 StGB.

berechtigt, einen Konkursantrag zu stellen. Zur Vermeidung der genannten Härtefälle müßten somit bei Unternehmen in der Ingangsetzungs- oder Erweiterungsphase entweder Sonderregelungen für die Aufstellung der konkursrechtlichen Überschuldungsbilanz oder für die Konkursantragspflicht nach aufgestellter konkursrechtlicher Überschuldungsbilanz entwickelt werden. Die Bilanzierungshilfe des § 269 HGB ist dafür aber kein geeignetes Instrument und vor allem keine rechtliche Grundlage.

Als Ergebnis bleibt festzuhalten, daß die Bilanzierungshilfe des § 269 HGB nicht geeignet ist, eine konkursrechtliche Überschuldung zu verhindern. Die Vermeidung einer konkursrechtlichen Überschuldung kann somit nicht Zweck dieser Bilanzierungshilfe sein.

333.5 Die Beurteilung der Bilanzierungshilfe des § 269 HGB als Hilfe zur Vermeidung der Einberufung einer außerordentlichen Hauptversammlung

§ 92 I AktG knüpft an die Feststellung, daß ein Verlust in Höhe der Hälfte des Grundkapitals besteht, die Pflicht des Vorstands, unverzüglich die Hauptversammlung einzuberufen. Die Formulierung „Verlust in Höhe der Hälfte des Grundkapitals“[147] wird allgemein so ausgelegt, daß die Einberufung der Hauptversammlung dann notwendig ist, wenn die Hälfte des Grundkapitals von Verlusten aufgezehrt ist.[148] Die eventuell aufgrund von Verlustvorträgen über mehrere Jahre kumulierten Verluste müssen somit um den Betrag, in dem Rücklagen vorhanden sind, verringert werden. Ein Grund, die Hauptversammlung einzuberufen, besteht nicht, wenn ein Verlust in Höhe des halben Grundkapitals ausgewiesen wird, gleichzeitig aber Rücklagen in ausreichender Höhe vorhanden sind. Denn in diesem Fall wird das Grundkapital der Gesellschaft de facto gar nicht angegriffen.[149]

Die Pflicht zur Einberufung der Hauptversammlung nach § 92 I AktG ist an eine spezielle Form der Unterbilanz geknüpft.[150] Während eine Unterbilanz immer dann vorliegt, wenn ein Teil des Grundkapitals aufgezehrt ist, greift § 92 I AktG erst dann, wenn mindestens das halbe Grundkapital nach Auflösung der Rücklagen aufgezehrt ist.

§ 92 I AktG ist nur bei der Aktiengesellschaft, nicht aber bei der Kommanditgesellschaft auf Aktien zu beachten.[151] Bei der Aufzählung der Vorschriften, die

---

[147] § 92 I AktG.

[148] Vgl. *BGH*, Urteil vom 9.10.1958 — II ZR 348/56, in: BB 1958, S. 1181-1182; *Kropff, B.*, Sinn und Grenzen, S. 197; *IdW (Hrsg.)*, Wirtschaftsprüfer-Handbuch 1985/86, Bd. 1, S. 1367; *Hefermehl, W.*, in: *E. Geßler / W. Hefermehl / U. Eckardt / B. Kropff*, Aktiengesetz-Kommentar, Bd. II, § 92 Anm. 5f.; *Mertens, H.-J.*, in: Kölner Kommentar zum Aktiengesetz, Bd. 1, 3. Lieferung, § 92 Anm. 3.

[149] Vgl. *Hefermehl, W.*, in: *E. Geßler / W. Hefermehl / U. Eckardt / B. Kropff*, Aktiengesetz-Kommentar, Bd. II, § 92 Anm. 6.

[150] Vgl. *Veit, K.-R.*, Organisationsausgaben, S. 67.

für die persönlich haftenden Gesellschafter der Kommanditgesellschaft auf Aktien ebenso gelten, wie für den Vorstand einer Aktiengesellschaft, wird § 92 I AktG nämlich nicht genannt.[152] Eine dem § 92 I AktG entsprechende Vorschrift gibt es hingegen für die GmbH[153] und auch für die Genossenschaft[154]. Da sich diese drei Vorschriften inhaltlich nicht unterscheiden, wird im folgenden nur auf die Vorschrift des § 92 I AktG bezug genommen.

Für andere als die genannten Rechtsformen bestehen keine vergleichbaren gesetzlichen Vorschriften. Rechtliche Folgen hat ein um die Rücklagen reduzierter Verlust in Höhe des halben Grundkapitals somit nur für die Aktiengesellschaft, die GmbH und die Genossenschaft. Die Bilanzierungshilfe des § 269 HGB kann somit allenfalls bei diesen Rechtsformen den Zweck erreichen, einen Verlust in Höhe des halben Grundkapitals und damit die Einberufung der Hauptversammlung zu verhindern.

Voraussetzung dafür, daß die Bilanzierungshilfe einen Verlust in Höhe des halben Grundkapitals verhindern kann, ist, daß die Aufwendungen für die Ingangsetzung und Erweiterung des Geschäftsbetriebs bei der Feststellung, ob das halbe Grundkapital aufgezehrt ist, berücksichtigt werden dürfen. Die Frage ist, ob für die Ingangsetzungs- und Erweiterungsaufwendungen in der Bilanz, anhand der ein Verlust in Höhe des halben Grundkapitals festgestellt wird, aufgrund von § 269 HGB ein Ansatzwahlrecht besteht.

Welche Art von Bilanz heranzuziehen ist, um festzustellen, ob die Hälfte des Grundkapitals aufgezehrt ist, ist umstritten.[155] Zwei Auffassungen werden vertreten. Eine Gruppe von Autoren[156] tritt dafür ein, daß die nach den

---

[151] Vgl. *OLG-Köln*, Urteil vom 5.5.1977 — 14 U 46/76, in: AG 1978, S. 17-26, hier S. 22; *Mertens, H.-J.*, in: Kölner Kommentar zum Aktiengesetz, hrsg. v. *W. Zöllner*, Bd. 2, 4. Lieferung, §§ 241-290, Köln u.a. 1976, § 283 Anm. 16; *Barz, C.H.*, in: Aktiengesetz Großkommentar, 3. Aufl., Berlin u.a. 1973, Bd. 3, § 283 Anm. 12; *Schedlbauer, H.*, Sonderprüfungen, S. 363.

[152] Vgl. § 283 AktG.

[153] Vgl. § 49 III GmbHG.

[154] Vgl. § 33 III GenG.

[155] Vgl. *Hirtz, H.*, Die Vorstandspflichten bei Verlust, Zahlungsunfähigkeit und Überschuldung einer Aktiengesellschaft, Diss., Aachen 1965, S. 31-35; *Arians, G.*, Sonderbilanzen, S. 224f.; *Zilias, M.*, Unterbilanz und Überschuldung der Aktiengesellschaft, S. 446; *IdW (Hrsg.)*, Wirtschaftsprüfer-Handbuch 1985/86, Bd. 1, S. 1367-1369; *Muser, W.*, Die aktienrechtliche Meldepflicht nach § 83 AktG 1937, S. 29-31.

[156] Vgl. *Schedlbauer, H.*, Auslösung und Durchführung von Insolvenzprüfungen, in: DB 1984, S. 2205-2213, hier S. 2207; *Veit, K.-R.*, Die Konkursrechnungslegung, S. 23; *Kupsch, P.*, Vorstandspflichten, S. 275; *Adler, H./Düring, W./Schmaltz, K.*, Rechnungslegung und Prüfung der Aktiengesellschaft, 3. Aufl., Stuttgart 1957, § 133 Tz. 48; *von Godin, R./Wilhelmi, H.*, Aktiengesetz-Kommentar, 4. Aufl., Bd. I, § 92 Anm. 4; *Müller, W.*, Der Verlust der Hälfte des Grund- oder Stammkapitals — Überlegungen zu den §§ 92 Abs. 1 AktG und 49 Abs. 3 GmbHG, in: ZGR 1985, S. 191-213, hier S. 204-206; *Vodrazka, K.*, Prüfung der Überschuldung und Unterbilanz, in: HWRev, hrsg. v. *A.G. Coenenberg/K.*

handelsrechtlichen Bilanzierungsvorschriften aufgestellte Jahres- bzw. Zwischenbilanz maßgeblich ist. Eine andere Gruppe von Autoren[157] hält eine solche Bilanz für nicht angemessen. Diese Autoren vertreten die Auffassung, daß zur Feststellung, ob die Hälfte des Grundkapitals aufgezehrt ist, eine Bilanz zu erstellen ist, die der konkursrechtlichen Überschuldungsbilanz entspricht oder dieser zumindest ähnlich ist. Für die konkursrechtliche Überschuldungsbilanz gelten die handelsrechtlichen Ansatz- und Bewertungsvorschriften und damit auch die Bilanzierungshilfe des § 269 HGB aber nicht.[158]

Gegen die nach den handelsrechtlichen Bilanzierungsvorschriften aufgestellte Jahres- oder Zwischenbilanz als Meßobjekt für die Feststellung des Verlustes des halben Grundkapitals werden drei Gründe angeführt[159]:
a) Das Urteil des BGH vom 9.10.1958,[160]
b) die Vermeidung von Härtefällen und
c) die einheitliche Betrachtung von § 92 I und II AktG.

Zu a): Das Urteil des BGH vom 9.10.1958

Der BGH hat in seinem Urteil vom 9.10.1958 entschieden, daß der Vorstand nicht verpflichtet ist, die Hauptversammlung nach § 83 I AktG 1937 einzuberufen, „solange der Verlust noch aus gesetzlichen oder freien, offenen oder stillen Rücklagen unter Zuhilfenahme von weniger als der Hälfte des Grundkapitals gedeckt werden könne."[161] § 83 I AktG 1937 entspricht dem hier betrachteten § 92 I des Aktiengesetzes von 1965. Der Wortlaut der Vorschrift blieb unverändert. Das OLG Köln beruft sich in seinem Urteil vom 5.5.1977[162] auf dieses BGH-Urteil. Allerdings heißt es in der Urteilsbegründung, daß die „Auflösung stiller und offener Rücklagen und Bewertungsreserven unter Beachtung aktienrechtlicher Bewertungsgrundsätze"[163] vorzunehmen ist. Im Gegensatz zu dem Urteil des BGH, das der Formulierung nach eine Auflösung aller stillen Rücklagen für zulässig erklärt, dürfen nach dem

---

von Wysocki, Stuttgart 1983, Sp. 1541-1556, hier Sp. 1544; *Mertens, H.-J.*, in: Kölner Kommentar zum Aktiengesetz, Bd. 1, 3. Lieferung, § 92 Anm. 3; *Schmidt, K.*, in: Kommentar zum GmbHG, Bd. II, § 49 Anm. 16; *Schlegelberger, F./Quassowski, L./Herbig, G./Geßler, E./Hefermehl, W.*, Aktiengesetz, Kommentar, Berlin 1938, § 133 Anm. 35, S. 632.

[157] Vgl. *Kropff, B.*, Sinn und Grenzen, S. 197; *Hirtz, H.*, Vorstandspflichten, S. 38f.; *Muser, W.*, Die aktienrechtliche Meldepflicht nach § 83 AktG 1937, S. 31.

[158] Vgl. Abschnitt 333.43.

[159] Vgl. *Hirtz, H.*, Vorstandspflichten, S. 34-39; *Zilias, M.*, Unterbilanz und Überschuldung der Aktiengesellschaft, S. 446f.

[160] Vgl. *BGH*, Urteil vom 9.10.1958, S. 1181f.

[161] *BGH*, Urteil vom 9.10.1958, S. 1181f.

[162] Vgl. *OLG-Köln*, Urteil vom 5.5.1977, S. 22.

[163] *OLG-Köln*, Urteil vom 5.5.1977, S. 22.

Urteil des OLG Köln stille Rücklagen nur soweit aufgelöst werden, wie die gesetzlichen Vorschriften über die Aufstellung der Jahresbilanz dies zulassen bzw. erfordern. Obwohl in dem OLG-Urteil auf das BGH-Urteil bezug genommen wird, bestehen somit Widersprüche zwischen den Formulierungen der beiden Urteile.

Diese Widersprüche resultieren wohl auch daraus, daß sich der BGH nur am Rande mit der Frage, wie ein Verlust des halben Grundkapitals festzustellen ist, befaßt hat.[164] Deutlich wird das an der Formulierung des BGH, der von „gesetzlichen oder freien, offenen oder stillen Rücklagen"[165] spricht. Dieser Formulierung nach zu urteilen war der BGH der Auffassung, daß Rücklagen entweder in gesetzliche oder freie Rücklagen oder in offene oder stille Rücklagen unterteilt werden können. Die gesetzlichen und freien Rücklagen bilden aber zusammen die offenen Rücklagen. Diese Formulierung zeigt, daß der BGH offenbar keine genaue Trennung zwischen den verschiedenen Arten von Rücklagen, insbesondere zwischen den offenen und stillen Rücklagen, vorgenommen hat. Das OLG Köln hat diese Kritikpunkte berücksichtigt und das BGH-Urteil so interpretiert, daß stille Rücklagen nur insoweit aufgelöst werden dürfen, wie dies unter Beachtung der gesetzlichen Vorschriften über die Jahresbilanz zulässig ist.[166] Als Meßobjekt ist nach dem Urteil des OLG Köln somit die Jahresbilanz heranzuziehen.

Zu b): Die Vermeidung von Härtefällen

Gegen die Verwendung der Jahresbilanz um festzustellen, ob das halbe Grundkapital aufgezehrt ist, wird angeführt, daß dadurch in bestimmten Fällen die Hauptversammlung einberufen werden muß, obwohl aufgrund hoher stiller Rücklagen keine Gefährdung für die Unternehmung besteht.[167] Diese Situationen werden als Härtefälle[168] bezeichnet.

Von Härtefällen wird immer dann gesprochen, wenn sich aufgrund der Festlegung eines Kriteriums zum Zwecke der objektiven Anwendung einer Vorschrift im Einzelfall eine Lösung ergibt, die subjektiv, d.h. ohne Berücksichtigung des festgelegten Kriteriums[169] als ungerechtfer-

---

[164] Vgl. *Hirtz, H.*, Vorstandspflichten, S. 36.

[165] *BGH*, Urteil vom 9.10.1958, S. 1181f.

[166] Vgl. *Müller, W.*, Der Verlust der Hälfte des Grund- oder Stammkapitals, S. 206.

[167] Vgl. *Muser, W.*, Die aktienrechtliche Meldepflicht nach § 83 AktG 1937, S. 31; *Zilias, M.*, Unterbilanz und Überschuldung der Aktiengesellschaft, S. 446.

[168] Vgl. *Hirtz, H.*, Vorstandspflichten, S. 35; *Zilias, M.*, Unterbilanz und Überschuldung der Aktiengesellschaft, S. 446.

tigt betrachtet wird. Jede Normierung führt aber zwangsläufig zu Härtefällen. Das Argument, daß Härtefälle entstehen, läßt sich somit gegen jede Normierung, d.h. gegen jede Festlegung eines Kriteriums zur Feststellung, ob das halbe Grundkapital aufgezehrt ist, anführen. Die Notwendigkeit, ein Kriterium festzulegen, ist aber unbestritten.

Zu c): Die einheitliche Betrachtung von § 92 I und II AktG

Gegen die Verwendung der Jahresbilanz als Meßobjekt zur Feststellung ob das halbe Grundkapital aufgebraucht ist, wird angeführt, daß § 92 I AktG und § 92 II AktG einheitlich zu betrachten sind.[170] Das würde bedeuten, daß die Messung, ob das halbe Grundkapital aufgezehrt ist, anhand der gleichen Bilanz vorzunehmen wäre, wie die Messung der konkursrechtlichen Überschuldung nach § 92 II AktG. Da die Messung der konkursrechtlichen Überschuldung nicht anhand einer nach den handelsrechtlichen Ansatz- und Bewertungsvorschriften aufgestellten Jahresbilanz erfolgt,[171] würde dies somit auch für die Feststellung, ob das halbe Grundkapital aufgebraucht ist, gelten. Als Meßobjekt müßte nach dieser Auffassung eine konkursrechtliche Überschuldungsbilanz aufgestellt werden.

Dem ist entgegenzuhalten, daß sich sowohl die Adressaten[172] der vom Vorstand geforderten Informationen als auch die Zwecke von § 92 I und II AktG unterscheiden. Ist das halbe Grundkapital durch Verluste aufgezehrt, hat der Vorstand nach § 92 I AktG eine außerordentliche Hauptversammlung einzuberufen. Das bedeutet, daß der Vorstand die Aktionäre in zweierlei Hinsicht zu informieren hat. Zum einen müssen die Aktionäre über die Tatsache, daß eine außerordentliche Hauptversammlung stattfindet und über deren Termin in Kenntnis gesetzt werden. Zum anderen hat der Vorstand auf der außerordentlichen Hauptversammlung die Aktionäre über den Grund der Einberufung und über die aktuelle Lage der Unternehmung zu unterrichten. Adressaten bei Verlust des halben Grundkapitals sind somit die Anteilseigner der Unternehmung. Den Anteilseignern wird die Möglichkeit eingeräumt, ihre Überwachungsfunktion gegenüber dem Vorstand auszuüben und Maßnahmen zur Sicherung der Unternehmung zu

---

[169] Vgl. *Baetge, J.*, Möglichkeiten der Objektivierung des Jahreserfolges, Bd. 2 der Schriftenreihe des Instituts für Revisionswesen der Westfälischen Wilhelms-Universität Münster, hrsg. v. *U. Leffson*, Düsseldorf 1970, S. 16.

[170] Vgl. *Hirtz, H.*, Vorstandspflichten, S. 34; *Muser, W.*, Die aktienrechtliche Meldepflicht nach § 83 AktG 1937, S. 33.

[171] Vgl. Abschnitt 333.41.

[172] Vgl. zum Begriff Adressaten *Moxter, A.*, Bilanzlehre, S. 418f.

beschließen.[173] Der Gläubigerschutz wird in § 92 I AktG nur indirekt, z.B. durch Beschlüsse der Hauptversammlung, berücksichtigt.[174]

§ 92 II AktG dient dagegen primär dem Gläubigerschutz.[175] Adressat des Konkursantrages ist das für die Unternehmung zuständige Amtsgericht. Der Konkurs wegen Überschuldung soll die Gläubiger der Unternehmung vor weiteren Vermögensverlusten schützen. Hier ist eine konkursrechtliche Überschuldungsbilanz zur Ermittlung des Vermögens und der Schulden der Unternehmung notwendig, um festzustellen, ob das Vermögen noch die gegenüber den Gläubigern bestehenden Schulden deckt.

Gegen die einheitliche Betrachtung von § 92 I und II AktG spricht auch, daß § 92 AktG nicht Tatbestände zusammenfaßt, die anhand der gleichen Meßobjekte zu beurteilen sind. Die Prüfung der Zahlungsunfähigkeit, die in § 92 II AktG neben der konkursrechtlichen Überschuldung ebenfalls gesetzlich geregelt ist, wird nicht, wie die Messung der konkursrechtlichen Überschuldung, anhand einer Überschuldungsbilanz vorgenommen, sondern anhand einer Liquiditätsbilanz.[176] Unbestritten ist, daß die Liquiditätsbilanz nach anderen Kriterien erstellt wird als die konkursrechtliche Überschuldungsbilanz. § 92 AktG faßt somit nicht Tatbestände zusammen, die anhand der gleichen Meßobjekte zu beurteilen sind, sondern, wie auch die Überschrift zu § 92 AktG deutlich macht, die Pflichten des Vorstandes bei besonderen Unternehmenssituationen.

Gegen das Argument der einheitlichen Betrachtung von § 92 I und II AktG spricht ebenfalls, daß lediglich im Aktiengesetz die Pflichten des Vorstandes bei einer konkursrechtlichen Überschuldung und bei Verlust des halben Grundkapitals gemeinsam in einem Paragraphen gesetzlich geregelt sind. Bei der GmbH schreibt § 49 III GmbHG die Einberufung der Gesellschafterversammlung bei Verlust des halben Stammkapitals vor. Die Pflichten der Gesellschafter bei Zahlungsunfähigkeit und konkursrechtlicher Überschuldung sind dagegen in § 64 GmbHG geregelt. Auch im GenG finden sich diese Vorschriften an verschiedenen Stellen des Gesetzes.[177]

---

[173] Vgl. *Pribilla, M.E.*, Die Überschuldungsbilanz, S. 2f.

[174] Vgl. *BGH*, Urteil vom 9.7.1979 — II ZR 211/76, in: DB 1979, S. 1694.

[175] Vgl. *Schedlbauer, H.*, Auslösung und Durchführung von Insolvenzprüfungen, S. 2207; *Fischer, W.*, Die Überschuldungsbilanz, S. 14.

[176] Vgl. *Arians, G.*, Sonderbilanzen, S. 171; *Plate, G.*, Eignung von Zahlungsunfähigkeit und Überschuldung als Indikatoren für die Insolvenzreife einer Unternehmung, in: DB 1980, S. 217-222, hier S. 218f.

[177] Vgl. § 33 III GenG und § 99 I GenG.

Als Ergebnis ist festzuhalten, daß die Gründe, die gegen die Verwendung der Jahresbilanz als Meßobjekt, ob nach § 92 I AktG das halbe Grundkapital aufgezehrt ist, angeführt werden, nicht stichhaltig sind.

Für die nach den handelsrechtlichen Bilanzierungsvorschriften aufgestellte Jahres- oder Zwischenbilanz als Meßobjekt für die Feststellung des Verlustes des halben Grundkapitals sprechen folgende Gründe:

a) Der Wortlaut der gesetzlichen Regelung,
b) die Jahresbilanz als Grundlage für die Bemessung der Ausschüttungen und
c) der gegenüber der konkursrechtlichen Überschuldungsbilanz aufgrund der gesetzlichen Vorschriften geringere Spielraum bei der Aufstellung der Jahresbilanz.

Zu a): Der Wortlaut der gesetzlichen Regelung

Sowohl in § 92 I AktG als auch in den §§ 49 III GmbHG und 33 III GenG werden als Meßobjekt zur Feststellung, ob das halbe Grundkapital von Verlusten aufgebraucht ist, die Jahres- und die Zwischenbilanz genannt.

Zu b): Die Jahresbilanz als Grundlage für die Bemessung der Ausschüttungen

Für das Interesse der Aktionäre an der Ausschüttung von Gewinnen ist nicht eine konkursrechtliche Überschuldungsbilanz, sondern eine nach den handelsrechtlichen Bilanzierungsvorschriften aufgestellte Jahresbilanz aufschlußreich. Ein anhand der Jahresbilanz festgestellter Verlust in Höhe des halben Grundkapitals enthält für die Aktionäre, die insbesondere Interesse an der Höhe der zukünftig zu erwartenden Ausschüttungen haben, die Information, daß in den nächsten Jahren nicht mit Ausschüttungen gerechnet werden kann.[178] Diese Information kann nur die Jahresbilanz liefern, da sie die Grundlage für die Ausschüttung von Gewinnen ist.[179] Notwendig sind diese Informationen für die Entscheidungen der Aktionäre über den Kauf oder Verkauf von Aktien.

Zu c): Der gegenüber der konkursrechtlichen Überschuldungsbilanz aufgrund der gesetzlichen Vorschriften geringe Spielraum bei der Aufstellung der Jahresbilanz

Die Vorschrift des § 92 I AktG wäre wirkungslos, wenn als Meßobjekt eine Bilanz zugrundegelegt wird, die nahezu beliebig variiert werden kann. Je mehr Spielräume das Meßobjekt dem Vorstand beläßt, desto

---

178 Vgl. *Zilias, M.*, Unterbilanz und Überschuldung der Aktiengesellschaft, S. 446; *Adler, H./Düring, W./Schmaltz, K.*, Rechnungslegung und Prüfung der Aktiengesellschaft, 3. Aufl., § 133 Tz. 48.

179 Vgl. *Hirtz, H.*, Vorstandspflichten, S. 34.

seltener wird der Vorstand gezwungen sein, eine außerordentliche Hauptversammlung einzuberufen. Im Interesse der Anteilseigner und auch im Interesse der Gläubiger ist ein Meßobjekt, das objektiv, d.h. intersubjektiv nachprüfbar[180] ist. Das Ergebnis muß reproduzierbar sein.[181] Die Normen für die Erstellung des Meßobjektes müssen so festgelegt sein, daß auch Dritte zu dem gleichen Meßergebnis gelangen würden. Das Meßobjekt sollte deshalb anhand von Normen aufgestellt werden, die dem Vorstand geringe Möglichkeiten geben, das Ergebnis zu beeinflussen.[182]

Vergleicht man die nach den handelsrechtlichen Vorschriften aufgestellte Jahresbilanz und die konkursrechtliche Überschuldungsbilanz, so kommt man zu dem Ergebnis, daß die Jahresbilanz eher geeignet ist, diese Anforderung zu erfüllen. Die Vorschriften über die Jahresbilanz enthalten zwar auch eine Vielzahl von Spielräumen, die der Vorstand in seinem Sinne nutzen kann,[183] verglichen mit der konkursrechtlichen Überschuldungsbilanz sind diese Spielräume aber geringer. Über die Ansatz- und Bewertungsmethoden bei der Überschuldungsbilanz bestehen keine konkreten gesetzlichen Regelungen. In der Literatur werden mehrere Bewertungskonzeptionen diskutiert, ohne daß bisher eine einheitliche Auffassung herausgearbeitet wurde.[184] Aber auch die einzelnen Bewertungskonzeptionen, z.B. die Ermittlung der Zeitwerte der einzelnen Vermögensgegenstände unter der Annahme der Unternehmensfortführung oder der Zerschlagung der Unternehmung, enthalten große Spielräume, die der Vorstand für seine Ziele nutzen kann.[185] Bei Anwendung der konkursrechtlichen Überschuldungsbilanz als Meßobjekt würden die bisher ungelösten Probleme der Überschuldungsmessung auf die Feststellung, ob das halbe Grundkapital durch Verluste aufgezehrt ist, übertragen.[186] Das objektivere Meßobjekt ist die Jahresbilanz.

Als Ergebnis bleibt festzuhalten, daß die Ermittlung, ob ein Verlust in Höhe des halben Grundkapitals nach § 92 I AktG vorliegt, nicht anhand einer

---

180 Vgl. *Popper, K.R.*, Logik der Forschung, 8. Aufl., Tübingen 1984,. S. 18-21.

181 Vgl. *Popper, K.R.*, Logik der Forschung, S. 19.

182 Vgl. *Baetge, J.*, Objektivierung, S. 17.

183 Vgl. *Baetge, J./Ballwieser, W.*, Zum bilanzpolitischen Spielraum der Unternehmensleitung, S. 206-212.

184 Vgl. z.B. *Schmidt, K.*, Sinnwandel und Funktion des Überschuldungstatbestandes, S. 170f.; *Gurke, M.*, Sorgfaltspflichten von Vorstandsmitgliedern, S. 46-53; *Veit, K.-R.*, Die Konkursrechnungslegung, S. 24-33; *Fischer, W.*, Die Überschuldungsbilanz, S. 45-127; *Kupsch, P.*, Vorstandspflichten, S. 275-280; *ders.*, Zur Problematik der Überschuldungsmessung, S. 161-164.

185 Vgl. *Schürer, H.*, Der Tatbestand der Überschuldung im deutschen Insolvenzrecht, S. 91f.

186 Vgl. *Kupsch, P.*, Vorstandspflichten, S. 275.

konkursrechtlichen Überschuldungsbilanz, sondern anhand einer nach den handelsrechtlichen Bilanzierungsvorschriften aufgestellten Jahres- oder Zwischenbilanz vorzunehmen ist. Das Ergebnis gilt entsprechend für § 49 III GmbHG und § 33 III GenG.

Da der Verlust des halben Grundkapitals eine spezielle Form der Unterbilanz darstellt, braucht die Eignung der Bilanzierungshilfe des § 269 HGB, einen Verlust in Höhe des halben Grundkapitals zu verhindern, hier nicht gesondert untersucht zu werden. Verwiesen sei auf die Ausführungen zur Unterbilanz.[187]

Die Bilanzierungshilfe des § 269 HGB ist somit geeignet, einen Verlust in Höhe des halben Grundkapitals zu vermeiden. Durch die Aktivierung von Aufwendungen für die Ingangsetzung und Erweiterung des Geschäftsbetriebs nach § 269 HGB können in bestimmten Situationen die an § 92 I AktG geknüpften rechtlichen Folgen, die Einberufung der außerordentlichen Hauptversammlung und die Information der Anteilseigner, verhindert werden. Entsprechendes gilt für die Regelungen des § 49 III GmbHG und des § 33 III GenG.

333.6 Die Beurteilung der Bilanzierungshilfe des § 269 HGB als Ausschüttungshilfe

Ausschüttungshilfen liegen vor, wenn eine Ausschüttung durch eine Bilanzierungshilfe erst ermöglicht oder der Betrag der Ausschüttung durch die Bilanzierungshilfe erhöht wird. Voraussetzung für eine Ausschüttungshilfe ist, daß ein Bilanzierungswahlrecht anstatt eines Aktivierungsverbots oder eines Passivierungsgebots besteht.[188] Wichtig ist allerdings, daß die gesetzliche Vorschrift insgesamt betrachtet wird und nicht nur der Teil der Bilanzierungshilfe, der das Bilanzierungswahlrecht enthält. Die an die Inanspruchnahme einer Bilanzierungshilfe geknüpften gesetzlichen Regelungen müssen mit berücksichtigt werden.

§ 269 HGB ist geeignet, durch die Aktivierung von Aufwendungen für die Ingangsetzung und Erweiterung des Geschäftsbetriebs das Jahresergebnis zu verbessern. Die Voraussetzung für eine Ausschüttungshilfe, daß ein Bilanzierungswahlrecht anstatt eines Aktivierungsverbots besteht, ist somit erfüllt. Allerdings enthält § 269 Satz 2 HGB eine als Ausschüttungssperre[189] bezeichnete Regelung: „Werden solche Aufwendungen in der Bilanz ausgewiesen, so dürfen Gewinne nur ausgeschüttet werden, wenn die nach der Ausschüttung verbleibenden jederzeit auflösbaren Gewinnrücklagen zuzüglich eines Gewinnvortrags und abzüglich eines Verlustvortrags dem angesetzten Betrag mindestens entsprechen."[190]

---

[187] Vgl. Abschnitt 333.3.

[188] Vgl. *Moxter, A.*, Bilanzlehre, S. 461; *Müller-Dahl, F.P.*, Betriebswirtschaftliche Probleme, S. 131f.

[189] Vgl. z.B. *Bundesregierung*, Gesetzentwurf eines Bilanzrichtlinie-Gesetzes vom 3. Juni 1983, Begründung, S. 80.

[190] § 269 Satz 2 HGB.

Diese Ausschüttungssperre führt dazu, daß die maximal mögliche Ausschüttung oder Entnahme durch die Aktivierung von Aufwendungen für die Ingangsetzung und Erweiterung des Geschäftsbetriebs nicht erhöht werden kann. Diese gegenüber § 153 IV AktG a.F. neue Ausschüttungssperregelung macht deutlich, daß der Gesetzgeber bewußt auf den Zweck der Ausschüttungshilfe verzichtet hat und aufgrund von Art. 34 I b) der 4. EG-Richtlinic auch verzichten mußte. Mit der Bilanzierungshilfe des § 269 HGB ist nicht beabsichtigt, dem bilanzierenden Unternehmen eine Ausschüttungshilfe zu gewähren.

333.7 Die Beurteilung der Bilanzierungshilfe des § 269 HGB als Ausschüttungssperrhilfe

Während durch eine Ausschuttungshilfe die maximal mögliche Ausschüttung oder Entnahme erhöht wird, führt eine Ausschüttungssperrhilfe zu einer Verminderung der maximal zulässigen Ausschüttung oder Entnahme. Eine Bilanzierungshilfe ist als Ausschüttungssperrhilfe anzusehen, wenn sie dem Bilanzierenden anstatt einer Aktivierungspflicht oder anstatt eines Passivierungsverbots ein Bilanzierungswahlrecht zugesteht.[191] Die bilanzierende Unternehmung hat damit die Möglichkeit, das Jahresergebnis schlechter darzustellen, als dies ohne die Bilanzierungshilfe möglich ist.

§ 269 HGB enthält im Gegensatz zu der genannten Definition für eine Ausschüttungssperre ein Wahlrecht, Aufwendungen für die Ingangsetzung und Erweiterung des Geschäftsbetriebs zu aktivieren. Die Bilanzierungshilfe des § 269 HGB ist somit nicht geeignet, die Höhe der Ausschüttungen zu verringern.

333.8 Die Beurteilung der Bilanzierungshilfe des § 269 HGB als Hilfe zur Glättung der Jahresergebnisse

Durch eine Glättung der Jahresergebnisse wird vermieden, daß die Ergebnisse der einzelnen Geschäftsjahre im Zeitablauf erheblich voneinander abweichen. Erheblich voneinander abweichende Jahresergebnisse lassen sich glätten, indem die Jahresergebnisse in guten Geschäftsjahren durch bilanzpolitische Maßnahmen verschlechtert und in schlechten Geschäftsjahren verbessert werden.[192] Auf die Gefahren einer solchen Vorgehensweise ist in bezug auf die Bildung und die damit verbundene stille Auflösung stiller Rücklagen im Schrifttum ausreichend hingewiesen worden.[193]

Die Bilanzierungshilfe des § 269 HGB ist aber nicht als Hilfe zur Glättung der Periodenergebnisse konzipiert worden. Deutlich wird das durch die Ausschüttungssperregelung des § 269 Satz 2 HGB. Das Ziel der Glättung der Jahresergeb-

---

191 Vgl. *Müller-Dahl, F.P.*, Betriebswirtschaftliche Probleme, S. 133.

192 Vgl. *Leffson, U.*, Bilanzanalyse, 3. Aufl., Stuttgart 1984, S. 94.

193 Vgl. z.B. *Leffson, U.*, Der Jahresabschluß in der Aktienrechtsreform — mit einem Vorschlag zur Änderung des Regierungsentwurfs, Wiesbaden 1961, S. 21-31; *ders.*, GoB, S. 75-78; *Baetge, J.*, Objektivierung, S. 138.

nisse ist insbesondere, die Höhe der jährlichen Ausschüttungen annähernd konstant zu halten. Aufgrund der Ausschüttungssperregelung kann die Höhe der Ausschüttungen durch die Aktivierung von Aufwendungen für die Ingangsetzung und Erweiterung des Geschäftsbetriebs aber nicht beeinflußt werden. Hier wird deutlich, daß der Gesetzgeber mit der Bilanzierungshilfe nicht beabsichtigt, daß die Ausschüttungen im Zeitablauf geglättet werden, was ceteris paribus eine Glättung der Jahresergebnisse voraussetzt.

Die Glättung der Jahresergebnisse ist somit nicht Zweck der Bilanzierungshilfe des § 269 HGB.

333.9 Die Beurteilung der Bilanzierungshilfe des § 269 HGB als Hilfe zur Ermittlung eines periodengerechten Erfolgs

Eine Bilanzierungsvorschrift kann nur dann als Hilfe zur Ermittlung eines periodengerechten Erfolgs interpretiert werden, wenn sie dazu beiträgt, daß die einzelnen Erfolgsbeiträge den Geschäftsjahren verursachungsgerecht zugerechnet werden. Ein periodengerechter Erfolg, der exakt das wirtschaftliche Ergebnis des abgelaufenen Geschäftsjahres wiedergibt, läßt sich aber nicht ermitteln.[194] Das Problem liegt in der Unmöglichkeit, positive wie negative Erfolgsbeiträge auf die einzelnen Perioden zweifelsfrei zuzurechnen.[195]

Das gilt in besonderem Maße für den durch die Aufwendungen für die Ingangsetzung und Erweiterung geschaffenen Wert. Bei allen immateriellen Werten ist erstens unklar, ob überhaupt ein Wert entstanden ist. Zweitens ist unklar, ob und wieweit ein Wert am Abschlußstichtag noch vorhanden ist.[196] Der Nutzen der Aufwendungen für die Ingangsetzung und Erweiterung des Geschäftsbetriebs ist weder ex post, erst recht aber nicht in dem Zeitpunkt, in dem die Frage des Ansatzes in der Bilanz zu entscheiden ist, meßbar.

Dieses Meßproblem hat zur Konsequenz, daß Fälle, in denen eine Aktivierung und anschließende Abschreibung dazu führt, daß ein periodengerechter Erfolg ermittelt wird und Fälle, in denen die Erfolgsermittlung durch die Aktivierung verschlechtert wird, in der Praxis nicht voneinander getrennt werden können. Welche Behandlung der Aufwendungen für die Ingangsetzung und Erweiterung des Geschäftsbetriebs im Jahresabschluß zu einem periodengerechten Erfolg führt, kann nicht objektiv festgestellt werden. Selbst *Schmalenbach*[197] tritt trotz seiner erfolgsorientierten dynamischen Bilanzkonzeption, deren Zweck die Ermittlung eines periodengerechten Erfolges ist, wegen der mangelnden Zurechenbarkeit von Erfolgen zu den Aufwendungen für die

---

[194] Vgl. *Moxter, A.*, Bilanzlehre, S. 330.

[195] Vgl. *Baetge, J.*, Objektivierung, S. 18.

[196] Vgl. *Moxter, A.*, Immaterielle Anlagewerte im neuen Bilanzrecht, in: BB 1979, S. 1102-1109, hier S. 1102.

[197] Vgl. *Schmalenbach, E.*, Dynamische Bilanz, 10. Aufl., Bremen 1948, S. 94.

Tabelle 1

Die Eignung der Bilanzierungshilfe des § 269 HGB zur Erreichung der den Bilanzierungshilfen zugeschriebenen Zwecke bei den verschiedenen Rechtsformen

		AG	KGaA	GmbH	Genossenschaft	Unternehmen, die unter das PublG fallen
Beeinflussung des Bilanzbildes	Vermeidung eines Verlustausweises	geeignet	geeignet	geeignet	geeignet	geeignet
	Vermeidung einer Unterbilanz	geeignet	geeignet	geeignet	geeignet	geeignet
	Vermeidung einer formellen Überschuldung	geeignet	geeignet	geeignet	geeignet	geeignet
	Glättung der Jahresergebnisse	nicht geeignet	nicht geeignet	nicht geeignet	nicht geeignet	nicht geeignet
Beeinflussung der Ausschüttung	Ausschüttungshilfe	nicht geeignet	nicht geeignet [1] / - [2]	nicht geeignet	nicht geeignet	nicht geeignet [1] / - [2]
	Ausschüttungssperrhilfe	nicht geeignet	nicht geeignet [1] / - [2]	nicht geeignet	nicht geeignet	nicht geeignet [1] / - [2]
Verhinderung rechtlicher Folgen	Vermeidung einer konkursrechtl. Überschuldung	§ 92 II AktG, § 270 KO nicht geeignet	§ 92 II i.V.m. § 283 Nr. 14 AktG, § 209 KO nicht geeignet	§§ 63, 64 GmbH nicht geeignet	§§ 98, 99 GenG nicht geeignet	- [3] / §§ 130 a, 177 a HGB, § 209 KO nicht geeignet
	Vermeidung der Einberufung einer außerordentlichen Hauptversammlung	§ 92 I AktG geeignet	- [4]	§ 49 III GmbHG geeignet	§ 33 III GenG geeignet	- [4]
Ausweis eines periodengerechten Erfolgs		nicht geeignet	nicht geeignet	nicht geeignet	nicht geeignet	nicht geeignet

1 Gilt soweit die Ausschüttungen bzw. Entnahmen gewinnabhängig sind.
2 Gilt soweit die Entnahmen der persönlich haftenden Gesellschafter nicht gewinnabhängig sind (vgl. für die KGaA §§ 278 II, 288 AktG, §§ 161 II, 122 I HGB; für die KG §§ 161 II, 122 I HGB und für die oHG § 122 I HGB). Eine Beeinflussung der Höhe der Entnahmen ist hier grundsätzlich nicht möglich.
3 Gilt für Unternehmen, bei denen die Überschuldung kein Konkursgrund ist.
4 Keine rechtliche Grundlage für die Einberufung einer außerordentlichen Hauptversammlung bei Verlust der Hälfte des Grundkapitals bzw. der Kapitaleinlagen.

Ingangsetzung und Erweiterung des Geschäftsbetriebs für ein Aktivierungsverbot ein.

Als Ergebnis bleibt festzuhalten, daß nicht nachgewiesen werden kann, ob eine Aktivierung von Aufwendungen für die Ingangsetzung und Erweiterung des Geschäftsbetriebs zu einer periodengerechteren Erfolgsermittlung führt als eine Nichtaktivierung dieser Aufwendungen. Die §§ 269 und 282 HGB können somit nicht als Hilfe zur Ermittlung eines periodengerechten Erfolgs betrachtet werden.

334. Ergebnis

Die Tabelle 1 faßt die Ergebnisse der Untersuchung der einzelnen Zwecke, die für Bilanzierungshilfen genannt werden, zusammen. Die Bilanzierungshilfe des § 269 HGB ist geeignet, folgende Zwecke zu erfüllen:
— Vermeidung eines Verlustausweises,
— Vermeidung einer Unterbilanz,
— Vermeidung einer formellen Überschuldung und
— Vermeidung der Einberufung einer außerordentlichen Hauptversammlung.

Während die drei erstgenannten Zwecke für alle Rechtsformen gelten, die die Bilanzierungshilfe des § 269 HGB anwenden dürfen, ist die Vermeidung der Einberufung einer außerordentlichen Hauptversammlung wegen eines Verlustes in Höhe des halben Grundkapitals auf die Aktiengesellschaft, die GmbH und die Genossenschaft beschränkt.

Die Bilanzierungshilfe des § 269 HGB kann die genannten Zwecke allerdings nur unter zwei Voraussetzungen erfüllen, denn nicht jede Aktivierung von Ingangsetzungs- oder Erweiterungsaufwendungen führt dazu, daß einer oder mehrere der vier genannten Zwecke erfüllt werden. Voraussetzung ist erstens, daß überhaupt ein Anlaß für die Anwendung der Bilanzierungshilfe besteht, z.B. ein Verlust vorliegt. Zweitens ist notwendig, daß der Spielraum, den die Bilanzierungshilfe gewährt, ausreicht, um den jeweiligen Zweck, z.B. die Einberufung der Hauptversammlung vermeiden zu können.

Die vier Zwecke der Bilanzierungshilfe sind bei der Auslegung der §§ 269 und 282 HGB heranzuziehen. Die Zwecke der Bilanzierungshilfe sind für die Auslegung anhand der Regelungsabsicht, der Zwecke und der Normvorstellungen des Gesetzgebers und für die Auslegung anhand objektiv-teleologischer Kriterien notwendig.

34 Die Ermittlung der Normenkonflikte zwischen der Vorschrift der Bilanzierungshilfe und den handelsrechtlichen Regelvorschriften

341. Vorbemerkung

Bei der Bilanzierungshilfe handelt es sich um eine gesetzliche Ausnahmeregelung. Anlaß für die Kodifizierung dieser Ausnahmeregelung sind Zwecke[1], die von dem Zwecksystem des Jahresabschlusses abweichen.[2] Als Folge dieser voneinander abweichenden Zwecke sind die gesetzliche Regelung der Bilanzierungshilfe in den §§ 269 und 282 HGB und die handelsrechtlichen Regelvorschriften über die Erstellung des Jahresabschlusses teilweise nicht miteinander kompatibel.

In diesem Abschnitt (34) soll ermittelt werden, wieweit die Bilanzierungshilfe mit den Regelvorschriften kompatibel ist. Untersucht wird, wo die Anwendung der Bilanzierungshilfe zu anderen Ergebnissen führt als die Anwendung der Regelvorschriften. Wie diese Fälle sich widersprechender Rechtsnormen bei der Auslegung der Bilanzierungshilfe zu handhaben sind, wird dann in Abschnitt 35 behandelt.

Die Bilanzierungshilfe der §§ 269 und 282 HGB gilt, wie oben gezeigt, ausschließlich für solche Unternehmen, die den zweiten Abschnitt des dritten Buches des HGB zu beachten haben. Bei dem Vergleich der Bilanzierungshilfe mit den Regelvorschriften sind als Regelvorschriften somit sowohl die für alle Kaufleute geltenden Vorschriften des ersten Abschnittes als auch die Vorschriften des zweiten Abschnittes des dritten Buches des HGB, die bezüglich der Regelungsintensität über die für alle Kaufleute geltenden Vorschriften hinausgehen, heranzuziehen.

Die Gegenüberstellung der Ausnahmevorschrift der Bilanzierungshilfe mit den handelsrechtlichen Regelvorschriften über die Aufstellung des Jahresabschlusses darf sich nicht auf die gesetzlichen Vorschriften beschränken. Auch die im Gesetz nicht explizit genannten, nach den §§ 243 I und 264 II HGB zu befolgenden Grundsätze ordnungsmäßiger Buchführung sind ebenso, wie die im Gesetz in den §§ 243 II und 252 I HGB explizit genannten Grundsätze ordnungsmäßiger Buchführung mit der Vorschrift über die Bilanzierungshilfe zu vergleichen. Die Grundsätze ordnungsmäßiger Buchführung gehören somit ebenso wie die gesetzlichen Vorschriften über die Jahresabschlußerstellung zu den handelsrechtlichen Regelvorschriften.

Bei der Ermittlung der Widersprüche zwischen der Bilanzierungshilfe und den handelsrechtlichen Regelvorschriften werden nicht die Vorschriften als solche verglichen, sondern das Ergebnis der Anwendung der Vorschriften bei einem konkreten Sachverhalt. Der Wortlaut einer Vorschrift allein reicht meist für

---

[1] Vgl. Abschnitt 33.

[2] Vgl. Abschnitt 31.

einen Vergleich nicht aus. Ohne Bezug zu einem realen oder gedanklichen Sachverhalt sagt der Wortlaut einer Vorschrift nicht genug aus.

Jede Auslegung einer Vorschrift setzt einen konkreten Sachverhalt voraus.[3] Häufig wird erst dann aus dem Wortlaut der Vorschrift deren Sinn deutlich. Zieht man die Verbindung zwischen dem Sachverhalt und dem Wortlaut der auf diesen Sachverhalt anzuwendenden Vorschrift, so gelangt man gedanklich zwangsläufig zu einer konkreten Auslegung. Die Auslegung ist das Bindeglied zwischen dem Wortlaut und dem Sachverhalt. Das betrifft sowohl die Vorschrift der Bilanzierungshilfe als auch die einzelne Regelvorschrift, die der Bilanzierungshilfe gegenübergestellt wird.

Die Auslegung der Bilanzierungshilfe ist allerdings erst das Ziel dieser Untersuchung. Für die Gegenüberstellung der Bilanzierungshilfe mit den handelsrechtlichen Regelvorschriften über den Jahresabschluß bedeutet das, daß noch nicht feststeht, wie die Bilanzierungshilfe bei einem bestimmten Sachverhalt auszulegen ist, d.h. zu welchem Ergebnis die Anwendung der Bilanzierungshilfe führt.

Da der Wortsinn einer Vorschrift den Rahmen für die Auslegung der Bilanzierungshilfe bildet,[4] sind alle überhaupt in Frage kommenden Auslegungen, die im folgenden als Auslegungsalternativen bezeichnet werden, zu erfassen. Beschränkt man sich bei der Gegenüberstellung der Ausnahmevorschrift mit den handelsrechtlichen Regelvorschriften auf eine einzige mögliche Auslegung, würde die Auslegung der Vorschrift vorweggenommen. Notwendig ist deshalb, daß alle innerhalb des Wortsinns der Bilanzierungshilfe möglichen Auslegungsalternativen betrachtet werden.[5] Nur dann ist gewährleistet, daß man sich nicht vorzeitig auf eine oder mehrere mögliche Auslegungen beschränkt und damit das Ergebnis der Auslegung beeinträchtigt.

Die Berücksichtigung aller, innerhalb des Wortsinns der Bilanzierungshilfe möglichen Auslegungsalternativen hat zur Konsequenz, daß die Bilanzierungshilfe und die Regelvorschriften u.U. abhängig von der jeweiligen Auslegungsalternative der Bilanzierungshilfe miteinander kompatibel bzw. inkompatibel sind. Möglich ist, daß keine, einzelne oder alle innerhalb des Wortsinns der Bilanzierungshilfe möglichen Auslegungsalternativen den Regelvorschriften entgegenstehen.

Bei der Ermittlung der Widersprüche zwischen der Bilanzierungshilfe und den handelsrechtlichen Regelvorschriften werden die einzelnen Schritte der Erstellung des Jahresabschlusses, der Ansatz, die Bewertung, der Ausweis und die

---

[3] Vgl. *Gadamer, H.-G.*, Wahrheit und Methode, S. 312.

[4] Vgl. Abschnitt 326.

[5] Vgl. *Fischer, M.W.*, Hermeneutik als Lebensform? in: Hermeneutik und Strukturtheorie des Rechts, hrsg. v. *M.W. Fischer / E. Mock / H. Schreiner*, Stuttgart 1984, S. 51 - 73, hier S. 61.

Erläuterung getrennt behandelt. Innerhalb der einzelnen Abschnitte werden jeweils nur die relevanten gesetzlichen Vorschriften bzw. Grundsätze ordnungsmäßiger Buchführung herangezogen.

342. Die bei dem Vergleich heranzuziehenden Grundsätze ordnungsmäßiger Buchführung

Die Grundsätze ordnungsmäßiger Buchführung werden nach der überwiegend im Schrifttum vertretenen Auffassung durch Deduktion aus den Zwecken des Jahresabschlusses[6] ermittelt.[7] Bei der Anwendung der deduktiven Methode wird von allgemeinen Sätzen auf besondere Sätze geschlossen. Diese deduktiven Schlüsse sind tautologische Umformungen.[8] Streng tautologische Umformungen sind aber nur eingeschränkt möglich, da kein allgemein anerkanntes und in sich widerspruchsfreies System von Jahresabschlußzwecken als Deduktionsbasis herangezogen werden kann.[9] Die deduktive Methode ist somit nicht geeignet, ein System von Grundsätzen ordnungsmäßiger Buchführung zu ermitteln. Stattdessen ist die Methode der Hermeneutik[10] heranzuziehen.[11] Während bei der Deduktion ausschließlich auf die Zwecke des Jahresabschlusses zurückgegriffen wird, schließt die Hermeneutik auch die anderen Auslegungskriterien, den Wortsinn und den Bedeutungszusammenhang, sowie die Interessen aller am Jahresabschluß beteiligten Gruppen mit ein.[12] Bei der hermeneutischen Methode werden somit alle Determinanten bei der Entscheidungsfindung berücksichtigt.

---

[6] Zu den Zwecken des Jahresabschlusses vgl. insbesondere *Leffson, U.*, GoB, S. 36-55; *Moxter, A.*, Bilanzlehre, S. 25-28; *Baetge, J.*, Rechnungslegungszwecke des aktienrechtlichen Jahresabschlusses, in: Bilanzfragen, Festschrift zum 65. Geburtstag von *U. Leffson*, hrsg. v. *J. Baetge / A. Moxter / D. Schneider*, Düsseldorf 1976, S. 11-30.

[7] Vgl. *Leffson, U.*, GoB, S. 27-29; *Döllerer, G.*, Grundsätze ordnungsmäßiger Bilanzierung, deren Entstehung und Ermittlung, in: WPg 1959, S. 653-658, hier S. 656; *Moxter, A.*, Die handelsrechtlichen Grundsätze ordnungsmäßiger Buchführung und das neue Bilanzrecht, in: ZGR 1980, S. 254-276, hier S. 256-264; *Schneider, D.*, Rechtsfindung durch Deduktion von Grundsätzen ordnungsmäßiger Buchführung aus gesetzlichen Jahresabschlußzwecken?, in: StuW 1983, S. 141-160, hier insbesondere S. 158.

[8] Vgl. *Popper, K.R.*, Logik der Forschung, S. 4; *Adam, A.*, Messen und Regeln in der Betriebswirtschaftslehre, Würzburg 1959, S. 34.

[9] Vgl. *Baetge, J.*, Objektivierung, S. 7; *ders.*, Grundsätze ordnungsmäßiger Buchführung, S. 180f.; *Leffson, U.*, GoB, S. 88-96.

[10] Vgl. *Stegmüller, W.*, Hauptströmungen der Gegenwartsphilosophie, Bd. 2, Stuttgart 1975, S. 106f.; *Wild, J.*, Methodenprobleme in der Betriebswirtschaftslehre, in: HWB, 4. Aufl., Bd. I/2, hrsg. v. *E. Grochla / W. Wittmann*, Stuttgart 1975, Sp. 2654-2677, hier Sp. 2657-2659.

[11] Vgl. *Baetge, J.*, Grundsätze ordnungsmäßiger Buchführung, S. 181; *Larenz, K.*, Methodenlehre, S. 235f.

[12] Vgl. *Baetge, J.*, Grundsätze ordnungsmäßiger Buchführung, S. 181-183.

Für die weitere Untersuchung werden folgende Grundsätze ordnungsmäßiger Buchführung herangezogen[13]:

— Der Grundsatz der Richtigkeit,
— der Grundsatz der Klarheit,
— der Grundsatz der Vollständigkeit,
— der Grundsatz der Vergleichbarkeit,
— der Grundsatz der Einzelbewertung,
— das Realisationsprinzip,
— der Grundsatz der Abgrenzung der Sache und der Zeit nach,
— das Imparitätsprinzip und
— das Vorsichtsprinzip.

Die genannten Grundsätze ordnungsmäßiger Buchführung werden ebenso wie die übrigen handelsrechtlichen Regelvorschriften der gesetzlichen Regelung der Bilanzierungshilfe gegenübergestellt, um bestehende Widersprüche zwischen einzelnen Grundsätzen ordnungsmäßiger Buchführung und den §§ 269 und 282 HGB zu ermitteln.

343. Der Vergleich der Bilanzierungshilfe mit dem Grundsatz der Richtigkeit

Der Grundsatz der Richtigkeit läßt sich nicht den einzelnen, in den folgenden Abschnitten 344. bis 347. zu behandelnden Schritten der Erstellung des Jahresabschlusses zuordnen. Dieser Grundsatz wird deshalb hiervon unabhängig auf Widersprüche zu der Regelung der Bilanzierungshilfe untersucht.

Der Grundsatz der Richtigkeit verlangt, daß bei der Erstellung des Jahresabschlusses die geltenden Grundsätze und Regeln beachtet werden.[14]

Diese Grundsätze und Regeln müssen zweckentsprechend angewendet werden.[15] Für die Anwendung der Bilanzierungshilfe bedeutet das, daß die in Abschnitt 33 herausgearbeiteten Zwecke der Bilanzierungshilfe zu beachten sind. Die Zwecke der Bilanzierungshilfe werden aber auch bei der Auslegung der Bilanzierungshilfe aufgrund der juristischen Auslegungskriterien[16] berücksichtigt. Insofern wird der Grundsatz der Richtigkeit bei der Auslegung der Bilanzierungshilfe mit einbezogen.

Im Rahmen dieser Untersuchung sind als erste Stufe der Auslegung[17] alle innerhalb des Wortsinns der Bilanzierungshilfe möglichen Auslegungsalternativen, d.h. auch solche, die den Zwecken der Bilanzierungshilfe nicht entsprechen,

---

[13] Vgl. *Leffson, U.*, GoB, S. 163-165; *Baetge, J.*, Grundsätze ordnungsmäßiger Buchführung, S. 187.

[14] Vgl. *Leffson, U.*, GoB, S. 181.

[15] Vgl. *Baetge, J.*, Objektivierung, S. 16.

[16] Vgl. Abschnitt 32.

[17] Vgl. *Fischer, M.W.*, Hermeneutik als Lebensform?, S. 61.

zu berücksichtigen.[18] Die verschiedenen, innerhalb des Wortsinns möglichen Auslegungsalternativen werden erst durch die Anwendung der übrigen juristischen Auslegungskriterien, nach denen insbesondere die Zwecke der Bilanzierungshilfe zu berücksichtigen sind, auf eine der Auslegungsalternativen reduziert. Innerhalb des Wortsinns der Bilanzierungshilfe sind somit Auslegungsalternativen möglich, die den Zwecken der Bilanzierungshilfe gerecht werden, aber auch solche Auslegungsalternativen, die mit diesen Zwecken nicht übereinstimmen. Bei der letzten Gruppe von Auslegungsalternativen wird damit auch der Grundsatz der Richtigkeit nicht beachtet.

Die Bilanzierungshilfe der §§ 269 und 282 HGB und der Grundsatz der Richtigkeit sind abhängig von der jeweiligen Auslegungsalternative miteinander kompatibel bzw. nicht kompatibel.

344. Der Vergleich der Bilanzierungshilfe mit den Regelvorschriften über den Ansatz der Aufwendungen für die Ingangsetzung und Erweiterung des Geschäftsbetriebs

344.1 Der Vergleich der Bilanzierungshilfe mit dem Grundsatz der Vollständigkeit

Der Grundsatz der Vollständigkeit erfordert, daß alle buchungspflichtigen Geschäftsvorfälle in der Buchführung und im Jahresabschluß berücksichtigt und alle für den Jahresabschluß relevanten Informationen herangezogen werden.[19] Diesem Grundsatz steht die gesetzliche Regelung der Bilanzierungshilfe nicht entgegen.

Unabhängig davon, ob die Aufwendungen für die Ingangsetzung und Erweiterung des Geschäftsbetriebs in der Bilanz aktiviert oder in der Gewinn- und Verlustrechnung erfolgswirksam als Aufwendungen erfaßt werden, liegt eine vollständige Abbildung der die Ingangsetzung oder Erweiterung betreffenden Geschäftsvorfälle im Jahresabschluß vor. Die aus der Buchführung der Unternehmung stammenden Daten werden im Fall der Aktivierung bei der Aufstellung des Jahresabschlusses lediglich anders verarbeitet. Die Daten der Buchführung, die die Ingangsetzungs- und Erweiterungsaufwendungen betreffen, werden sowohl bei der Aktivierung als auch bei einer Nichtaktivierung dieser Aufwendungen vollständig in den Jahresabschluß übernommen.

Der Grundsatz der Vollständigkeit und die Regelung der §§ 269 und 282 HGB sind miteinander kompatibel.

344.2 Der Vergleich der Bilanzierungshilfe mit den gesetzlichen Regelvorschriften über den Bilanzansatz

Die gesetzlichen Regelvorschriften, die den Bilanzansatz betreffen, sind in den §§ 246 bis 251 HGB enthalten. Zur Klärung der Frage, ob Aufwendungen für die

---

[18] Vgl. Abschnitt 341.

[19] Vgl. *Leffson, U.*, GoB, S. 199f.

Ingangsetzung und Erweiterung des Geschäftsbetriebs aktivierungsfähig sind, wenn die Bilanzierungshilfe nicht berücksichtigt wird, geben die §§ 246 I und 247 I HGB Aufschluß. § 246 I HGB verlangt, daß der Jahresabschluß „sämtliche Vermögensgegenstände, Schulden, Rechnungsabgrenzungsposten, Aufwendungen und Erträge“[20] enthält. § 247 I HGB nennt als Inhalt der Bilanz das Anlage- und Umlaufvermögen, das Eigenkapital, die Schulden und die Rechnungsabgrenzungsposten.

Bei den Aufwendungen für die Ingangsetzung und Erweiterung handelt es sich nicht um einen Vermögensgegenstand. Das Kriterium der Einzelveräußerbarkeit ist nicht erfüllt.[21] Die Ingangsetzungs- und Erweiterungsaufwendungen lassen sich deshalb auch nicht dem Anlagevermögen zurechnen. § 269 HGB schreibt folgerichtig einen Ausweis der Aufwendungen für die Ingangsetzung und Erweiterung vor dem Anlagevermögen vor. Die Ingangsetzungs- und Erweiterungsaufwendungen dürfen somit aufgrund der §§ 246 I und 247 I HGB nicht aktiviert werden, da sie unter keinen der genannten Oberbegriffe fallen, an die der Bilanzansatz geknüpft ist.

Daß eine Aktivierung der Aufwendungen für die Ingangsetzung und Erweiterung aufgrund der §§ 246 I und 247 I HGB nicht zulässig ist, ergibt sich auch aus der Formulierung der Bilanzierungshilfe in § 269 HGB. Aus der Formulierung des § 269 HGB geht hervor, daß ein Ansatzwahlrecht anstatt eines sonst bestehenden Aktivierungsverbots gewährt wird. Nur solche Aufwendungen dürfen aufgrund der Bilanzierungshilfe des § 269 HGB als Aufwendungen für die Ingangsetzung und Erweiterung des Geschäftsbetriebs aktiviert werden, die nach anderen Vorschriften „nicht bilanzierungsfähig sind“[22].

Die Bilanzierungshilfe des § 269 HGB und die §§ 246 I und 247 I HGB sind somit immer dann nicht miteinander kompatibel, wenn nach § 269 HGB eine Aktivierung von Aufwendungen für die Ingangsetzung und Erweiterung des Geschäftsbetriebs zulässig ist. Wann im Einzelfall eine Aktivierung von Ingangsetzungs- und Erweiterungsaufwendungen nach § 269 HGB zulässig ist, hängt von der Auslegung dieser Vorschrift ab.

In § 269 HGB heißt es: „Die Aufwendungen für die Ingangsetzung des Geschäftsbetriebs und dessen Erweiterung dürfen ... als Bilanzierungshilfe aktiviert werden“[23]. Aus dem im Wortlaut verwendeten Wort „dürfen“ kann einerseits auf ein generell bestehendes Aktivierungswahlrecht für die Ingangsetzungs- und Erweiterungsaufwendungen geschlossen werden. Andererseits sagt der Wortlaut aber auch, daß die Ingangsetzungs- und Erweiterungsaufwendungen „als Bilanzierungshilfe“ aktiviert werden dürfen. Diese Formulierung kann

[20] § 246 I HGB.

[21] Vgl. z.B. *Coenenberg, A.G.*, Jahresabschluß und Jahresabschlußanalyse, S. 62.

[22] § 269 Satz 1 HGB.

[23] § 269 Satz 1 HGB.

dahingehend ausgelegt werden, daß ein Aktivierungswahlrecht nur in bestimmten, besonderen Unternehmenssituationen, in denen eine Hilfe für den Bilanzierenden erforderlich ist, besteht. Der Wortlaut des § 269 HGB läßt sich somit unterschiedlich auslegen.

Innerhalb des Wortsinns der Bilanzierungshilfe ist die Auslegungsalternative möglich, daß eine Aktivierung immer dann erlaubt ist, wenn eine Ingangsetzung oder Erweiterung vorliegt. Dem Wortsinn steht aber auch die Auslegungsalternative nicht entgegen, daß eine Aktivierung nur zulässig ist, wenn für die Unternehmung eine Bilanzierungshilfe erforderlich ist, d.h. wenn mindestens einer der in Abschnitt 33 als relevant herausgearbeiteten Zwecke der Bilanzierungshilfe erfüllt wird.

Da die genannten Auslegungsalternativen des § 269 HGB zumindest in bestimmten Situationen ein Aktivierungswahlrecht für die Ingangsetzungs- und Erweiterungsaufwendungen gewähren, ist die Vorschrift des § 269 HGB unabhängig von der Auslegung nicht mit den §§ 246 I und 247 I HGB kompatibel. Die Anwendung des § 269 HGB und der gesetzlichen Regelvorschriften über den Bilanzansatz führt in bestimmten Situationen zu unterschiedlichen Rechtsfolgen. Zwischen diesen Regelungen besteht dann ein Normenkonflikt.

344.3 Der Vergleich der Bilanzierungshilfe mit dem Realisationsprinzip

Das Realisationsprinzip legt fest, daß bis zum Zeitpunkt des Absatzes, dem sogenannten Realisationszeitpunkt, zu den Anschaffungs- oder Herstellungskosten[24] zu bilanzieren ist.[25] Vor dem Realisationszeitpunkt dürfen im Jahresabschluß keine positiven Erfolgsbeiträge ausgewiesen werden, da sie am Absatzmarkt noch nicht durch Vertragsabschluß und Lieferung oder Leistung realisiert sind. Der Zeitpunkt, in dem Erfolgsbeiträge im Jahresabschluß erfaßt werden dürfen, wird hierdurch objektiv festgelegt.[26] Erfolgsbeiträge aufgrund von Geschäften, bei denen die Kriterien, die für die Festlegung des Realisationszeitpunktes bestehen, noch nicht erfüllt sind, werden als unrealisierte Erfolgsbeiträge bezeichnet.[27] Einige Autoren[28] sehen in dem Realisationsprinzip neben der

---

[24] Zutreffender sind die Begriffe Anschaffungs- bzw. Herstellungsausgaben; vgl. *Baetge, J. / Uhlig, A.*, Zur Ermittlung der handeslrechtlichen 'Herstellungskosten' unter Verwendung der Daten der Kostenrechnung, S. 275.

[25] Vgl. *Leffson, U.*, GoB, S. 225f.

[26] Vgl. *Paal, E.*, Realisierung sog. Teilgewinne aus langfristigen auftragsbezogenen Leistungen im Jahresabschluß der AG, Düsseldorf 1977, S. 39.

[27] Vgl. *Leffson, U.*, GoB, S. 229.

[28] Vgl. *Schneider, D.*, Aktienrechtlicher Gewinn und ausschüttungsfähiger Betrag, in: WPg 1971, S. 607-617, hier S. 608; *ders.*, Rechtsfindung, S. 169; *Moxter, A.*, Das Realisationsprinzip — 1884 und heute, in: BB 1984, S. 1780-1786, hier S. 1783f.; *Albach, H.*, Rechnungslegung im neuen Aktienrecht, in: NB 1966, S. 178-192, hier S. 179; *Boelke,*

Bestimmung des Realisationszeitpunktes, der sich auf die Bewertung bezieht, auch eine Regelung für den Bilanzansatz. Nach *D. Schneider*[29] wird die Ansatzfrage gemeinsam durch das Realisationsprinzip und den Grundsatz der Einzelbewertung beantwortet. Nur einzeln veräußerbare Vermögensgegenstände sind nach diesen Grundsätzen aktivierungsfähig.[30] *D. Schneider* räumt allerdings ein, daß dieses Ergebnis nicht mit den gesetzlichen Vorschriften übereinstimmt, die eine Aktivierung weiterer Posten, z.B. des Rechnungsabgrenzungspostens, vorschreiben bzw. erlauben.[31] Das Realisationsprinzip und der Grundsatz der Einzelbewertung sind somit nicht geeignet, die nach dem Gesetz zu aktivierenden bzw. aktivierbaren Werte festzulegen.

Moxter bezeichnet das Realisationsprinzip als „das grundlegende Aktivierungs- und Passivierungsprinzip".[32] Das Realisationsprinzip habe die Aufgabe, einen verteilungsfähigen Betrag zu ermitteln und sei deshalb als ein Bestandteil des Vorsichtsprinzips anzusehen. Daraus folge, daß in Zweifelsfällen keine Aktivierung erfolgen dürfe.[33] Die Ermittlung eines verteilungsfähigen Betrags ist aber als Kriterium zur Lösung der Ansatzfrage nicht geeignet. Dieses Kriterium ist nicht ausreichend konkret, um in Einzelfällen zu eindeutigen Ergebnissen zu führen. Die Regel, im Zweifel von einer Aktivierung abzusehen — für die Passivseite der Bilanz wäre in Zweifelsfällen entsprechend von einer Passivierungspflicht auszugehen — macht dies deutlich.

Fülling schreibt: „Mit dem Realisationsprinzip soll also nur verhindert werden, daß diese Stückgewinne vorzeitig ausgewiesen werden. Darum müssen andererseits alle noch nicht wieder zu Geld gewordenen Ausgaben, bei denen mit einer 'Geldwerdung' über oder gleich den Anschaffungs- oder Herstellungskosten gerechnet wird, aktiviert werden."[34] Diese Aktivierung wird aber nicht durch das Realisationsprinzip festgelegt. Das Realisationsprinzip bestimmt lediglich, daß nicht höher als zu den Anschaffungs- oder Herstellungskosten zu aktivieren ist. Wird z.B. eine Maschine, die zweifelsfrei aktivierungspflichtig ist, nicht aktiviert, führt das nicht zu einem Ausweis unrealisierter positiver Erfolgsbeiträge. In diesem Fall liegt somit auch kein Verstoß gegen das Realisationsprinzip vor, obwohl eine Aktivierung entgegen der gesetzlichen Regelung unterbleibt. Das eine logische Schlußfolgerung andeutende „darum" in dem Zitat bei *Fülling* ist insofern unpassend.

W., Die Bewertungsvorschriften des Aktiengesetzes 1965 und ihre Geltung für die Unternehmen in anderer Rechtsform, Berlin 1970, S. 146.

[29] Vgl. *Schneider, D.*, Aktienrechtlicher Gewinn, S. 608.

[30] Vgl. *Schneider, D.*, Aktienrechtlicher Gewinn, S. 608.

[31] Vgl. *Schneider, D.*, Aktienrechtlicher Gewinn, S. 608-610.

[32] *Moxter, A.*, Das Realisationsprinzip — 1884 und heute, S. 1784.

[33] Vgl. *Moxter, A.*, Das Realisationsprinzip — 1884 und heute, S. 1784.

[34] *Fülling, F.*, Grundsätze ordnungsmäßiger Bilanzierung für Vorräte, Beiträge zu den Grundsätzen ordnungsmäßiger Bilanzierung, Schriften der Schmalenbach-Gesellschaft, Bd. 6, Düsseldorf 1976, S. 125.

Das Realisationsprinzip ist somit nicht geeignet, die Frage des Bilanzansatzes zu lösen. Das Realisationsprinzip legt die Höhe des Betrages fest, zu dem ein aktivierungspflichtiger oder ein aktivierungsfähiger Wert während des Zeitraums, in dem er sich in der Unternehmung befindet, anzusetzen ist. Ob die Aufwendungen für die Ingangsetzung und Erweiterung des Geschäftsbetriebs aktivierungspflichtig oder aktivierungsfähig sind, läßt sich nicht aus dem Realisationsprinzip herleiten.

Albach[35] und *Boelke*[36] schreiben ebenfalls, daß das Realisationsprinzip auch den Bilanzansatz festlegt. Beide gehen aber von einer anderen, als der im Rahmen dieser Untersuchung zugrundeliegenden Definition des Realisationsprinzips aus. *Boelke*[37] betrachtet z. B. den Grundsatz der Abgrenzung der Sache und der Zeit nach als einen Teil des Realisationsprinzips. Er kommt zu dem Ergebnis, daß für die Aufwendungen für die Ingangsetzung und Erweiterung eine Bilanzierungspflicht besteht.[38] Zu diesem Ergebnis gelangt *Boelke* aufgrund des hier als Abgrenzung der Sache nach bezeichneten Grundsatzes, der in Abschnitt 344.4 behandelt wird.

Als Ergebnis ist festzuhalten, daß das Realisationsprinzip nicht geeignet ist, die Frage des Bilanzansatzes für die Aufwendungen für die Ingangsetzung und Erweiterung des Geschäftsbetriebs zu klären. Bezüglich der Ansatzfrage für die Ingangsetzungs- und Erweiterungsaufwendungen können die Bilanzierungshilfe des § 269 HGB und das Realisationsprinzip somit auch nicht zu unterschiedlichen Rechtsfolgen führen. Ein Vergleich dieser Regelungen bezüglich des Bilanzansatzes ist nicht möglich, da sie nicht denselben Regelungsbereich, den Bilanzansatz, betreffen.

344.4 Der Vergleich der Bilanzierungshilfe mit dem Grundsatz der Abgrenzung der Sache und der Zeit nach

Der Grundsatz der Abgrenzung der Sache nach ordnet den durch das Realisationsprinzip festgelegten Erlösen die Faktorverbräuche zu.[39] Zu untersuchen ist, ob die Ausgaben für eine Ingangsetzung oder Erweiterung des Geschäftsbetriebs den Erlösen als Faktorverbrauch zurechenbar sind. Ist das der Fall, so sind nach dem Grundsatz der Abgrenzung der Sache nach die für eine Ingangsetzung oder Erweiterung vorgenommenen Ausgaben den durch das Realisationsprinzip festgelegten Erlösen als Aufwand zuzuordnen. Sind die Ausgaben nicht nur auf die Erlöse einer sondern mehrerer Perioden zuzurechnen, was in diesem Fall angenommen werden kann, setzt das eine Aktivierung

---

35 Vgl. *Albach, H.*, Rechnungslegung im neuen Aktienrecht, S. 179.

36 Vgl. *Boelke, W.*, Bewertungsvorschriften, S. 146.

37 Vgl. *Boelke, W.*, Bewertungsvorschriften, S. 145.

38 Vgl. *Boelke, W.*, Bewertungsvorschriften, S. 146.

39 Vgl. *Leffson, U.*, GoB, S. 271.

im Jahr der Ingangsetzung oder Erweiterung des Geschäftsbetriebs voraus. Der aktivierte Betrag ist dann in den Jahren, in denen die Ingangsetzungs- oder Erweiterungsausgaben den Erlösen als Aufwand zuzurechnen sind, abzuschreiben. Für die Aufwendungen für die Ingangsetzung und Erweiterung des Geschäftsbetriebs besteht dann aufgrund des Grundsatzes der Abgrenzung der Sache nach eine Aktivierungspflicht.

Eine sachliche Abgrenzung ist nur bei abnutzbaren Produktionsfaktoren möglich. Zu prüfen ist, ob sich der durch die Ingangsetzung oder Erweiterung geschaffene Wert vermindert, wenn Geschäfte abgewickelt werden. Ein solcher Faktorverbrauch setzt voraus, daß ein vorgegebener Nutzenvorrat besteht. Durch die Aufwendungen für die Ingangsetzung und Erweiterung des Geschäftsbetriebs wird ein Wert geschaffen, der als Bestandteil des Geschäftswertes anzusehen ist. Dieser Wert kann, wie der Geschäftswert, nicht als ein Produktionsfaktor angesehen werden, der abhängig von der Nutzung aufgezehrt wird. Eine Abnutzung, wie bei Maschinen des Anlagevermögens, entsteht durch die Abwicklung von Geschäften nicht. Ein Nutzenvorrat, der nur eine begrenzte Anzahl von Nutzungen zuläßt und dann erschöpft ist, liegt nicht vor.

Der Wert der Ingangsetzung oder Erweiterung des Geschäftsbetriebs wird durch die Abwicklung von Geschäften nicht vermindert. Im Gegenteil kann gerade dann, wenn nach einer Ingangsetzung oder Erweiterung des Geschäftsbetriebs viele Geschäfte abgeschlossen und durchgeführt werden, angenommen werden, daß der durch die Ingangsetzungs- oder Erweiterungaufwendungen geschaffene Wert am Abschlußstichtag noch vorhanden ist. Werden dagegen im Anschluß an eine Ingangsetzung oder Erweiterung keine oder nur wenige Absatzverträge abgeschlossen, muß u.U. davon ausgegangen werden, daß die Ingangsetzung oder Erweiterung des Geschäftsbetriebs eine Fehlmaßnahme war und durch die Aufwendungen für die Ingangsetzung oder Erweiterung entweder kein Wert geschaffen wurde oder ein Wert inzwischen nicht mehr besteht.[40]

Der durch die Ingangsetzung oder Erweiterung geschaffene Wert vermindert sich teilweise abhängig von der Zeit. Das trifft z.B. für den Wert, der durch die Einführungswerbung bei der Ingangsetzung des Geschäftsbetriebs geschaffen wird, zu. Auch der Wert, der durch die Einarbeitung der Mitarbeiter entstanden ist, vermindert sich im Zeitablauf, wenn die Mitarbeiter die Unternehmung verlassen, ohne ihre Nachfolger eingearbeitet zu haben oder wenn keine Geschäfte abgewickelt werden. Die erlernten Inhalte von Anweisungen werden ebenso vergessen, wie die durch Übung erlernten, für eine bestimmte Tätigkeit

[40] Vgl. Entwurf eines Gesetzes betreffend die Kommanditgesellschaften auf Aktien und die Aktiengesellschaften, Begründung (Motive), in: Stenographische Berichte über die Verhandlungen des Reichstages des Norddeutschen Bundes, 1. Legislaturperiode, Session 1870, Bd. 4, Anlagen zu den Verhandlungen des Reichstages von Nr. 73-216, Berlin 1870, Nr. 158, S. 649-660, hier Begründung zu Art. 239a, S. 657.

erforderlichen Handgriffe. Dieser Prozeß des Vergessens setzt aber nicht ein, wenn die Mitarbeiter die Aufgaben, für die sie ausgebildet wurden, ständig durchführen, d.h. wenn entsprechende Geschäfte abgewickelt werden. Hier findet erst in dem Zeitpunkt eine Wertminderung statt, in dem die Mitarbeiter die Unternehmung verlassen ohne ihre Nachfolger eingearbeitet zu haben. Eine kontinuierliche Wertminderung im Zeitablauf liegt nicht vor.

Die Voraussetzung, daß ein Faktorverbrauch vorliegen muß, ist somit nur begrenzt erfüllt. Ein Faktorverbrauch besteht lediglich teilweise abhängig von der Zeit, nicht aber abhängig von der Nutzung.

Die Abgrenzung der Sache nach setzt voraus, daß der Faktorverbrauch den Erlösen der Absatzgeschäfte zurechenbar ist.[41] Eine Zuordnung der Aufwendungen für die Ingangsetzung und Erweiterung des Geschäftsbetriebs zu einzelnen Erlösen ist aber nicht begründbar. Wertminderungen, die zeitproportional anfallen, dürfen nach dem Grundsatz der Abgrenzung der Sache nach auch anhand des Durchschnittskostenprinzips den hergestellten Erzeugnissen zugeordnet werden.[42] Der durch die Ingangsetzung oder Erweiterung geschaffene Wert verringert sich aber nicht abhängig von der unternehmerischen Leistung. Eine Aufteilung der Ausgaben für die Ingangsetzung und Erweiterung nach dem Durchschnittskostenprinzip ist somit nicht gerechtfertigt.

Ähnliche Zurechnungsprobleme ergeben sich auch bei einzelnen Vermögensgegenständen des Anlagevermögens. Auch der Wertverlust von Maschinen und insbesondere von Gebäuden hängt teilweise nicht oder nur unwesentlich von der unternehmerischen Leistung, d.h. von der Nutzung ab. Maschinen können auch ohne genutzt zu werden wirtschaftlich veralten und damit nahezu wertlos werden. Die Nutzungsdauer von Gebäuden ist fast völlig unabhängig davon, ob das Gebäude unternehmerisch genutzt wird oder nicht. Ein wesentlicher Unterschied zu dem Wert, der durch eine Ingangsetzung oder Erweiterung des Geschäftsbetriebs geschaffen wird, besteht aber darin, daß bei den Gegenständen des Anlagevermögens anhand von Erfahrungswerten die voraussichtliche Nutzungsdauer geschätzt werden kann und ein Wertverlust zumindest ex post objektiv festgestellt werden kann. Bei den genannten Gegenständen des Anlagevermögens sind somit Anhaltspunkte vorhanden, um die Nutzungsdauer zu schätzen, so daß eine Abgrenzung der Sache nach vertretbar ist. Bei dem durch die Ingangsetzung oder Erweiterung geschaffenen Wert übersteigt dagegen die Unsicherheit, eine Nutzungsdauer dieses Wertes zu schätzen, ein tolerierbares Maß. Die Nutzungsdauer zu schätzen, wäre weitgehend willkürlich. Eine Abgrenzung der Sache nach ist hier nicht mehr gerechtfertigt.

Ausgaben, die nicht der Sache nach abgegrenzt werden können, sind der Zeit nach abzugrenzen.[43] Das bedeutet, daß die entstandenen Ausgaben in der

[41] Vgl. *Leffson, U.*, GoB, S. 297.

[42] Vgl. *Leffson, U.*, GoB, S. 297.

[43] Vgl. *Leffson, U.*, GoB, S. 297f.

Periode als Aufwand zu erfassen sind, in der sie anfallen. Die Ausgaben für die Ingangsetzung oder Erweiterung des Geschäftsbetriebs sind, wendet man den Grundatz der Abgrenzung der Sache und der Zeit nach an, somit nicht aktivierbar. Eine Verteilung dieser Ausgaben auf mehrere Perioden durch eine Aktivierung und anschließende Abschreibungen über mehrere Jahre ist nach dem Grundsatz der Abgrenzung der Sache und der Zeit nach nicht möglich.

Anderer Ansicht ist *Boelke*[44], der eine Aktivierungspflicht für die Ingangsetzungs- und Erweiterungsaufwendungen aus dem Realisationsprinzip, das nach seiner Definition[45] den Grundsatz der Abgrenzung der Sache und der Zeit nach einschließt, herleitet. *Boelke*[46] unterstellt jedoch, daß für eine Ingangsetzung oder Erweiterung des Geschäftsbetriebs eine geplante Nutzungsdauer besteht, die seiner Ansicht nach etwa 10 Jahre beträgt, und daß innerhalb dieses Zeitraums eine gleichmäßige Abnutzung des durch die Ingangsetzung oder Erweiterung geschaffenen Wertes erfolgt. Diese Auffassung ist nicht akzeptabel, da — wie oben dargelegt — durch die Ausgaben für die Ingangsetzung oder Erweiterung kein Nutzenvorrat geschaffen wird, der sich durch die Nutzung, d.h. durch die Abwicklung von Geschäften, oder zeitproportional verringert.

Als Ergebnis ist festzuhalten, daß die Bilanzierungshilfe des § 269 HGB mit dem Grundsatz der Abgrenzung der Sache und der Zeit nach immer dann nicht kompatibel ist, wenn aufgrund von § 269 HGB eine Aktivierung von Aufwendungen für die Ingangsetzung und Erweiterung des Geschäftsbetriebs zulässig ist. Die Anwendung des § 269 HGB und des Grundsatzes der Abgrenzung der Sache und der Zeit nach führt somit in bestimmten Fällen zu unterschiedlichen Rechtsfolgen. Zwischen diesen Regelungen besteht dann ein Normenkonflikt.

344.5 Der Vergleich der Bilanzierungshilfe mit dem Grundsatz der Vergleichbarkeit

Die Vergleichbarkeit wird hier als eigenständiger Grundsatz ordnungsmäßiger Buchführung betrachtet.[47] Der Grundsatz der Vergleichbarkeit ergibt sich aus der Rechenschaftsfunktion des Jahresabschlusses.[48] Für den Jahresabschlußleser ist es erforderlich, daß er die Jahresabschlüsse aufeinanderfolgender Jahre miteinander vergleichen kann.[49] Nur dann läßt sich das Jahresergebnis

---

[44] Vgl. *Boelke, W.*, Bewertungsvorschriften, S. 145f.

[45] Vgl. *Boelke, W.*, Bewertungsvorschriften, S. 145.

[46] Vgl. *Boelke, W.*, Bewertungsvorschriften, S. 146.

[47] Vgl. *Schmalenbach, E.*, Dynamische Bilanz, 4. Aufl., Leipzig 1926, S. 106-109; *Forster, K.-H.*, Bewertungsstetigkeit und Rechnungslegung nach dem AktG 1965, in: WPg 1966, S. 555-559, hier S. 556; *Saage, G.*, Die Reservepolitik im neuen Aktienrecht, in: NB 1966, S. 71-83, hier S. 73.

[48] Vgl. *Saage, G.*, Die Reservepolitik im neuen Aktienrecht, S. 73.

[49] Zu den Voraussetzungen für eine Vergleichbarkeit aufeinanderfolgender Jahresabschlüsse vgl. *Baetge, J. / Commandeur, D.*, Vergleichbar, vergleichbare Beträge in aufeinanderfolgenden Jahresabschlüssen, in: Handwörterbuch unbestimmter Rechtsbegriffe im Bilanzrecht des HGB, hrsg. v. *U. Leffson / D. Rückle / B. Großfeld*, Köln 1986, S. 326-335.

der Unternehmung als Indikator für den wirtschaftlichen Erfolg der Unternehmung verwenden.[50] Die Vergleichbarkeit wird erreicht durch den Grundsatz der Stetigkeit, der verlangt, daß in aufeinanderfolgenden Geschäftsjahren dieselben Abschlußgrundsätze und -methoden angewendet werden, und den Grundsatz, eventuelle Unstetigkeiten zu erläutern.[51] Für die Vergleichbarkeit der Jahresabschlüsse und damit auch für die Rechenschaft ist eine zwingende Stetigkeit bei der Methodenwahl nicht erforderlich.[52] *Moxter*[53] sieht insbesondere den Anhang als Instrument, um dem Grundsatz der Vergleichbarkeit gerecht zu werden. Die Rechenschaftsfunktion des Jahresabschlusses kann durch eine Erläuterung der Unstetigkeiten im Anhang gesichert werden. Sinnvoll kann dieser Umweg jedoch nur dann sein, wenn akzeptable Gründe für die Durchbrechung des Grundsatzes der Stetigkeit vorliegen und gewährleistet ist, daß die neue Methode in der Zukunft stetig angewendet werden kann.[54]

Berührungspunkte zwischen dem Grundsatz der Vergleichbarkeit und der gesetzlichen Regelung der Bilanzierungshilfe ergeben sich bezüglich der Ausnutzung des Ansatzwahlrechtes des § 269 HGB in verschiedenen Geschäftsjahren. § 269 HGB kann dahingehend ausgelegt werden, daß das Ansatzwahlrecht für die Ingangsetzungs- oder Erweiterungsaufwendungen bei der Ingangsetzung und bei später vorgenommenen Erweiterungen des Geschäftsbetriebs unterschiedlich genutzt werden darf. D.h., daß das Ansatzwahlrecht in den Fällen, in denen eine Aktivierung grundsätzlich zulässig ist, in verschiedenen Geschäftsjahren teilweise in Anspruch genommen wird und teilweise nicht. Ob trotz dieser unterschiedlichen Nutzung des Wahlrechts dem Grundsatz der Vergleichbarkeit entsprochen wird, hängt von dem Inhalt der in § 269 HGB vorgeschriebenen Erläuterungen ab. Erläuterungen sind unabhängig davon, ob das Wahlrecht immer gleichartig genutzt wird, erforderlich, um dem Grundsatz der Vergleichbarkeit gerecht zu werden, da es sich bei der Ingangsetzung oder Erweiterung des Geschäftsbetriebs um unstetig eintretende Ereignisse handelt.

Eine unterschiedliche Entscheidung in verschiedenen Geschäftsjahren über die Aktivierung von Aufwendungen für die Ingangsetzung und Erweiterung des Geschäftsbetriebs in den Fällen, in denen § 269 HGB ein Ansatzwahlrecht gewährt, widerspricht nicht dem Grundsatz der Vergleichbarkeit, sofern die Vergleichbarkeit der Jahresabschlüsse durch hinreichende Erläuterungen im

---

[50] Vgl. *Baetge, J.*, Objektivierung, S. 25.

[51] Vgl. *Leffson, U.*, GoB, S. 389.

[52] Vgl. *Forster, K.-H.*, Bewertungsstetigkeit und Rechnungslegung nach dem AktG 1965, S. 557.

[53] Vgl. *Moxter, A.*, Der Jahresabschluß im Widerstreit der Interessen – Ziele und Zielerreichung, in: Der Jahresabschluß im Widerstreit der Interessen, hrsg. v. *J. Baetge*, Düsseldorf 1983, S. 11-20, hier S. 16.

[54] Vgl. *Baetge, J./Commandeur, D.*, Vergleichbar, vergleichbare Beträge in aufeinanderfolgenden Jahresabschlüssen, S. 330.

Anhang sichergestellt wird. Die Ansatzregelung der Bilanzierungshilfe des § 269 HGB und der Grundsatz der Vergleichbarkeit sind miteinander kompatibel.

345. Der Vergleich der Bilanzierungshilfe mit den Regelvorschriften über die Bewertung der Aufwendungen für die Ingangsetzung und Erweiterung des Geschäftsbetriebs

345.1 Der Vergleich der Bilanzierungshilfe mit dem Grundsatz der Einzelbewertung

Der Grundsatz der Einzelbewertung ist in den §§ 240 I und 252 I Nr. 3 HGB enthalten.[55] Bewertungsobjekt sind nach den §§ 240 I und 252 I Nr. 3 HGB einzelne Vermögensgegenstände. Bei der Aktivierung von Aufwendungen für die Ingangsetzung und Erweiterung des Geschäftsbetriebs handelt es sich aber nicht um Vermögensgegenstände.[56] Die gesetzlichen Vorschriften über die Einzelbewertung lassen sich sinngemäß aber dennoch auf die Aktivierung von Aufwendungen für die Ingangsetzung und Erweiterung des Geschäftsbetriebs anwenden.

Dem Grundsatz der Einzelbewertung entspricht es, die Aufwendungen für die Ingangsetzung des Geschäftsbetriebs und die Aufwendungen für einzelne Erweiterungen getrennt zu behandeln. Bei der Bewertung ist zwischen den Aufwendungen für die Ingangsetzung und den Aufwendungen für eine Erweiterung bzw. zwischen den Aufwendungen für verschiedene Erweiterungen zu trennen.

Dies entspricht der Regelung der Bilanzierungshilfe. Geht man von dem realistischen Fall aus, daß sich Ingangsetzungs- und Erweiterungsmaßnahmen zeitlich nicht überschneiden, so erfordert die Abschreibungsregelung des § 282 HGB eine getrennte Behandlung der in den verschiedenen Geschäftsjahren vorgenommenen Ingangsetzung und Erweiterungen des Geschäftsbetriebs. Die Berechnung der jährlichen Mindestabschreibung von 25% des für eine Ingangsetzung oder Erweiterung als Zugang aktivierten Betrags setzt dann voraus, daß Maßnahmen für die Ingangsetzung und für verschiedene Erweiterungen nicht zusammengefaßt werden. Nicht zwingend ist eine separate Erfassung und Abschreibung von Aufwendungen für eine Ingangsetzung und eine Erweiterung bzw. für mehrere Erweiterungen dagegen in dem Fall, daß sich eine Ingangsetzung und eine Erweiterungsmaßnahme bzw. mehrere Erweiterungsmaßnahmen zeitlich überschneiden. Aber auch in diesem Sonderfall ergibt sich eine getrennte Erfassung der Aufwendungen für verschiedene Ingangset-

---

[55] Vgl. *Adam, E.*, Generalklausel, S. 154; *Arians, G.*, Sonderbilanzen, S. 377. Zu den gesetzlich zulässigen Abweichungen vom Grundsatz der Einzelbewertung vgl. *Faller, E.*, Der Grundsatz der Einzelbewertung und die Notwendigkeit zu seiner Durchbrechung unter Berücksichtigung des Bilanzrichtlinien-Gesetzentwurfs, in: BB 1985, S. 2017-2023.

[56] *Leffson* bezeichnet diesen Bilanzposten als immaterielles Aktivum; vgl. *Leffson, U.*, GoB, S. 268.

zungs- und Erweiterungsmaßnahmen i.d.R. zwangsläufig daraus, daß die verschiedenen Maßnahmen unterschiedliche Teilbereiche der Unternehmung betreffen.

Die Regelung der Bilanzierungshilfe und der Grundsatz der Einzelbewertung bzw. die §§ 240 I und 252 I Nr. 3 HGB sind somit kompatibel.

345.2 Der Vergleich der Bilanzierungshilfe mit dem Realisationsprinzip

Nach § 252 I Nr. 4 2. Halbsatz HGB dürfen Erträge im Jahresabschluß nur berücksichtigt werden, wenn sie am Abschlußstichtag realisiert sind. Hier wird zusätzlich zu den §§ 243 I und 264 II HGB, die für die Aufstellung des Jahresabschlusses fordern, daß die Grundsätze ordnungsmäßiger Buchführung beachtet werden,[57] auf die Anwendung des Realisationsprinzips hingewiesen.

Ein Verstoß gegen das Realisationsprinzip setzt den Ausweis unrealisierter Erfolgsbeiträge voraus. Unrealisierte Erfolgsbeiträge werden ausgewiesen, wenn ein höherer Betrag als die Anschaffungs- oder Herstellungskosten aktiviert wird oder wenn bereits der „Sprung zum Absatzmarkt" bei der Bilanzierung unterstellt wird, obwohl er sich noch nicht vollzogen hat. Der letzte Fall ist für die Aktivierung der Aufwendungen für die Ingangsetzung und Erweiterung nicht relevant, da der Wert, der durch die Ingangsetzung oder Erweiterung des Geschäftsbetriebs geschaffen wird, nur im Zusammenhang mit der gesamten Unternehmung veräußerbar ist. Bei der Aktivierung von Aufwendungen für die Ingangsetzung und Erweiterung des Geschäftsbetriebs nach den §§ 269 und 282 HGB werden Ausgaben, die in der abgelaufenen Periode angefallen sind, aktiviert und anschließend über maximal vier Jahre abgeschrieben. Da nur solche Beträge aktiviert werden dürfen, denen entsprechende Ausgaben gegenüberstehen, wird bei der Aktivierung von Ingangsetzungs- und Erweiterungsaufwendungen im Jahr des Zugangs das Anschaffungs- bzw. Herstellungskostenprinzip beachtet. In den folgenden Jahren wird der als Zugang aktivierte Betrag durch die Abschreibungen verringert. Nach den §§ 269 und 282 HGB besteht keine Möglichkeit, einen höheren Betrag als die Anschaffungs- bzw. Herstellungskosten anzusetzen. Unrealisierte Erfolgsbeiträge werden somit nicht ausgewiesen.[58]

Als Ergebnis bleibt festzuhalten, daß die Regelung der Bilanzierungshilfe in den §§ 269 und 282 HGB und das Realisationsprinzip bzw. § 252 I Nr. 4 2. Halbsatz HGB bezüglich der Bewertung der Ingangsetzungs- und Erweiterungsaufwendungen miteinander kompatibel sind.

---

[57] Vgl. zur Forderung der Generalnorm des § 264 II HGB nach Beachtung der Grundsätze ordnungsmäßiger Buchführung *Baetge, J./Commandeur, D.*, in: Handbuch der Rechnungslegung — Kommentar zur Bilanzierung und Prüfung, hrsg. v. *Karlheinz Küting* und *Claus-Peter Weber*, Stuttgart 1986, § 264 Rn. 32.

[58] Vgl. *Leffson, U.*, GoB, S. 268.

345.3 Der Vergleich der Bilanzierungshilfe mit der Niederstwertvorschrift

Die Niederstwertvorschrift ist in den §§ 253 und 254 HGB enthalten. Für Kapitalgesellschaften sind zusätzlich die §§ 279-281 HGB zu beachten. Diese Vorschriften beziehen sich ausdrücklich auf Vermögensgegenstände. Außerdem betreffen diese Regelungen mit Ausnahme der Abschreibung auf einen nach vernünftiger kaufmännischer Beurteilung notwendigen niedrigeren Wert nach § 253 IV HGB ausschließlich das Anlage- und Umlaufvermögen. § 253 IV HGB gilt aber nicht für Kapitalgesellschaften[59] und damit nicht für die Rechtsformen, von denen die Bilanzierungshilfe des § 269 HGB angewendet werden darf.

Die Aufwendungen für die Ingangsetzung und Erweiterung des Geschäftsbetriebs können aber nicht als Vermögensgegenstand angesehen werden. Diese Aufwendungen werden vom Gesetz auch nicht als Anlage- oder Umlaufvermögen betrachtet. Aus diesem Grund ist ein Ausweis vor dem Anlagevermögen vorgeschrieben.[60]

Die Niederstwertvorschrift gilt somit für die nach § 269 HGB aktivierten Ingangsetzungs- und Erweiterungsaufwendungen nicht. Dies ist insofern konsequent, als hier der für die Anwendung der Niederstwertvorschrift notwendige Vergleichswert nicht ermittelt werden kann und damit eine Bewertung anhand der Niederstwertvorschrift nicht möglich ist. Ein Vergleich der Bilanzierungshilfe mit der Niederstwertvorschrift ist somit nicht möglich, da diese Regelungen nicht denselben Regelungsbereich betreffen. Die Regelungen können somit auch nicht zu unterschiedlichen Rechtsfolgen führen.

Die Niederstwertvorschrift wird teilweise als ein inhaltlicher Bestandteil des Imparitätsprinzips angesehen.[61] Allerdings bestehen erhebliche Unterschiede und teilweise auch Widersprüche zwischen der Niederstwertvorschrift und dem Imparitätsprinzip.[62] Da die Niederstwertvorschrift aber nicht für die aktivierten Ingangsetzungs- und Erweiterungsaufwendungen gilt, brauchen die Probleme, die sich aufgrund der Überschneidungen und Widersprüche zwischen dem Imparitätsprinzip und der Niederstwertvorschrift ergeben,[63] hier nicht erörtert zu werden.

---

[59] Vgl. § 279 I HGB.

[60] Vgl. § 269 Satz 1 HGB.

[61] Vgl. *Federmann, R.*, Bilanzierung nach Handelsrecht und Steuerrecht, S. 119f.; *Arians, G.*, Sonderbilanzen, S. 381.

[62] Vgl. *Koch, H.*, Die Problematik des Niederstwertprinzips, in: WPg 1957, S. 1-6, 31-35 und 60-63, hier S. 32-34; *Schulte, K.-W.*, Imparitätsprinzip und Niederstwertvorschrift, in: WPg 1979, S. 505-510.

[63] Zur Lösung der Widersprüche zwischen der Niederstwertvorschrift und der Generalklausel, die die Beachtung der Grundsätze ordnungsmäßiger Buchführung vorschreibt, vgl. *Koch, H.*, Die Problematik des Niederstwertprinzips, S. 34.

345.4 Der Vergleich der Bilanzierungshilfe mit dem Imparitätsprinzip

Bei der Aufstellung des Jahresabschlusses sind „alle vorhersehbaren Risiken und Verluste, die bis zum Abschlußstichtag entstanden sind, zu berücksichtigen".[64] Hier wird zusätzlich zu den §§ 243 I und 264 II HGB, die fordern, daß die Grundsätze ordnungsmäßiger Buchführung beachtet werden,[65] ausdrücklich auf die Anwendung des Imparitätsprinzips hingewiesen.

Das Imparitätsprinzip verlangt eine Antizipation negativer Erfolgsbeiträge, die aufgrund von am Bilanzstichtag bereits eingeleiteten Geschäften nach dem Bilanzstichtag anfallen.[66] Geschäfte können eingeleitet werden durch die Beschaffung von Beständen oder durch den Abschluß von Verträgen, die noch nicht von einer der Vertragsparteien erfüllt worden sind.[67]

Als zweiseitig unerfüllte Verträge kommen sowohl Beschaffungs- als auch Absatzverträge in Betracht. In Höhe des erwarteten Verlustes[68] aus solchen zweiseitig unerfüllten Verträgen ist nach dem Imparitätsprinzip eine Rückstellung für drohende Verluste aus schwebenden Geschäften[69] zu bilden.[70] Eine Aktivierung von Ingangsetzungs- und Erweiterungsaufwendungen ist nach § 269 HGB aber erst möglich, wenn zumindest eine Vertragspartei die vereinbarte Leistung erbracht hat. Bei den nach § 269 HGB aktivierten Aufwendungen kann es sich somit nicht um zweiseitig unerfüllte Verträge handeln. Insofern besteht kein Anlaß, das Imparitätsprinzip anzuwenden.

U.U. sind aktivierte Ingangsetzungsaufwendungen aber bei der Berechnung von Rückstellungen für erwartete negative Erfolgsbeiträge aus zweiseitig unerfüllten Beschaffungs- oder Absatzverträgen als Aufwand zu berücksichtigen. Bestehen z.B. zweiseitig unerfüllte Absatzverträge, so sind dem vereinbarten Absatzpreis die bisher für dieses Geschäft angefallenen und künftig noch anfallenden Aufwendungen gegenüberzustellen.[71] Bei den Aufwendungen für

---

[64] § 252 I Nr. 4 1. Halbsatz HGB; vgl. hierzu *Baetge, J./Knüppe, W.*, Vorhersehbare Risiken und Verluste, in: Handwörterbuch unbestimmter Rechtsbegriffe im Bilanzrecht des HGB, hrsg. v. *U. Leffson/D. Rückle/B. Großfeld*, Köln 1986, S. 394-403.

[65] Vgl. *Baetge, J./Commandeur, D.*, in: Handbuch der Rechnungslegung, § 264 Rn. 32.

[66] Vgl. *Leffson, U.*, GoB, S. 350.

[67] Zur Systematik der eingeleiteten Geschäfte vgl. *Leffson, U.*, GoB, S. 351.

[68] Zu den Gründen für erwartete Verluste vgl. *Schönnenbeck, H.*, Bilanzierung drohender Verluste aus schwebenden Geschäften, in: DB 1962, S. 1281-1284 und 1313-1317, hier S. 1283f.; *Mutze, O.*, Gewinnverwirklichung und Berücksichtigung von Risiken bei langfristigen Rücklagen, in: AG 1969, S. 275-281, hier S. 279f.; *Forster, K.-H.*, Rückstellungen für Verluste aus schwebenden Geschäften, in: WPg 1971, S. 393-399, hier S. 393.

[69] Vgl. § 249 I HGB.

[70] Vgl. *Leffson, U.*, GoB, S. 370.

[71] Vgl. *Leffson, U.*, GoB, S. 346-350; *Friederich, H.*, Grundsätze ordnungsmäßiger Bilanzierung für schwebende Geschäfte, Beiträge zu den Grundsätzen ordnungsmäßiger Bilanzierung, Schriften der Schmalenbach-Gesellschaft, Bd. 4, Düsseldorf 1975, S. 59.

die Ingangsetzung und Erweiterung des Geschäftsbetriebs besteht allerdings das Problem, daß eine Zurechnung auf einzelne zweiseitig unerfüllte Verträge bei der Bemessung der Rückstellungshöhe i.d.R. nicht möglich ist.[72] Das hat zur Konsequenz, daß die aktivierten Ingangsetzungs- und Erweiterungsaufwendungen bei der Berechnung des Rückstellungsbetrags nicht berücksichtigt werden können.

Werden die Ingangsetzungs- und Erweiterungsaufwendungen bei der Bemessung der Rückstellung für drohende Verluste aus eingeleiteten Geschäften nicht berücksichtigt, dann fällt die Rückstellung geringer aus, als wenn die Ingangsetzungs- und Erweiterungsaufwendungen bei der Berechnung der Rückstellung fiktiv einbezogen werden. Das folgende Beispiel zeigt dies:

— Für die Produktion benötigte und schon beschaffte Vorräte:	100 DM
— Variable Aufwendungen, die bis zum Absatzzeitpunkt noch notwendig sind:	50 DM
— Vertraglich festgelegter Verkaufserlös:	120 DM

In diesem Fall wäre aufgrund des Imparitätsprinzips eine Rückstellung für Verluste aus eingeleiteten Geschäften in Höhe von 30 DM (100 DM + 50 DM − 120 DM) zu bilden. Variiert man das Beispiel indem man einmal unterstellt, daß von den aktivierten Ingangsetzungs- oder Erweiterungsaufwendungen ein Betrag von 10 DM auf das hier betrachtete Geschäft zurechenbar wäre, dann ergäbe sich eine Rückstellung in Höhe von 40 DM (100 DM + 50 DM + 10 DM − 120 DM). Die Aufwendungen für die Ingangsetzung und Erweiterung des Geschäftsbetriebs werden somit einerseits aktiviert, andererseits aber bei der Berechnung der aufgrund des Imparitätsprinzips zu bildenden Rückstellung i.d.R. nicht berücksichtigt. Bei den durch zweiseitig unerfüllte Verträge eingeleiteten Geschäften besteht meist keine Möglichkeit, aktivierte Aufwendungen für die Ingangsetzung und Erweiterung des Geschäftsbetriebs bei der Verlustantizipation aufgrund des Imparitätsprinzips zu berücksichtigen. Zu prüfen ist aber auch, ob die nach § 269 HGB aktivierten Ingangsetzungs- und Erweiterungsaufwendungen als Bestände anzusehen sind, und somit auf diese Weise Geschäfte durch die Ingangsetzung oder Erweiterung des Geschäftsbetriebs eingeleitet werden.

Aktivierte Ingangsetzungs- und Erweiterungsaufwendungen können aber nicht als Bestände angesehen werden, durch deren Beschaffung Geschäfte eingeleitet werden, wie das etwa bei der Beschaffung von Vorräten der Fall ist. Das Kriterium für die Antizipationsfähigkeit ist in unserem Fall nicht erfüllt, da kein überschaubarer Zusammenhang zwischen dem Beschaffungsvorgang, hier der Ingangsetzung oder Erweiterung des Geschäftsbetriebs, und einem geplanten Absatzgeschäft besteht, ähnlich wie bei einem Teil der Anlagegüter.[73]

---

[72] Vgl. Abschnitt 344.4.

Zwischen den Aufwendungen für die Ingangsetzung und Erweiterung des Geschäftsbetriebs und einzelnen geplanten Absatzgeschäften ist insofern kein direkter Zusammenhang erkennbar, da durch eine Ingangsetzung oder Erweiterung keine konkreten Geschäfte eingeleitet sondern lediglich die allgemeinen Voraussetzungen für künftige Geschäfte geschaffen werden. Die aktivierten Ingangsetzungs- und Erweiterungsaufwendungen können somit nicht bei einzelnen eingeleiteten Geschäften als Aufwand berücksichtigt werden.

Diese Vorgehensweise führt aber zu nicht akzeptablen Ergebnissen, wenn eine Unternehmung für die Geschäfte Verluste erwartet, deren Abwicklung durch die Ingangsetzung oder Erweiterung des Geschäftsbetriebs erst ermöglicht wurde. Einerseits würden auf der Passivseite der Bilanz Rückstellungen für erwartete Verluste aus eingeleiteten Geschäften in erheblichem Umfang gebildet, bei deren Berechnung die Ingangsetzungs- und Erweiterungsaufwendungen wegen der fehlenden Zurechnungsmöglichkeit nicht berücksichtigt werden. Andererseits würden auf der Aktivseite der Bilanz Aufwendungen aktiviert, deren Wert in Anbetracht der in den folgenden Jahren erwarteten Verluste höchst zweifelhaft ist.

Zweck des Imparitätsprinzips und auch des § 252 I Nr. 4 HGB ist, in der Zukunft erwartete, d.h. im Zeitpunkt der Jahresabschlußerstellung vorhersehbare, negative Erfolgsbeiträge bei der Aufstellung des Jahresabschlusses zu berücksichtigen. Eine Zurechnung der aktivierten Ingangsetzungs- oder Erweiterungsaufwendungen auf einzelne eingeleitete Geschäfte ist aber i.d.R. nicht möglich. Um dem Zweck des Imparitätsprinzips zu entsprechen, bleibt die Möglichkeit, diejenigen Geschäfte, die durch eine Ingangsetzung oder Erweiterung ermöglicht wurden, als ein einheitliches eingeleitetes Geschäft, d.h. als eine Bewertungseinheit zu betrachten. Dieser Bewertungseinheit lassen sich dann die gesamten Ingangsetzungs- bzw. Erweiterungsaufwendungen zurechnen. Eine imparitätische Abschreibung der aktivierten Ingangsetzungs- bzw. Erweiterungsaufwendungen ist immer dann erforderlich, wenn diese Bewertungseinheit einen negativen Erfolgsbeitrag bringt, d.h. wenn die Ingangsetzung oder Erweiterung eine Fehlmaßnahme war. Stellt sich heraus, daß eine Ingangsetzung oder Erweiterung des Geschäftsbetriebs eine Fehlmaßnahme war, d.h. durch diese Maßnahme insgesamt ein negativer Erfolgsbeitrag entsteht, so dürfen für diese Ingangsetzung oder Erweiterung keine Aufwendungen aktiviert werden. Sind für die betrachtete Ingangsetzungs- oder Erweiterungsmaßnahme bereits in den Vorjahren Aufwendungen aktiviert worden, sind die noch aktivierten Aufwendungen vollständig abzuschreiben.

Werden nach § 269 HGB Ingangsetzungs- und Erweiterungsaufwendungen aktiviert, verlangt § 282 HGB für die folgenden Jahre eine Mindestabschreibung in Höhe von 25 % pro Jahr, bezogen auf den als Zugang aktivierten Betrag. Der

---

[73] Vgl. *Koch, H.*, Die Problematik des Teilwertes, in: ZfhF 1960, S. 319-353, hier S. 336; *Leffson, U.*, GoB, S. 351 und 363f.

Wortsinn des § 282 HGB läßt somit eine aufgrund des Imparitätsprinzips erforderliche höhere Abschreibung grundsätzlich zu. Man kann den Wortsinn der Vorschrift aber auch dahingehend auslegen, daß eine höhere Abschreibung zwar zulässig, aber in keinem Fall zwingend ist, d.h. eine Abschreibung in Höhe von 25 % in jedem Fall ausreicht. Diese letzte Auslegungsalternative ist mit dem Imparitätsprinzip aber nicht kompatibel. Ob § 282 HGB und das Imparitätsprinzip miteinander kompatibel sind, hängt somit von der Auslegung des § 282 HGB ab.

345.5 Der Vergleich der Bilanzierungshilfe mit dem Vorsichtsprinzip

Das Vorsichtsprinzip ist immer dann anzuwenden, wenn Schätzgrößen ermittelt werden. Schätzgrößen sind insbesondere notwendig, wenn unsichere Erwartungen bestehen.[74] Im Jahr der Aktivierung von Ingangsetzungs- und Erweiterungsaufwendungen brauchen keine künftigen Daten geschätzt zu werden. Nach § 269 HGB dürfen nur solche Aufwendungen aktiviert werden, die in der abgelaufenen Periode angefallen sind. Allerdings können sich Probleme bei der Zurechnung von Aufwendungen zu den Ingangsetzungs- und Erweiterungsaufwendungen ergeben. Hier bestehen innerhalb einer Bandbreite Schätzspielräume. In Zweifelsfällen, d.h. wenn unsicher ist, ob und wieweit bestimmte Aufwendungen überhaupt einer Ingangsetzung oder Erweiterung zurechenbar sind, sollte aufgrund des Vorsichtsprinzips von einer Aktivierung unter den Aufwendungen für die Ingangsetzung und Erweiterung des Geschäftsbetriebs abgesehen werden. Das Vorsichtsprinzip stellt insofern eine Ergänzung zu § 269 HGB dar und ist mit dieser Vorschrift kompatibel.

Durch die gesetzliche Festlegung einer Mindestabschreibung von 25 % pro Jahr, mit der in dem Jahr nach der Aktivierung zu beginnen ist, wird der Abschreibungszeitraum begrenzt. Hier wird dem Vorsichtsprinzip dadurch Rechnung getragen, daß ein unterer Wert des geschätzten Zeitraums, in dem ein durch die Ingangsetzung oder Erweiterung entstandener Wert besteht, festgelegt wird. Aufwendungen für die Ingangsetzung oder Erweiterung des Geschäftsbetriebs dürfen zwar aktiviert werden, die Abschreibungsdauer wird aber auf vier Jahre begrenzt. Das Vorsichtsprinzip wird vom Gesetzgeber durch diese zeitliche Beschränkung der Abschreibungsdauer berücksichtigt und konkretisiert.

Die gesetzliche Regelung über die Aktivierung von Aufwendungen für die Ingangsetzung und Erweiterung des Geschäftsbetriebs und das Vorsichtsprinzip sind miteinander kompatibel. Durch die eingeschränkten Abschreibungsmöglichkeiten wird das Vorsichtsprinzip in § 282 HGB berücksichtigt, wenn auch nicht immer in ausreichendem Maße.

---

[74] Vgl. *Leffson, U.*, GoB, S. 423f.

345.6 Der Vergleich der Bilanzierungshilfe mit dem Grundsatz der Vergleichbarkeit

§ 252 I Nr. 6 HGB verlangt, daß die auf den vorhergehenden Jahresabschluß angewendeten Bewertungsmethoden beibehalten werden sollen.[75] Diese Forderung entspricht dem Grundsatz der Vergleichbarkeit. Wird in Ausnahmefällen von dieser Bewertungsstetigkeit abgewichen, ist dies im Anhang zu erläutern.[76] Die Bewertungsstetigkeit setzt voraus, daß ein einmal aufgestellter Abschreibungsplan nicht geändert wird. D.h. das gewählte Abschreibungsverfahren und die Abschreibungsdauer sind beizubehalten.

§ 282 HGB bestimmt, daß die nach § 269 HGB aktivierten Aufwendungen für die Ingangsetzung und Erweiterung des Geschäftsbetriebs in jedem folgenden Geschäftsjahr zu mindestens einem Viertel abzuschreiben sind. Eine Verpflichtung, einen Abschreibungsplan aufzustellen, besteht aufgrund des Wortsinns des § 282 HGB nicht. Ebenso verlangt der Wortsinn nicht, ein bestimmtes Abschreibungsverfahren anzuwenden. Innerhalb des Wortsinns ist somit die Auslegung möglich, daß die Höhe der Abschreibung jedes Jahr unabhängig von dem Abschreibungsbetrag der Vorjahre festgelegt werden kann. Lediglich die Mindestabschreibung von 25 % ist zu beachten.

Wird der nach dieser Auslegungsalternative bestehende Spielraum bei der Abschreibung der Aufwendungen für die Ingangsetzung und Erweiterung des Geschäftsbetriebs in Anspruch genommen, wird gegen den Grundsatz der Bewertungsstetigkeit verstoßen. Die Abschreibungsregelung des § 282 HGB für die Ingangsetzungs- und Erweiterungsaufwendungen steht damit aber nicht im Widerspruch zu der gesetzlichen Regelung des § 252 HGB, da nach § 252 II HGB in Ausnahmefällen von der Bewertungsstetigkeit abgewichen werden darf.

Zu dem Grundsatz der Vergleichbarkeit steht die Abschreibungsregelung des § 282 HGB, weil sie von der Forderung nach Bewertungsstetigkeit abweicht, ebenfalls nicht im Widerspruch. Der Grundsatz der Vergleichbarkeit verlangt nicht eine strikte Bewertungsstetigkeit, er fordert aber, wenn von der Bewertungsstetigkeit abgewichen wird, daß die Unstetigkeiten bei der Bewertung der Aufwendungen für die Ingangsetzung und Erweiterung im Anhang erläutert werden und die Erläuterungen dazu führen, daß die aufeinanderfolgenden Jahresabschlüsse, insbesondere die Periodenerfolge, vergleichbar sind.

Bezüglich der Bewertung der Aufwendungen für die Ingangsetzung und Erweiterung des Geschäftsbetriebs besteht zwischen der Regelung der Bilanzierungshilfe in den §§ 269 und 282 HGB und dem Grundsatz der Vergleichbarkeit bzw. dem § 252 HGB kein Widerspruch. Die Regelungen sind miteinander kompatibel.

---

[75] Vgl. hierzu *Forster, K.-H.*, Bewertungsstetigkeit — was sie ist und was sie nicht ist, in: Der Wirtschaftsprüfer im Schnittpunkt nationaler und internationaler Entwicklungen, Festschrift zum 60. Geburtstag von *K. von Wysocki*, hrsg. v. *G. Gross*, Düsseldorf 1985, S. 29-43.

[76] Vgl. § 284 II Nr. 3 HGB.

346. Der Vergleich der Bilanzierungshilfe mit den Regelvorschriften über den Ausweis der Aufwendungen für die Ingangsetzung und Erweiterung des Geschäftsbetriebs

346.1 Der Vergleich der Bilanzierungshilfe mit dem Grundsatz der Klarheit

Der Jahresabschluß ist nach § 243 II HGB klar und übersichtlich aufzustellen. Diese Forderung entspricht dem Grundsatz der Klarheit[77] der die Übersichtlichkeit mit einschließt.

Zwischen der gesetzlichen Regelung über die Aktivierung von Aufwendungen für die Ingangsetzung und Erweiterung des Geschäftsbetriebs und dem Grundsatz der Klarheit bestehen keine Widersprüche. Vielmehr enthält das Gesetz für den Fall, daß Ingangsetzungs- oder Erweiterungsaufwendungen aktiviert werden eine Reihe von Regelungen, die sichern, daß dem Grundsatz der Klarheit entsprochen wird.

- Die Aufwendungen für die Ingangsetzung und Erweiterung sind gesondert auszuweisen (§ 269 HGB).
- Der Posten ist vor dem Anlagevermögen auszuweisen (§ 269 HGB). Damit ist festgelegt, an welcher Stelle dieser Posten auszuweisen ist.
- Die Bezeichnung des Postens ist vorgeschrieben. Ein Ausweis ist nur unter der Bezeichnung „Aufwendungen für die Ingangsetzung und Erweiterung des Geschäftsbetriebs"[78] zulässig (§ 269 HGB).
- Für die Aufwendungen für die Ingangsetzung und Erweiterung des Geschäftsbetriebs ist ein Anlagespiegel aufzustellen, der in der Bilanz oder im Anhang anzuführen ist (§ 268 II HGB).
- Der Posten ist im Anhang zu erläutern (§ 269 HGB).

Diese Regelungen führen dazu, daß dem Grundsatz der Klarheit entsprochen wird.

Bei einer Aktivierung der Aufwendungen für die Ingangsetzung und Erweiterung des Geschäftsbetriebs enthält der Jahresabschluß im übrigen, verglichen mit der Nichtaktivierung, zusätzliche Informationen, die der Jahresabschlußleser auswerten kann. Werden diese Aufwendungen nicht aktiviert, brauchen sie in der Gewinn- und Verlustrechnung nicht gesondert als Ingangsetzungs- und Erweiterungsaufwendungen ausgewiesen zu werden. Der Jahresabschlußleser hat in diesem Fall anhand des Jahresabschlusses nicht die Möglichkeit, die in der Gewinn- und Verlustrechnung ausgewiesenen Aufwendungen danach zu trennen, ob sie für eine durchgeführte Ingangsetzung und Erweiterung des Geschäftsbetriebs oder für den laufenden Geschäftsbetrieb angefallen sind.

---

[77] Vgl. *Leffson, U.*, GoB, S. 187-199 und 224f.

[78] § 269 Satz 1 HGB.

Werden die Aufwendungen für die Ingangsetzung und Erweiterung dagegen aktiviert, enthält der Jahresabschluß diese Informationen. Die Möglichkeit, den Jahreserfolg ohne die Aktivierung der Ingangsetzungs- und Erweiterungsaufwendungen zu ermitteln, bleibt davon unberührt. Das gilt sowohl für das Jahr der Aktivierung als auch für die folgenden Jahre, in denen abgeschrieben wird. Die notwendigen Informationen hierfür liefern der Anlagespiegel und, falls nicht schon im Anlagespiegel enthalten, die gesondert in der Bilanz oder im Anhang anzugebenden Abschreibungen des abgelaufenen Geschäftsjahres.[79]

Die in den §§ 269 und 282 HGB geregelte Bilanzierungshilfe und der Grundsatz der Klarheit sind bezüglich des Ausweises miteinander kompatibel. Die Aktivierung der Aufwendungen für die Ingangsetzung und Erweiterung des Geschäftsbetriebs führt sogar dazu, daß der Jahresabschluß klarer wird.

346.2 Der Vergleich der Bilanzierungshilfe mit dem Grundsatz der Vergleichbarkeit

Nach § 265 I HGB ist die Gliederung der aufeinanderfolgenden Bilanzen und Gewinn- und Verlustrechnungen beizubehalten. In Ausnahmefällen darf hiervon abgewichen werden. Die Abweichung ist im Anhang zu erläutern.[80] Diese gesetzliche Regelung kann als Ausweisstetigkeit bezeichnet werden. Sie gehört zum Grundsatz der Vergleichbarkeit.

Der Ausweis der Aufwendungen für die Ingangsetzung und Erweiterung des Geschäftsbetriebs ist in § 269 HGB sehr genau geregelt.[81] Diese Vorschrift läßt den Bilanzierenden keinen Spielraum über die Stelle, an der die Ingangsetzungs- und Erweiterungsaufwendungen innerhalb der Bilanz auszuweisen sind. Auch die Bezeichnung dieses Postens ist genau festgelegt.[82]

Wird die Vorschrift des § 269 HGB beachtet, ist ein Verstoß gegen § 265 I HGB bzw. gegen den Grundsatz der Vergleichbarkeit nicht möglich. D.h. die Regelung der Bilanzierungshilfe und der § 265 I HGB bzw. der Grundsatz der Vergleichbarkeit sind miteinander kompatibel.

347. Der Vergleich der Bilanzierungshilfe mit den Regelvorschriften über die Erläuterung der Aufwendungen für die Ingangsetzung und Erweiterung des Geschäftsbetriebs

347.1 Der Vergleich der Bilanzierungshilfe mit dem Grundsatz der Klarheit

§ 269 Satz 1 HGB verlangt, daß bei einer Aktivierung von Aufwendungen für die Ingangsetzung und Erweiterung des Geschäftsbetriebs dieser Posten im

[79] Vgl. § 268 II Satz 3 HGB.

[80] Vgl. § 265 I Satz 2 HGB.

[81] Vgl. Abschnitt 346.1.

[82] Vgl. § 269 Satz 1 HGB.

Anhang erläutert wird. Der Anhang ist für die Unternehmen, die die Bilanzierungshilfe in Anspruch nehmen dürfen, neben der Bilanz und der Gewinn- und Verlustrechnung ein verpflichtender Teil des Jahresabschlusses.[83] Die Forderung des § 243 II HGB, daß der Jahresabschluß klar und übersichtlich aufzustellen ist, bezieht sich damit für die betrachteten Unternehmen auch auf den Anhang. Das gleiche gilt auch für den Grundsatz der Klarheit, der inhaltlich mit § 243 II HGB übereinstimmt und sich ebenfalls auch auf die Erläuterungen im Anhang bezieht.[84]

Mit der Verpflichtung des § 269 HGB, die aktivierten Ingangsetzungs- und Erweiterungsaufwendungen im Anhang zu erläutern, wird offenbar beabsichtigt, dem Grundsatz der Klarheit zu entsprechen. Die Erläuterungen sollen deutlich machen, was sich hinter dem in der Bilanz als Aufwendungen für die Ingangsetzung und Erweiterung des Geschäftsbetriebs ausgewiesenen Posten verbirgt.

Geht man allein vom Wortsinn des § 269 HGB aus, ist aber auch eine Auslegung möglich, die dem Grundsatz der Klarheit nicht entspricht. Dem Wortsinn ist nur die Tatsache zu entnehmen, daß Erläuterungen vorgeschrieben sind. Aussagen über die Art und den Umfang der Erläuterungen enthält der Wortlaut des § 269 HGB nicht. Von der inhaltlichen und formalen Ausgestaltung der Erläuterungen hängt es ab, ob dem Grundsatz der Klarheit entsprochen wird oder nicht.

Die Forderung des § 269 HGB läßt sich zumindest dem Wortsinn nach so auslegen, daß Erläuterungen nur in sehr begrenztem Umfang erforderlich sind. § 269 HGB und der Grundsatz der Klarheit verlangen dann unterschiedlich umfangreiche Erläuterungen. Die beiden Regelungen sind dann nicht miteinander kompatibel. Die eine Regelung sagt, daß ein bestimmter Erläuterungsumfang ausreichend ist, während die andere Regelung darüber hinaus weitere Erläuterungen zwingend vorschreibt.

Ob § 269 HGB mit dem Grundsatz der Klarheit und dem § 243 II HGB kompatibel ist, hängt somit von der Auslegung des § 269 HGB ab.

347.2 Der Vergleich der Bilanzierungshilfe mit dem Grundsatz der Vergleichbarkeit

Eine unterschiedliche Ausübung des Ansatzwahlrechts für die Aufwendungen für die Ingangsetzung und Erweiterung des Geschäftsbetriebs in aufeinanderfolgenden Geschäftsjahren widerspricht — wie festgestellt[85] — nicht dem Grundsatz der Vergleichbarkeit. Der Grundsatz der Vergleichbarkeit verlangt aber, daß Unstetigkeiten erläutert werden.

---

[83] Vgl. § 264 I HGB.

[84] Vgl. *Leffson, U.*, GoB, S. 224.

[85] Vgl. Abschnitt 344.5.

Entsprechendes gilt bezüglich der Stetigkeit bei der Bewertung.[86] Zwischen der Abschreibungsregelung des § 282 HGB für die Ingangsetzungs- und Erweiterungsaufwendungen und dem Grundsatz der Vergleichbarkeit besteht kein Widerspruch. Der Grundsatz der Vergleichbarkeit verlangt aber auch hier, daß die Jahresabschlüsse aufgrund entsprechender Erläuterungen vergleichbar sind.

Ob § 269 HGB und der Grundsatz der Vergleichbarkeit zu unterschiedlichen Rechtsfolgen führen, hängt — wie im vorhergehenden Abschnitt — davon ab, für welche, der innerhalb des Wortsinns des § 269 HGB möglichen Auslegungen man sich letztlich entscheidet bzw. aufgrund der anderen Auslegungskriterien entscheiden muß. Eine endgültige Auslegung des in § 269 HGB verwendeten Begriffs „Erläuterungen" ist an dieser Stelle der Untersuchung aber noch nicht möglich, da in diesem Abschnitt erst die Kriterien für die spätere Auslegung ermittelt werden.

35 Die Behandlung der Normenkonflikte bei der Auslegung der Bilanzierungshilfe

351. Die Anwendung der Regel lex specialis derogat legi generali

Im Rahmen der juristischen Methodenlehre sind für den Fall, daß sich zwei gesetzliche Vorschriften widersprechen, Verfahren entwickelt worden, diese Widersprüche zu lösen. Gesetzliche Vorschriften widersprechen sich dann, wenn die Anwendung dieser Vorschriften bei einem bestimmten Sachverhalt zu unterschiedlichen Rechtsfolgen führt.[87] Ranghöheres Recht, z.B. die Verfassung, hat Vorrang vor rangniedrigerem Recht.[88] Bezüglich der Normenkonflikte zwischen der Bilanzierungshilfe und den anderen Vorschriften über die Aufstellung des Jahresabschlusses handelt es sich aber um Widersprüche zwischen ranggleichen Rechtsnormen, da sie in demselben Gesetz enthalten sind. Für ranggleiche Normen gilt, soweit die Anwendung der Normen zu unterschiedlichen Rechtsfolgen führt, die Regel lex specialis derogat legi generali.[89] D.h. diejenige Norm ist zu berücksichtigen, deren Anwendungsbereich enger gefaßt ist. Das trifft hier auf die Regelung der Bilanzierungshilfe zu, deren Inhalt sich ausschließlich auf die Behandlung der Aufwendungen für die Ingangsetzung und Erweiterung des Geschäftsbetriebs bezieht.

Diese Regel bezieht sich auf Fälle, in denen die Anwendung zweier Normen bei einem gegebenem Sachverhalt zu einem Normenkonflikt, d.h. zu unter-

---

[86] Vgl. Abschnitt 345.6.

[87] Vgl. *Larenz, K.*, Methodenlehre, S. 256.

[88] Vgl. *Larenz, K.*, Methodenlehre, S. 256.

[89] Vgl. z.B. *Bydlinski, F.*, Juristische Methodenlehre und Rechtsbegriff, S. 465; *Larenz, K.*, Methodenlehre, S. 256f.; *Großfeld, B.*, Bilanzrecht, Heidelberg u.a. 1978, S. 14.

schiedlichen Rechtsfolgen führt. Die Anwendung der Normen setzt aber deren Auslegung bereits voraus. Die Regel lex specialis derogat legi generali läßt sich somit erst im Anschluß an die Auslegung der Normen anwenden. Die Auslegung besteht aus drei Schritten:[90]

— Erkennen der Auslegungsbedürftigkeit einer Norm,
— Ermittlung aller innerhalb des Wortsinns der Norm möglichen Auslegungsalternativen und der
— Entscheidung für eine der Auslegungsalternativen.

Erst wenn der letzte Schritt abgeschlossen ist, d.h. wenn man sich für eine der Auslegungsalternativen entschieden hat, läßt sich feststellen, ob die Anwendung dieser Norm zu anderen Rechtsfolgen führt, als die Anwendung anderer Normen. Vorher ist nicht sicher, ob überhaupt ein Anlaß vorliegt, die Regel lex specialis derogat legi generali anzuwenden. Diese Regel ist somit erst in einer zweiten, der Auslegung folgenden Stufe anwendbar.

352. Die Notwendigkeit der inhaltlichen Ausfüllung der juristischen Auslegungskriterien bei der Auslegung der Bilanzierungshilfe

Der Wortsinn einer gesetzlichen Vorschrift ist nur in Ausnahmefällen so eindeutig, daß er nur eine einzige Auslegung zuläßt.[91] Die Vorschriften über die Bilanzierungshilfe bezüglich der Aufwendungen für die Ingangsetzung und Erweiterung des Geschäftsbetriebs in den §§ 269 und 282 HGB zählen — wie gezeigt — nicht zu diesen Ausnahmen. Deshalb ist bezüglich der einzelnen Regelungsinhalte der §§ 269 und 282 HGB eine Entscheidung für eine der innerhalb des Wortsinns möglichen Auslegungsalternativen notwendig. Neben der Auslegung anhand des Wortsinns sind somit die übrigen juristischen Auslegungskriterien heranzuziehen. Wie in Abschnitt 328. gezeigt wurde, sind vor allem die oben herausgearbeiteten Zwecke der Bilanzierungshilfe[92] und die Zwecke des Gesetzes, d.h. das Zwecksystem des Jahresabschlusses, heranzuziehen.

Von der juristischen Methodenlehre wird mit den Auslegungskriterien eine Methode der Auslegung gesetzlicher Regelungen allgemein vorgegeben. Diese Auslegungskriterien müssen aber bei der Auslegung einer speziellen Vorschrift inhaltlich ausgefüllt werden. Anhand der juristischen Auslegungskriterien allein gelangt man nicht zu einer konkreten Auslegung der gesetzlichen Regelung über die Bilanzierungshilfe. Z.B. sind die für die Auslegung erforderlichen Zwecke der Bilanzierungshilfe und das Zwecksystem des Jahresabschlusses zu ermitteln — wie wir das in Abschnitt 33 getan haben. Da es sich bei der hier auszulegenden Bilanzierungshilfe um eine Vorschrift handelt, die den Regelungsbereich über

---

[90] Vgl. *Fischer, M.W.*, Hermeneutik als Lebensform?, S. 61.

[91] Vgl. *Tipke, K.*, Über teleologische Auslegung, Lückenfeststellung und Lückenausfüllung, S. 134; *Larenz, K.*, Methodenlehre, S. 138.

[92] Vgl. Abschnitt 33.

die Aufstellung des Jahresabschlusses von Unternehmen betrifft und der Jahresabschluß ein wesentlicher Forschungsgegenstand der Betriebswirtschaftslehre ist, sind bei der Auslegung betriebswirtschaftliche Argumente unbedingt zu beachten. *Döllerer* schreibt, daß „die Betriebswirtschaftslehre für die Rechtsfindung im Bilanzrecht unentbehrlich ist."[93] Deshalb ist anhand betriebswirtschaftlicher Gesichtspunkte, unter Beachtung der juristischen Auslegungskriterien,[94] zu entscheiden, welche Auslegung der hier betrachteten Rechtsvorschrift am besten entspricht.

Insbesondere bei den festgestellten Normenkonflikten zwischen der Bilanzierungshilfe und den handelsrechtlichen Regelvorschriften sind betriebswirtschaftliche Argumente notwendig, um die Vor- und Nachteile der verschiedenen Auslegungsalternativen deutlich zu machen und gegeneinander abzuwägen. Die juristischen Auslegungskriterien sind auf diese Weise auszufüllen bzw. zu unterstützen. Die Beachtung der betriebswirtschaftlichen Kriterien soll den Konsens von betriebswirtschaftlicher Praxis und Wissenschaft sichern. Die gleichzeitige Beachtung der juristischen Auslegungskriterien ist erforderlich, damit die durch die Auslegung erhaltene Lösung von Bilanzierungspraxis, Rechtswissenschaft und Rechtsprechung als de lege lata-Lösung akzeptiert wird.

353. Die Auslegung der Bilanzierungshilfe bei dem festgestellten nicht auslegungsabhängigen Normenkonflikt mit den handelsrechtlichen Regelvorschriften

Zwischen der Bilanzierungshilfe des § 269 HGB und den handelsrechtlichen Regelvorschriften über den Bilanzansatz besteht ein Normenkonflikt.[95] Dieser Normenkonflikt besteht unabhängig von den verschiedenen innerhalb des Wortsinns des § 269 HGB möglichen Auslegungsalternativen und ist bei der Auslegung der Bilanzierungshilfe deshalb nicht vermeidbar. Im Wortlaut des § 269 HGB heißt es, daß die Aufwendungen für die Ingangsetzung und Erweiterung des Geschäftsbetriebs als Bilanzierungshilfe aktiviert werden „dürfen". Der Normenkonflikt ließe sich nur dann völlig vermeiden, wenn man zu dem Ergebnis kommen würde, daß § 269 HGB in keinem Fall eine Aktivierung von Ingangsetzungs- und Erweiterungsaufwendungen zuläßt. Das

---

[93] *Döllerer, G.*, Bilanzrecht und Betriebswirtschaftslehre, Dankrede anläßlich der Verleihung der Ehrendoktorwürde an Georg Döllerer durch den Fachbereich Wirtschaftswissenschaften der Johann Wolfgang Goethe-Universität Frankfurt am 16. Juni 1983, Umdruck der Johann Wolfgang Goethe-Universität, Frankfurt / Main 1983, S. 19-25, hier S. 23; ähnlich: *Mellwig, W.*, Bilanzrechtsprechung und Betriebswirtschaftslehre, in: BB 1983, S. 1613-1620, hier S. 1614f.; *Beisse, H.*, Zum Verhältnis von Bilanzrecht und Betriebswirtschaftslehre, in: StuW 1984, S. 1-14, hier S. 13f.

[94] Vgl. *Beisse, H.*, Zum Verhältnis von Bilanzrecht und Betriebswirtschaftslehre, S. 14.

[95] Vgl. Abschnitt 344.2 und 344.4.

würde aber sowohl dem Wortsinn als auch den Zwecken der Bilanzierungshilfe widersprechen.

Auch wenn ein Normenkonflikt nicht immer vermieden werden kann, so läßt sich aber, abhängig von der Auslegung des § 269 HGB, die Zahl der Fälle, in denen ein Normenkonflikt entsteht, beeinflussen. Ein Normenkonflikt tritt immer dann auf, wenn die Bilanzierungshilfe in Anspruch genommen werden darf. Je nachdem, ob § 269 HGB eng oder weit ausgelegt wird, ergibt sich somit bei bestimmten gegebenen Sachverhalten ein Normenkonflikt mit den handelsrechtlichen Regelvorschriften über den Bilanzansatz. Zu prüfen ist, in welchen Fällen ein solcher Normenkonflikt gerechtfertigt ist.

Der Wortsinn des § 269 HGB gewährt auf den ersten Blick ein uneingeschränktes Aktivierungswahlrecht für Ingangsetzungs- und Erweiterungsaufwendungen. *Kropff* hält als Redakteur des AktG eine solche Interpretation für unzulässig. Er schreibt nämlich, daß solche Wahlrechte „nicht nach Belieben" genutzt werden dürfen, sondern „an den Sinn und Zweck des gesetzlichen Spielraums gebunden"[96] sind. *Kropff* fährt fort: „Ob man bei einem solchen Spielraum ... von einem Wahlrecht spricht, ist eine Frage der Begriffe. Ich halte das jedenfalls solange für unbedenklich, als der Ausdruck Wahlrecht nicht im Sinne einer Befugnis verstanden wird, Bilanzierungsfragen auch gegen den Sinn und Zweck des vom Gesetz eingeräumten Ermessensspielraums zu entscheiden."[97] Auch in der Begründung zum Regierungsentwurf wird ausdrücklich hervorgehoben, daß „die Anwendung gesetzlicher Vorschriften jeweils so zu erfolgen hat, daß der den gesetzlichen Vorschriften vom Gesetzgeber beigelegte Sinn und Zweck erfüllt wird."[98] Diese Aussagen machen deutlich, daß § 269 HGB keinesfalls als ein uneingeschränktes Wahlrecht angesehen werden darf.

Aus betriebswirtschaftlicher Sicht ist eine Aktivierung der Aufwendungen für die Ingangsetzung und Erweiterung des Geschäftsbetriebs nur dann sinnvoll, wenn einer der Zwecke der Bilanzierungshilfe durch die Aktivierung erfüllt wird. Eine Bilanzierungshilfe ist also nur dann erforderlich, wenn eine außergewöhnliche Situation, z.B. ein durch die erfolgswirksame Behandlung der Ingangsetzungs- und Erweiterungsaufwendungen entstehender Verlust, vorliegt. Für solche Situationen wurde die Bilanzierungshilfe konzipiert,[99] wie der Wortlaut des § 269 HGB deutlich macht. Dort heißt es nämlich ausdrücklich, daß die Aufwendungen für die Ingangsetzung und Erweiterung „als Bilanzierungshilfe"[100] aktiviert werden dürfen. Man kann die Ingangsetzungs- und Erweite-

---

[96] *Kropff, B.*, Bilanzwahrheit und Ermessensspielraum, S. 373.

[97] *Kropff, B.*, Bilanzwahrheit und Ermessensspielraum, S. 373.

[98] *Bundesregierung*, Gesetzentwurf eines Bilanzrichtlinie-Gesetzes vom 3. Juni 1983, Begründung S. 77.

[99] Vgl. *Wichmann, G.*, Die Bedeutung des Paragraph 149 Absatz 1 Satz 2 AktG für die Bilanzierung der Aktiengesellschaften, S. 293.

rungsaufwendungen aber nicht „als Bilanzierungshilfe“ aktivieren, wenn überhaupt keine der genannten hilfsbedürftigen Situationen vorliegt.

Eine Verdrängung der handelsrechtlichen Regelvorschriften zugunsten der Bilanzierungshilfe ist also nur dann akzeptabel, wenn die Anwendung der Bilanzierungshilfe im Einzelfall dazu führt, daß ein oder mehrere Zwecke der Bilanzierungshilfe erfüllt werden. Der Fall, daß einzelne Zwecke der Bilanzierungshilfe miteinander konkurrieren, ist nicht möglich, da alle herausgearbeiteten Zwecke gleichgerichtet auf eine Verbesserung des Jahresergebnisses hinauslaufen. Läßt sich durch die Anwendung der Bilanzierungshilfe keiner der oben herausgearbeiteten Zwecke der Bilanzierungshilfe des § 269 HGB erfüllen, ist es nicht gerechtfertigt, die Bilanzierungshilfe in Anspruch zu nehmen.

Als Ergebnis ist festzuhalten, daß es nur dann gerechtfertigt ist, den Normenkonflikt zugunsten der Bilanzierungshilfe zu lösen und Aufwendungen für die Ingangsetzung und Erweiterung des Geschäftsbetriebs zu aktivieren, wenn mindestens ein Zweck der Bilanzierungshilfe durch die Aktivierung erfüllt wird. Nur dann ist es rechtlich möglich und betriebswirtschaftlich sinnvoll, die handelsrechtlichen Regelvorschriften anhand der Regel lex specialis derogat legi generali zu verdrängen.

354. Die Auslegung der Bilanzierungshilfe bei den festgestellten auslegungsabhängigen Normenkonflikten mit den handelsrechtlichen Regelvorschriften

Ein auslegungsabhängiger Normenkonflikt liegt vor, wenn eine oder mehrere, aber nicht alle der innerhalb des Wortsinns der Bilanzierungshilfe möglichen Auslegungsalternativen zu einem Normenkonflikt mit einer handelsrechtlichen Regelvorschrift führen. Solche auslegungsabhängigen Normenkonflikte bestehen zwischen der Bilanzierungshilfe und dem Grundsatz der Richtigkeit,[101] zwischen der Bilanzierungshilfe und den Grundsätzen der Klarheit und Vergleichbarkeit bezüglich der Erläuterungen über die Aktivierung von Ingangsetzungs- und Erweiterungsaufwendungen[102] und zwischen der Bilanzierungshilfe und dem Imparitätsprinzip bezüglich der Bewertung der aktivierten Ingangsetzungs- und Erweiterungsaufwendungen.[103]

Dadurch, daß die Zwecke der Bilanzierungshilfe aufgrund der juristischen Auslegungskriterien bei der Auslegung der Bilanzierungshilfe zu berücksichtigen sind, wird der Grundsatz der Richtigkeit, der eine zweckentsprechende Anwendung der Vorschriften verlangt, bei der Auslegung beachtet. Die Auslegung der Bilanzierungshilfe anhand ihrer Zwecke führt dazu, daß

---

[100] § 269 Satz 1 HGB.

[101] Vgl. Abschnitt 343.

[102] Vgl. Abschnitt 347.1 und 347.2.

[103] Vgl. Abschnitt 345.4.

diejenigen innerhalb des Wortsinns möglichen Auslegungsalternativen, die nicht geeignet sind, einen Zweck der Bilanzierungshilfe zu erfüllen, als Ergebnis der Auslegung nicht in Frage kommen. Gründe für eine Auslegung, die nicht dem Grundsatz der Richtigkeit entspricht, sind nicht erkennbar. Der Grundsatz der Richtigkeit wird somit bei der Auslegung der Bilanzierungshilfe für die Ingangsetzungs- und Erweiterungsaufwendungen anhand der juristischen Auslegungskriterien zwangsläufig mit beachtet, da bei der Auslegung insbesondere die Zwecke der auszulegenden Vorschrift zu berücksichtigen sind.

Der erwähnte eventuelle Normenkonflikt zwischen § 269 HGB und den Grundsätzen der Klarheit und Vergleichbarkeit bezüglich der Erläuterung der in Anspruch genommenen Bilanzierungshilfe hängt vom Inhalt der Erläuterungen ab, die nach § 269 HGB bei einer Aktivierung von Ingangsetzungs- und Erweiterungsaufwendungen vorgeschrieben sind. Der Inhalt der Erläuterungen hat keinen Einfluß auf die Erfüllung der Zwecke der Bilanzierungshilfe, da die Zwecke sich ausschließlich auf das Rechenwerk des Jahresabschlusses beziehen. Bezüglich der Zwecke der Bilanzierungshilfe ist es somit unerheblich, für welche Auslegungsalternative man sich entscheidet. Die Beachtung der Grundsätze der Klarheit und Vergleichbarkeit führt somit nicht dazu, daß die Zwecke der Bilanzierungshilfe in geringerem Maße erfüllt werden.

Ein Grund, die Grundsätze der Klarheit und Vergleichbarkeit bei der Auslegung des § 269 HGB bezüglich des Inhalts der Erläuterungen nicht anzuwenden, besteht damit nicht. Die Grundsätze der Klarheit und Vergleichbarkeit bei der Auslegung der Bilanzierungshilfe zu beachten, ist dagegen zwingend erforderlich, um bei einer Aktivierung von Ingangsetzungs- und Erweiterungsaufwendungen dennoch die Rechenschaftsfunktion des Jahresabschlusses sicherzustellen. Die Forderung des § 269 HGB nach Erläuterungen im Anhang ist deshalb unter Beachtung der Grundsätze der Klarheit und Vergleichbarkeit auszulegen. Diejenige Auslegungsalternative ist heranzuziehen, die diesen Grundsätzen entspricht.

Der dritte auslegungsabhängige Widerspruch besteht zwischen der Abschreibungsregelung der Bilanzierungshilfe in § 282 HGB und dem Imparitätsprinzip. Das Imparitätsprinzip erfordert eine vollständige Abschreibung der aktivierten Ingangsetzungs- bzw. Erweiterungsaufwendungen, wenn sich herausstellt, daß die Ingangsetzung bzw. Erweiterung des Geschäftsbetriebs eine Fehlmaßnahme war, d.h. insgesamt betrachtet zu negativen Erfolgsbeiträgen führt. Ein Normenkonflikt würde sich dann ergeben, wenn man § 282 HGB dahingehend auslegen würde, daß eine Abschreibung von 25 % pro Jahr auf jeden Fall ausreichend ist.

Wird das Imparitätsprinzip nicht angewendet, obwohl feststeht, daß die Ingangsetzung bzw. Erweiterung des Geschäftsbetriebs eine Fehlmaßnahme war, so führt das dazu, daß unter der Position Aufwendungen für die Ingangsetzung und Erweiterung des Geschäftsbetriebs in der Bilanz ein

Nonvaleur ausgewiesen wird. Eine solche Vorgehensweise würde die Rechenschaftsfunktion des Jahresabschlusses in einem nicht tragbaren Maß stören. Der Jahresabschlußleser würde völlig in die Irre geleitet. Ein derart massiver Verstoß gegen die Rechenschaftsfunktion läßt sich auch nicht durch Erläuterungen im Anhang heilen.

Das Imparitätsprinzip ist unabhängig davon, ob bei einer Aktivierung von Ingangsetzungs- oder Erweiterungsaufwendungen die Zwecke der Bilanzierungshilfe erfüllt werden könnten oder nicht, immer dann anzuwenden, wenn sich herausstellt, daß die Ingangsetzung oder Erweiterung des Geschäftsbetriebs eine Fehlmaßnahme war. Eine Abschreibung von 25 % pro Jahr ist somit nicht in jedem Fall ausreichend bzw. eine Aktivierung ist evtl. von vornherein unzulässig.

4 Die Auslegung der gesetzlichen Vorschriften über die Aktivierung der Aufwendungen für die Ingangsetzung und Erweiterung des Geschäftsbetriebs

41 Vorbemerkung

Die gesetzliche Regelung über die Bilanzierungshilfe in den §§ 269 und 282 HGB wird anhand der in Abschnitt 3 herausgearbeiteten Kriterien ausgelegt. Bei der Auslegung werden die einzelnen Schritte der Erstellung des Jahresabschlusses, der Ansatz, die Bewertung, der Ausweis und die Erläuterung der Aufwendungen für die Ingangsetzung und Erweiterung des Geschäftsbetriebs, getrennt behandelt. Dabei werden die Aufwendungen für die Ingangsetzung des Geschäftsbetriebs und die Aufwendungen für die Erweiterung des Geschäftsbetriebs, soweit möglich, gemeinsam behandelt. Eine getrennte Erörterung der Ingangsetzung und Erweiterung ist teilweise bei der Auslegung der Ansatzregelung des § 269 HGB erforderlich.

42 Die Entwicklung der gesetzlichen Vorschriften über die Aktivierung von Aufwendungen für die Ingangsetzung und Erweiterung des Geschäftsbetriebs

Eine dem § 269 HGB, der eine Aktivierung von Aufwendungen für die Ingangsetzung und Erweiterung des Geschäftsbetriebs ausdrücklich erlaubt, ähnliche gesetzliche Vorschrift war erstmals in dem Aktiengesetz von 1937 enthalten. § 133 Nr. 4 Satz 2 AktG 1937 gewährte ein Aktivierungswahlrecht für die Kosten der Betriebseinrichtung. Die vor dem AktG 1937 gültigen Vorschriften enthielten teilweise Aktivierungsverbote für Aufwendungen, die zu den Ingangsetzungs- und Erweiterungsaufwendungen zählen.[1]

Die Aktienrechtsnovellen von 1870[2] und 1884[3] enthielten ein Verbot bezüglich der Aktivierung von Kosten der Organisation und der Verwaltung der

---

[1] Zur Entwicklung der heutigen Bilanzierungshilfe vgl. insbesondere *Saage, G.*, Gewinnermittlung, S. 1667; *Schwantag, K.*, Kosten der Betriebseinrichtung im Jahresabschluß und in der Überschuldungsbilanz von Kapitalgesellschaften, S. 211-215.

[2] Vgl. Art. 239a Entwurf eines Gesetzes betreffend die Kommanditgesellschaften auf Aktien und die Aktiengesellschaften, in: Stenographische Berichte über die Verhandlungen des Reichstages des Norddeutschen Bundes, 1. Legislaturperiode, Session 1870, Bd. 4, Anlagen zu den Verhandlungen des Reichstages Nr. 73-216, Berlin 1870, Nr. 158, S. 645-649, hier S. 648.

Unternehmung. Das HGB vom 10.5.1897 untersagte in § 261 Nr. 4[4] die Aktivierung von Kosten für die Errichtung und Verwaltung der Unternehmung. Dieser Paragraph wurde 1931 geändert.[5] Dort wurde aus dem Aktivierungsverbot für die Kosten der Errichtung und Verwaltung ein Aktivierungsverbot für die Kosten der Gründung und Kapitalerhöhung.[6] Aus dem Wegfall des expliziten Aktivierungsverbotes für die Kosten der Errichtung wurde teilweise geschlossen, daß nach dieser Änderung eine Aktivierung der Kosten für die Errichtung zulässig war.[7] Das Aktivierungsverbot für die Gründungskosten wurde dann in das AktG 1937 übernommen[8] und ist inhaltlich unverändert auch in § 248 I HGB enthalten.

Die dem § 269 HGB ähnliche Bilanzierungshilfe in § 133 Nr. 4 Satz 2 AktG 1937 gewährte ein Aktivierungswahlrecht für die Kosten der Betriebseinrichtung. Der Begriff Betriebseinrichtung wurde überwiegend sehr weit ausgelegt.[9] Eine Aktivierungsfähigkeit von Kosten der Betriebseinrichtung wurde bei der Ingangsetzung des Geschäftsbetriebs, der Erweiterung des Geschäftsbetriebs, aber auch bei Betriebsumstellungen und Betriebsverlegungen angenommen.[10] Wesentlich enger ausgelegt wurde § 133 Nr. 4 Satz 2 AktG 1937 dagegen von *Teichmann/Köhler*[11], die als Voraussetzung für die Aktivierung von Betriebsein-

---

[3] Vgl. Art. 185a Gesetz betreffend die Kommanditgesellschaften auf Aktien und die Aktiengesellschaften, in: Stenographische Berichte über die Verhandlungen des Reichstages, 5. Legislaturperiode, IV. Session 1884, Bd. 3, Anlagen zu den Verhandlungen des Reichstages Nr. 1-59, Berlin 1884, Nr. 21, S. 215-232, hier S. 220.

[4] Vgl. Entwurf eines Handelsgesetzbuchs und eines Einführungsgesetzes zum Handelsgesetzbuch, in: Stenographische Berichte über die Verhandlungen des Reichstages, 9. Legislaturperiode, IV. Session 1895/1897, 7. Anlagenband Nr. 731-908, Berlin 1897, Nr. 775, S. 4080-4169, hier S. 4103; *Staub, H.*, Kommentar zum Handelsgesetzbuch, 6. und 7. Aufl., Bd. 1, Berlin 1900, S. 792 und 802.

[5] Vgl. *Baumbach, A.*, Handelsgesetzbuch nach dem Stand vom 1. August 1932, Liebermann's Kurzkommentare, Bd. 9, Berlin 1932, Einleitung S. 1 und § 261 Anm. 4.

[6] Vgl. § 261 Nr. 3 HGB in der Fassung vom 19.9.1931, abgedruckt bei: *Baumbach, A.*, Handelsgesetzbuch nach dem Stand vom 1. August 1932.

[7] Vgl. *Hast, K.*, Grundsätze ordnungsmäßiger Bilanzierung für Anlagegegenstände, 2. Aufl., Leipzig 1935, S. 261-269.

[8] Vgl. § 133 Nr. 4 AktG 1937.

[9] Vgl. *Bundesregierung*, Begründung des Regierungsentwurfs des Aktiengesetzes 1965 zu § 153 IV, S. 244; *Kropff, B.*, Leitgedanken des künftigen Aktienrechts, S. 569; *Plückebaum, R./Wendt, W.*, Aktienrechtliche Bilanzierungsvorschriften und bilanzsteuerliche Auswirkungen, Stuttgart 1973, S. 77.

[10] Vgl. *IdW (Hrsg.)*, Wirtschaftsprüfer-Handbuch 1963, Düsseldorf 1963, S. 406f.; *Trumpler, H.*, Die Bilanz der Aktiengesellschaft, Basel 1950, S. 201f.; *Greiffenhagen, H.*, Zur Aktivierung von Betriebseinrichtungskosten, S. 4; *Lange, A./Falk, B.*, Die Aktivierung von Anlaufkosten, S. 171; *Adler, H./Düring, W./Schmaltz, K.*, Rechnungslegung und Prüfung der Aktiengesellschaft, 3. Aufl., Stuttgart 1957, § 133 Tz. 194; *von Godin, R./Wilhelmi, H.*, Aktiengesetz-Kommentar, 2. Aufl., § 133 Anm. 13.

[11] Vgl. *Teichmann, R./Köhler, W.*, Aktiengesetz-Kommentar, 3. Aufl., Heidelberg 1950, § 133, S. 313.

richtungskosten die Gründung der Unternehmung oder die Errichtung eines selbständigen Betriebs innerhalb einer bestehenden Unternehmung nennen. Beim Kauf einer schon bestehenden Unternehmung sahen diese Autoren kein Wahlrecht, Kosten der Betriebseinrichtung zu aktivieren.[12]

Das Aktiengesetz von 1965 ließ eine ähnlich weite Auslegung wie § 133 Nr. 4 Satz 2 AktG 1937 nicht zu. Denn nach § 153 IV Satz 2 AktG 1965 a.F. durften nur die Kosten der Ingangsetzung des Geschäftsbetriebs aktiviert werden. Eine weite Auslegung wie bei § 133 Nr. 4 Satz 2 AktG 1937 wurde durch den Ersatz des dort verwendeten Begriffes „Betriebseinrichtung" durch den Begriff „Ingangsetzung" im § 153 IV AktG 1965 a.F. verhindert.[13] Unter die Kosten der Ingangsetzung fallen nur die „ersten Anlaufkosten bei der Gründung der Gesellschaft".[14] Eine Aktivierung von Aufwendungen für die Erweiterung des Geschäftsbetriebs, Betriebsumstellungen und Betriebsverlegungen war nach § 153 IV Satz 2 AktG 1965 a.F. nicht zulässig.[15]

Da nach § 269 HGB neben den Aufwendungen für die Ingangsetzung auch Aufwendungen für die Erweiterung des Geschäftsbetriebs aktiviert werden dürfen, wird der Anwendungsbereich der Bilanzierungshilfe gegenüber § 153 IV Satz 2 AktG 1965 a.F. wieder erweitert. Während § 133 Nr. 4 Satz 2 AktG 1937 bezüglich der Aktivierungsfähigkeit von Aufwendungen für die Ingangsetzung des Geschäftsbetriebs wegen des ungenauen Begriffs der Betriebseinrichtung unterschiedlich ausgelegt werden konnte, werden in § 269 HGB die Aufwendungen für die Erweiterung des Geschäftsbetriebs ausdrücklich erwähnt. Neben dem Wortsinn macht auch die Entstehungsgeschichte dieser Vorschrift deutlich, daß eine Ausweitung des Anwendungsbereichs der Bilanzierungshilfe gegenüber § 153 IV AktG 1965 a.F. beabsichtigt ist. Der Einschränkung der Bilanzierungshilfe auf die Ingangsetzung des Geschäftsbetriebs[16] im AktG von 1965 folgt eine Ausweitung auf die Ingangsetzung und Erweiterung des Geschäftsbetriebs.[17] Die Möglichkeit, daß die inhaltliche Änderung, d.h. die Ausweitung der Bilanzierungshilfe vom Gesetzgeber nicht beabsichtigt war, scheidet hier aus.

Mit der Formulierung des § 269 HGB wird ein nationales Wahlrecht der 4. EG-Richtlinie in Anspruch genommen. Art. 34 I der 4. EG-Richtlinie gestattet den nationalen Gesetzgebern ein Wahlrecht für die Aktivierung von

---

[12] Vgl. *Teichmann, R./Köhler, W.*, Aktiengesetz-Kommentar, § 133, S. 313.

[13] Vgl. *Albach, H.*, Rechnungslegung im neuen Aktienrecht, S. 188.

[14] *Bundesregierung*, Begründung des Regierungsentwurfs des Aktiengesetzes 1965 zu § 153 IV, S. 244.

[15] Vgl. *Kropff, B.*, in: *E. Geßler/W. Hefermehl/U. Eckardt/B. Kropff*, Aktiengesetz-Kommentar, Bd. III, § 153 Anm. 59; *Adler, H./Düring, W./Schmaltz, K.*, Rechnungslegung und Prüfung der Aktiengesellschaft, 4. Aufl., Bd. 1, § 153 Tz. 124.

[16] Vgl. § 153 IV Satz 2 AktG 1965 a.F. gegenüber § 133 Nr. 4 Satz 2 AktG 1937.

[17] Vgl. § 269 Satz 1 HGB.

Aufwendungen für die Errichtung und Erweiterung des Unternehmens festzulegen. § 269 HGB stimmt insoweit mit der Regelung der 4. EG-Richtlinie überein.

43 Der Ansatz der Aufwendungen für die Ingangsetzung und Erweiterung des Geschäftsbetriebs

431. Die Ingangsetzung oder Erweiterung des Geschäftsbetriebs als Voraussetzung für eine Aktivierung

431.1 Die Ingangsetzung des Geschäftsbetriebs

431.11 Der Begriff Ingangsetzung

Zum Aufbau einer Unternehmung sind Maßnahmen erforderlich, die der Abwicklung der ersten Absatzgeschäfte zeitlich vorausgehen. Bevor mit dem laufenden Geschäftsbetrieb begonnen werden kann, sind sogenannte Vorleistungen notwendig.[18] Die Produktions- bzw. Leistungsbereitschaft der Unternehmung wird durch solche Maßnahmen erst allmählich erreicht.[19] Hierbei ist zu unterscheiden zwischen der Einrichtung des Geschäftsbetriebs und dem Anlaufen des Geschäftsbetriebs.[20] Die Begriffe „Anlaufen" und „Ingangsetzung" des Geschäftsbetriebs werden synonym verwendet.[21]

Zur Einrichtung des Geschäftsbetriebs gehören insbesondere die Bereitstellung der Produktionsanlagen, bei Handelsunternehmen der Verkaufsräume, sowie der Lager- und Verwaltungsräume einschließlich der notwendigen Ausstattung. Für diese Vermögensgegenstände besteht nach den §§ 246 I und 247 I HGB eine Aktivierungspflicht. Für eine Bilanzierungshilfe liegt hier kein Grund vor.

Die Ingangsetzung des Geschäftsbetriebs umfaßt die Tätigkeiten, die neben der Einrichtung des Geschäftsbetriebs notwendig sind, um mit der Produktion bzw. der Leistungserstellung beginnen zu können.[22] Hierzu gehören insbesondere der Aufbau der Unternehmensorganisation, die Einarbeitung von Mitarbeitern, die Einrichtung der Beschaffungs- und Absatzkanäle und die Einführungswerbung für die zu erstellenden Produkte bzw. Leistungen.[23]

---

[18] Vgl. *Lange, A. / Falk, B.*, Die Aktivierung von Anlaufkosten, S. 169.

[19] Vgl. *Klinger, K.*, Anlaufkosten, S. 225.

[20] Vgl. *Fischer, G.*, Gemeinkosten- und Gewinnzuschläge bei den Einrichtungs- und Anlaufkosten, in: Der praktische Betriebswirt 1941, S. 81-86, hier S. 81.

[21] Vgl. *Saage, G.*, Die Reservepolitik im neuen Aktienrecht, S. 72; *Bundesregierung*, Begründung des Regierungsentwurfs des Aktiengesetzes 1965 zu § 153 IV, S. 244.

[22] Vgl. *Hast, K.*, Grundsätze ordnungsmäßiger Bilanzierung für Anlagegegenstände, S. 60.

[23] Vgl. *Müller-Dahl, F.P.*, Betriebswirtschaftliche Probleme, S. 172; *Husemann, K.-H.*, Grundsätze ordnungsmäßiger Bilanzierung für Anlagegegenstände, Düsseldorf 1970,

431.12 Die Voraussetzung der Unternehmensgründung für die Aktivierung von Aufwendungen für die Ingangsetzung des Geschäftsbetriebs

In § 269 HGB wird ebenso wie in § 153 IV AktG a.F. die Formulierung „Ingangsetzung des Geschäftsbetriebs" gebraucht. Damit soll zum Ausdruck kommen, daß nur die erstmalige Ingangsetzung einer Unternehmung unter den im Gesetz verwendeten Begriff Ingangsetzung fällt.[24] Der Geschäftsbetrieb einer Unternehmung kann während der Lebensdauer der Unternehmung nur einmal inganggesetzt werden. Voraussetzung für eine Aktivierung von Aufwendungen für die Ingangsetzung des Geschäftsbetriebs ist somit die Gründung der Unternehmung.[25] Ausschlaggebendes Kriterium, um festzustellen, ob eine Ingangsetzung des Geschäftsbetriebs vorliegt, ist die rechtliche Gründung der Unternehmung. Durch die rechtliche Gründung der Unternehmung entsteht eine rechtsfähige juristische Person. Die rechtliche Gründung wird durch die Eintragung in das Handelsregister dokumentiert[26] und damit nachprüfbar.

Soweit eine Vorgesellschaft gegründet wird, die nicht zwingend im Handelsregister einzutragen ist,[27] z.B. eine Gesellschaft bürgerlichen Rechts,[28] darf die Bilanzierungshilfe nicht in Anspruch genommen werden, da deren Anwendung grundsätzlich auf Kapitalgesellschaften und Genossenschaften beschränkt ist.[29] Der Fall, daß eine Vorgesellschaft die Größenkriterien des Publizitätsgesetzes übersteigt,[30] kann ausgeschlossen werden.

Aufwendungen für die Ingangsetzung des Geschäftsbetriebs dürfen somit nur im Anschluß an die rechtliche Gründung der Unternehmung aktiviert werden. Die Voraussetzung der rechtlichen Gründung für die Ingangsetzung des Geschäftsbetriebs bedeutet, daß Betriebserweiterungen, Betriebsumstellungen, Betriebsverlegungen und die Aufnahme neuer Betriebszweige nicht unter den Begriff Ingangsetzung im Sinne des § 269 HGB fallen.[31]

S. 295; *Stuhrmann, G.*, Ingangsetzungskosten, S. 391; *Saage, G.*, Gewinnermittlung, S. 1667; *Limberg, M.*, Ingangsetzungskosten, S. 199.

24 Vgl. *Rechtsausschuß des Deutschen Bundestags*, Ausschußbericht zum Aktiengesetz 1965, abgedruckt in: *Kropff, B.*, Aktiengesetz, Düsseldorf 1965, S. 244.

25 Vgl. *Fleck, A. / Tietze, H.*, 4. EG-Richtlinie und Bilanzsteuerrecht, in: DB 1978, Beilage 15 / 78 zu Heft 37, S. 3; *Bundesregierung*, Begründung des Regierungsentwurfs des Aktiengesetzes 1965 zu § 153 IV, S. 244; *Limberg, M.*, Ingangsetzungskosten, S. 199; *von Godin, R. / Wilhelmi, H.*, Aktiengesetz-Kommentar, 4. Aufl., Bd. 1, § 153 Anm. 6.

26 Vgl. § 29 HGB.

27 Eine Pflicht zur Eintragung in das Handelsregister besteht für Aktiengesellschaften (§ 36 I AktG), Kommanditgesellschaften auf Aktien (§§ 278 III, 36 I AktG), GmbH (§ 7 I GmbHG), Genossenschaften (§ 10 GenG), offene Handelsgesellschaften (§ 106 I HGB) und Kommanditgesellschaften (§ 161 II, 106 I HGB).

28 Vgl. §§ 705-740 BGB.

29 Vgl. Abschnitt 22.

30 Vgl. § 1 PublG.

31 Vgl. *Limberg, M.*, Ingangsetzungskosten, S. 199.

431.13 Die Abgrenzung der Ingangsetzung gegenüber der Gründung der Unternehmung

Aufwendungen für die Gründung der Unternehmung dürfen nach § 248 I HGB nicht aktiviert werden. Die Unternehmensgründung ist zwar Voraussetzung für die Aktivierung von Ingangsetzungsaufwendungen, es ist aber eine Trennung zwischen der Gründung und der Ingangsetzung notwendig, wenn das Aktivierungswahlrecht des § 269 HGB in Anspruch genommen wird. Ansonsten besteht bei einer Aktivierung von Aufwendungen für die Ingangsetzung die Gefahr, daß auch Gründungsaufwendungen mit aktiviert werden, mit der Folge eines Verstoßes gegen § 248 I HGB.

Durch die Gründung einer Unternehmung werden die rechtlichen Voraussetzungen für eine unternehmerische Tätigkeit geschaffen. Hierzu zählen z.B. der Abschluß des Gesellschaftsvertrags bzw. der Satzung und damit die Entscheidung über die Rechtsform der Gesellschaft, die Stimmrechte und die Gewinn- bzw. Verlustverteilung unter den Eigentümern, die Eintragung in das Handelsregister und die u.U. notwendige Gründungsprüfung.[32]

Die Ingangsetzung bezieht sich dagegen auf die Schaffung der wirtschaftlichen Voraussetzungen für die Aufnahme des Geschäftsbetriebs, z.B. auf die für die Produktion bzw. sonstige Leistungserstellung notwendigen Vorarbeiten und auf die Einrichtung der Beschaffungs- und Absatzkanäle. Eine Abgrenzung zwischen den Gründungs- und den Ingangsetzungsaufwendungen ist allerdings nicht immer exakt durchführbar.[33]

431.14 Der Zeitraum der Ingangsetzung

Der Beginn der Ingangsetzung ist nicht an den Zeitpunkt der rechtlichen Gründung der Unternehmung gebunden. Mit der Ingangsetzung des Geschäftsbetriebs wird häufig schon vor der rechtlichen Gründung der Unternehmung begonnen. Z.B. müssen qualifizierte Mitarbeiter, die meist nicht kurzfristig angeworben werden können, für die Ingangsetzungsphase und für den künftigen Geschäftsbetrieb ausgewählt und eingestellt werden. Die Gründungs- und Ingangsetzungsphase sind somit zeitlich nicht überschneidungsfrei. Die Ingangsetzung des Geschäftsbetriebs wird durch Handlungen begonnen, die das Ziel haben, die wirtschaftlichen Voraussetzungen für die Aufnahme des Geschäftsbetriebs zu schaffen. Der Beginn der Ingangsetzung wird durch solche Handlungen im Einzelfall festgelegt.

Der Zeitraum der Ingangsetzung endet, wenn mit dem laufenden Geschäftsbetrieb begonnen wird.[34] Der laufende Geschäftsbetrieb setzt dann ein, wenn

---

32 Vgl. *Mutze, O.*, Aktivierung und Bewertung, S. 276.

33 Vgl. *Kübler, B.M.*, Grenzen der Beeinflussung des Gewinnausweises nach den Bewertungsvorschriften des AktG 1965, Diss., Köln 1969, S. 39.

34 Vgl. *Marettek, A.*, Ingangsetzungs- und Erweiterungsaufwendungen, Sp. 627.

mit der Abwicklung von Absatzgeschäften begonnen werden kann, d.h. die Unternehmung in der Lage ist, Absatzgeschäfte abzuschließen und abzuwickeln. Ein direkter Zusammenhang zu einem konkreten Abatzgeschäft ist allerdings nicht immer erforderlich. Bei einer pharmazeutischen Unternehmung beginnt der laufende Geschäftsbetrieb z.B. schon dann, wenn mit der Forschung für bestimmte Pharmazeutika, die künftig vertrieben werden sollen, begonnen wird. Die Entwicklung von Produkten ist dem laufenden Geschäftsbetrieb zuzurechnen. Aufwendungen, die nach dem Beginn des laufenden Geschäftsbetriebs anfallen, dürfen nicht unter die Ingangsetzungsaufwendungen subsumiert werden.

Denkbar ist, daß noch vor Ende der Ingangsetzungsphase mit der Planung einer Erweiterung des Geschäftsbetriebs begonnen wird. Dieser Fall wird in der Praxis zwar nicht häufig auftreten, doch ist er realistisch, wenn anhand des Auftragsbestandes und der in Zukunft erwarteten Nachfrage deutlich wird, daß die ursprünglich geplante Kapazität der Unternehmung nicht ausreicht, die Nachfrage zu befriedigen. Auch in diesem Fall wird die Ingangsetzungsphase erst durch den Beginn des laufenden Geschäftsbetriebs beendet, nicht etwa durch den Beginn der Erweiterung des Geschäftsbetriebs. Wichtig ist, daß die Ingangsetzung und die später begonnene Erweiterung des Geschäftsbetriebs bei der Bilanzierung getrennt behandelt werden. Der Grundsatz der Einzelbewertung erfordert eine getrennte Behandlung.[35]

Die Ingangsetzung des Geschäftsbetriebs einer Unternehmung erstreckt sich u.U. über mehrere Geschäftsjahre. Der Wortsinn des § 269 HGB enthält keine Anhaltspunkte über eine zeitliche Begrenzung der Ingangsetzung, daß etwa nur die Aufwendungen für die Ingangsetzung, die in dem Geschäftsjahr nach der Gründung anfallen, aktivierbar sind. Auch über die Zeitpunkte der Aktivierung sagt der Wortsinn nichts aus. Zieht sich die Ingangsetzung über mehrere Geschäftsjahre hin, so wird z.B. dem Zweck der Bilanzierungshilfe, einen Verlustausweis zu vermeiden, nicht entsprochen, wenn eine Aktivierung nur in einem Geschäftsjahr erfolgt und die Aufwendungen für die Ingangsetzung in den anderen Perioden dazu führen, daß Jahresfehlbeträge entstehen. Die gesamten Aufwendungen für eine Ingangsetzung des Geschäftsbetriebs dürfen aktiviert werden, unabhängig davon, ob sie nur in einer oder in mehreren Perioden anfallen. Eine andere Auslegung ist nicht möglich, ohne die Zwecke der Bilanzierungshilfe zu mißachten.

Bei einer mehrperiodigen Ingangsetzung sind die Aufwendungen allerdings jeweils in dem Jahr zu aktivieren, in dem sie anfallen. Dieses Verfahren entspricht der Vorgehensweise bei im Bau befindlichen Anlagen. Die Ausgaben werden auf einem Bestandskonto über mehrere Geschäftsjahre hinweg kumuliert und mit dem Bestand am Ende des Geschäftsjahres in der Bilanz ausgewiesen, bis die Anlage fertiggestellt bzw. die Ingangsetzung abgeschlossen

[35] Vgl. Abschnitt 345.1.

ist. Ein Unterschied besteht zu den Anlagen im Bau lediglich darin, daß im Zeitpunkt der Fertigstellung der Anlage eine Umbuchung auf ein anderes Bestandskonto erfolgt und der Ausweis in der Bilanz dann unter einer anderen Position als während der Zeit der Fertigstellung erfolgt. Die Aufwendungen für die Ingangsetzung des Geschäftsbetriebs werden dagegen immer unter derselben Bilanzposition ausgewiesen. Dieser Unterschied betrifft aber nur den Ausweis und nicht den Bilanzansatz. Dieses Verfahren ist in gleicher Weise bei einer mehrperiodigen Erweiterung des Geschäftsbetriebs heranzuziehen.

431.15 Die Übernahme einer schon bestehenden Unternehmung bzw. eines Teilbereichs einer Unternehmung

Die vollständige oder teilweise Übernahme einer Unternehmung setzt eine Veränderung der Eigentumsverhältnisse voraus. Grundsätzlich sind zwei Fälle zu unterscheiden:

a) Die Unternehmung oder der Unternehmensteil wird unter einem neuen Eigentümer als rechtlich selbständige Unternehmung fortgeführt.
b) Die Unternehmung oder der Unternehmensteil wird zusammen mit einer schon bestehenden Unternehmung des Eigentümers als eine rechtlich selbständige Unternehmung fortgeführt.

zu a): Die übernommene Unternehmung[36] wird nicht mit einer anderen Unternehmung zu einer rechtlich selbständigen Einheit zusammengefügt. Die Frage der Aktivierung von Aufwendungen für die Ingangsetzung des Geschäftsbetriebs stellt sich nur dann, wenn die bestehende Unternehmung nicht unverändert fortgeführt wird. Bei einer unveränderten Fortführung der Unternehmung fallen keine Aufwendungen für die Ingangsetzung des Geschäftsbetriebs an.

Die Änderung der Eigentumsverhältnisse allein reicht nicht aus, damit eine Ingangsetzung des Geschäftsbetriebs vorliegt. Die Übertragung sämtlicher Aktien einer Aktiengesellschaft auf einen neuen Eigentümer hat z.B. keine Auswirkungen auf den Geschäftsbetrieb. Die Unternehmensleitung kann unter der gleichen Firma den Geschäftsbetrieb unverändert fortführen. Der einfache Wechsel der Eigentumsrechte bei Aktiengesellschaften hat gerade den Zweck, daß der Geschäftsbetrieb von einer Änderung der Eigentumsverhältnisse unabhängig ist. Die Übernahme der Unternehmung durch einen neuen Eigentümer ist eine notwendige, aber keine hinreichende Bedingung.

Eine Ingangsetzung des Geschäftsbetriebs liegt nur dann vor, wenn die Unternehmung aus juristischer Sicht gegründet wird, d.h. im Handelsregister eine Neueintragung notwendig ist. In diesem Fall dürfen Aufwen-

---

[36] Die Ausführungen gelten für den Erwerb eines Unternehmensteils entsprechend.

dungen für die Ingangsetzung aktiviert werden, da im Namen dieser Unternehmung noch keine Geschäfte abgewickelt worden sind. Ein laufender Geschäftsbetrieb hat noch nicht begonnen.

Die Kriterien, die erfüllt sein müssen, damit eine Aktivierung von Aufwendungen für die Ingangsetzung des Geschäftsbetriebs grundsätzlich zulässig ist, sind somit:
— Die Übertragung der Eigentumsrechte und
— die rechtliche Gründung der Unternehmung.

Das Ergebnis entspricht den Anforderungen, die für die Aktivierung von Ingangsetzungsaufwendungen an Unternehmen gestellt werden, die auch wirtschaftlich neu begonnen werden, d.h. ohne die Übernahme einer schon bestehenden Unternehmung. Auch dort ist die rechtliche Gründung der Unternehmung Voraussetzung für die Aktivierung von Aufwendungen für die Ingangsetzung des Geschäftsbetriebs.[37]

zu b): Bei der Eingliederung einer neu erworbenen Unternehmung in eine schon bestehende Unternehmung findet keine rechtliche Gründung einer Unternehmung statt. Eine Ingangsetzung des Geschäftsbetriebs ist hier ausgeschlossen. Werden sonst keine Veränderungen vorgenommen, z.B. Stillegung einzelner Betriebsteile, so liegt bei dem Unternehmen, in das die neu erworbene Unternehmung eingegliedert wird, allerdings i.d.R. eine Erweiterung des Geschäftsbetriebs vor. Hier sind dann Aufwendungen für die Erweiterung des Geschäftsbetriebs aktivierungsfähig.

431.2 Die Erweiterung des Geschäftsbetriebs

431.21 Die Beurteilung der Aktivierungsfähigkeit von Erweiterungsaufwendungen in der Literatur

Die Ausdehnung der Aktivierungsfähigkeit auf die Aufwendungen für die Erweiterung des Geschäftsbetriebs in § 269 HGB wird in der Literatur unterschiedlich beurteilt. Einige Autoren[38] halten den Begriff Erweiterung für

[37] Vgl. Abschnitt 431.12.

[38] Vgl. *Wirtschaftsprüferkammer / IdW*, Gemeinsame Stellungnahme zum Entwurf eines Bilanzrichtlinien-Gesetzes, S. 541; *Veit, K.-R.*, Organisationsausgaben, S. 66 und 70; *Kropff, B.*, Sinn und Grenzen, S. 198; *Schruff, L.*, Struktur und Inhalt der geänderten Konzeption eines Bilanzrichtlinie-Gesetzes, in: Das neue Bilanzrecht — Ein Kompromiß divergierender Interessen?, hrsg. v. *J. Baetge*, Düsseldorf 1985, S. 29-80, hier S. 53; *Pfleger, G.*, Die neue Praxis der Bilanzpolitik — Gestaltungsmöglichkeiten in der Handels- und Steuerbilanz nach gegenwärtigem und künftigem Bilanzrecht, Freiburg 1984, S. 334f.; *Maul, K.-H.*, Bilanzierungshilfen im künftigen Bilanzrecht, S. 236f.; *Hofbauer, M.A.*, Die Grundzüge der Bilanzierungsvorschriften des Bilanzrichtlinie-Gesetzes, in: DStR 1982, Sonderbeilage zu Heft 15, S. 12; *Chmielewicz, K.*, Zur Neuordnung der handelsrechtlichen Rechnungslegung, in: Zum Vorentwurf eines Bilanzrichtlinie-Gesetzes gemäß 4. EG-Richtlinie, hrsg. v. *W. Busse von Colbe / G. Laßmann*,

zu ungenau. Da eine Eingrenzung dieses Begriffes nicht möglich sei, bestehe die Gefahr, daß ein weiter Spielraum für die Bilanzpolitik entsteht. Befürchtet wird, daß die als gelegentliche Bilanzierungshilfe geplante Vorschrift nicht nur als berechtigte Bilanzierungshilfe in Anspruch genommen wird, sondern auch als Instrument der Bilanzpolitik und daß damit u.U. in jedem Geschäftsjahr Aufwendungen für die Erweiterung des Geschäftsbetriebs aktiviert werden.[39]

Für die Aktivierungsfähigkeit von Aufwendungen für die Erweiterung des Geschäftsbetriebs wird angeführt, daß kein sachlicher Grund für eine Einschränkung der Bilanzierungshilfe auf die erstmalige Ingangsetzung des Geschäftsbetriebs vorliegt.[40] Durch den gesonderten Ausweis werde dem Grundsatz der Klarheit entsprochen und durch die Ausschüttungssperre des § 269 HGB auch dem Gläubigerschutz Rechnung getragen.[41]

Boelke[42], *Forster*[43] und *Jonas*[44] betrachten die Aktivierung von Aufwendungen für die Ingangsetzung und Erweiterung des Geschäftsbetriebs als einen Grundsatz ordnungsmäßiger Buchführung. Dieser Auffassung kann hier nicht gefolgt werden. Sie steht im Widerspruch zu den Ergebnissen dieser Untersuchung.[45]

Als Argument für die Aktivierungsfähigkeit von Erweiterungsaufwendungen wird weiterhin angeführt, daß Umgehungsmöglichkeiten bestehen, wenn nur Aufwendungen für die Ingangsetzung nicht aber für die Erweiterung des Geschäftsbetriebs aktivierbar sind.[46] Anstatt Erweiterungen innerhalb einer bestehenden Unternehmung vorzunehmen, können neue, rechtlich selbständige Unternehmen gegründet werden, bei denen dann die Möglichkeit der Aktivie-

---

Stuttgart 1981, S. 7-28, hier S. 15; vgl. auch die Auswertung der Stellungnahmen der verschiedenen Verbände bei *Federmann, R.*, Die Memoranden zur Anpassung der deutschen Rechnungslegungsvorschriften nach Maßgabe der 4. EG-Richtlinie, in: BB 1980, S. 425-437, hier S. 433.

39 Vgl. *Schruff, L.*, Struktur und Inhalt der geänderten Konzeption eines Bilanzrichtlinie-Gesetzes, S. 53; *Veit, K.-R.*, Organisationsausgaben, S. 66.

40 Vgl. *Dziadkowski, D.*, Betriebswirtschaftliche Überlegungen zur Anpassung des deutschen Handelsbilanzrechts und Bilanzsteuerrechts an die EG-Bilanzrichtlinie, in: StuW 1979, S. 228-236, hier S. 230; *Timm, W.* Gründungs- und Ingangsetzungskosten, S. 198; *Schneider, W.E.*, Bilanztheoretische Probleme der vierten EG-Richtlinie, Bonner Betriebswirtschaftliche Schriften, Bd. 7, hrsg. v. *H. Albach / H.-J. Krümmel / H. Sabel*, Bonn 1980, S. 353; *Müller-Dahl, F.P.*, Betriebswirtschaftliche Probleme, S. 173; *Fleck, A. / Tietze, H.*, 4. EG-Richtlinie und Bilanzsteuerrecht, S. 3.

41 Vgl. *Dziadkowski, D.*, Betriebswirtschaftliche Überlegungen zur Anpassung des deutschen Handelsbilanzrechts und Bilanzsteuerrechts an die EG-Richtlinie, S. 230.

42 Vgl. *Boelke, W.*, Bewertungsvorschriften, S. 146.

43 Vgl. *Forster, K.-H.*, Ausgewählte Fragen zur Rechnungslegung nach dem Publizitätsgesetz, in: WPg 1972, S. 469-475, hier S. 472.

44 Vgl. *Jonas, H.H.*, Die EG-Bilanzrichtlinie, S. 171.

45 Vgl. Abschnitt 34.

46 Vgl. *Mutze, O.*, Aktivierung und Bewertung, S. 278.

rung von Aufwendungen für die Ingangsetzung besteht.[47] Einzelne Unternehmensbereiche werden als rechtlich selbständige Unternehmen weitergeführt. Begründbar ist ein solches Vorgehen allerdings nur, wenn es sich um umfangreiche Erweiterungen des Geschäftsbetriebs handelt und wenn eine optische Verbesserung des Jahresabschlusses dringend erforderlich ist, weil das Jahresergebnis ohne die Aktivierung der Aufwendungen für die Erweiterung negativ wäre. Das negative Jahresergebnis kann u.U. aber erst durch hohe Aufwendungen für die Erweiterung des Geschäftsbetriebs entstanden sein. In solchen Fällen ist es unvertretbar, daß aus diesem Grund die rechtliche Struktur der Unternehmung geändert wird.

Der Meinungstreit, ob ein Aktivierungswahlrecht für die Aufwendungen für die Erweiterung des Geschäftsbetriebs sinnvoll ist oder nicht, braucht nicht näher betrachtet zu werden. Hier wird von der bestehenden gesetzlichen Regelung, d.h. dem § 269 HGB ausgegangen, der ein Aktivierungswahlrecht sowohl für die Ingangsetzungs- als auch die Erweiterungsaufwendungen enthält. Allerdings sind bei der Auslegung dieser Vorschrift, insbesondere des Begriffs Erweiterung, die Argumente, die für und gegen die Aktivierungsfähigkeit von Aufwendungen für die Erweiterung des Geschäftsbetriebs sprechen ebenso zu berücksichtigen, wie die Entwicklung der gesetzlichen Vorschriften,[48] die als Vorgänger der Bilanzierungshilfe des § 269 HGB anzusehen sind.

431.22 Die Auslegung des Begriffs Erweiterung

431.221. Die Messung der Erweiterung des Geschäftsbetriebs anhand der Betriebsgröße

431.221.1 Vorbemerkung

Die Aktivierung von Aufwendungen für die Erweiterung des Geschäftsbetriebs nach § 269 HGB setzt voraus, daß eine Erweiterung vorgenommen wurde. Um eine Aussage darüber zu gewinnen, ob eine Erweiterung des Geschäftsbetriebs vorliegt, ist eine Größe erforderlich, die meßbar ist und anhand der auf eine Erweiterung des Geschäftsbetriebs geschlossen werden kann. Als solche Größe wird hier die Betriebsgröße herangezogen. Hierbei wird angenommen, daß eine Erweiterung des Geschäftsbetriebs immer dann vorliegt, wenn bei der Messung der Betriebsgröße eine Zunahme festgestellt wird.

Der Zweck der Messung[49] ist, die Veränderungen der Betriebsgröße zu ermitteln. Zur Messung der Betriebsgröße ist ein Maßstab, hier die Kapazität der Unternehmung, erforderlich. Die Feststellung der jeweiligen Werte auf

---

[47] Vgl. *Mutze, O.*, Aktivierung und Bewertung, S. 278.

[48] Vgl. Abschnitt 42.

[49] Zu den Begriffen Meßzweck und Meßziel vgl. *Schneider, D.*, Wozu eine Reform des Jahresabschlusses? Oder: Jahresabschlußzwecke im Lichte der Temperaturmessung, in:

diesem Maßstab ist das Ziel der Messung. Meßzweck und Meßziel sind über die Annahme, daß die Veränderungen der anhand des Maßstabs gemessenen Werte die Veränderung der Betriebsgröße wiedergeben, miteinander verbunden.

431.221.2 Der Begriff Betriebsgröße

Die Betriebsgröße kann allgemein als das Ausmaß der Leistungsfähigkeit eines Betriebs definiert werden.[50] Bevor auf den Begriff der Leistungsfähigkeit eingegangen wird, muß untersucht werden, was hier als Betrieb, d.h. als Meßobjekt zugrundezulegen ist. Der Begriff Betrieb wird in der Literatur[51] sehr unterschiedlich verwendet. Für die Entscheidung, welcher Definition hier gefolgt wird, ist der Gesetzestext heranzuziehen.

In § 269 HGB wird die Formulierung „Erweiterung des Geschäftsbetriebs"[52] verwendet. Dieser Formulierung ist zu entnehmen, daß jede rechtlich selbständige Unternehmung nur einen Geschäftsbetrieb betreibt, denn sonst hätte die Formulierung „Erweiterung eines Geschäftsbetriebs" lauten müssen.

Unter dem Betrieb wird teilweise nur die technische Produktionsstätte einer Unternehmung verstanden.[53] Eine Einschränkung der Messung der Betriebsgröße auf eine Produktionsstätte ist hier aus zwei Gründen nicht gerechtfertigt. Erstens können bei dieser Begriffswahl innerhalb einer rechtlich selbständigen Unternehmung mehrere selbständige Betriebe bestehen. Voraussetzung dafür ist, daß voneinander unabhängige Produktionsanlagen, z.B. zwei Fertigungsstraßen, auf denen verschiedene Produkte gefertigt werden, vorhanden sind. Der Wortsinn des § 269 HGB geht aber von nur einem Betrieb je Unternehmung aus.

Zweitens wird in § 269 HGB der Begriff Geschäftsbetrieb und nicht Produktionsbetrieb verwendet. Zum Geschäftsbetrieb zählen alle Einrichtungen, die

---

Der Jahresabschluß im Widerstreit der Interessen, hrsg. v. *J. Baetge*, Düsseldorf 1983, S. 131-155, hier S. 134-138; *ders.*, Rechtsfindung, S. 149-152.

[50] Vgl. *Busse von Colbe, W.*, Die Planung der Betriebsgröße, Bd. 7 der Schriftenreihe Betriebswirtschaftliche Beiträge, hrsg. v. *H. Münstermann*, Wiesbaden 1964, S. 13.

[51] Vgl. *Gutenberg, E.*, Grundlagen der Betriebswirtschaftslehre, Bd. 1, Die Produktion, 22. Aufl., Berlin u.a. 1976, S. 2; *Koch, H.*, Betriebsgröße, in: HWS, Bd. 2, hrsg. v. *E. von Beckerath u.a.*, Stuttgart u.a. 1959, S. 82-92, hier S. 82f.; *Lücke, W.*, Betriebs- und Unternehmensgröße, Stuttgart 1967, S. 12f.; *Albrecht, E.*, Betriebsgröße und Betriebsoptimum, Diss., Basel 1945, S. 7-9; *Albach, H.*, Betriebsgröße, in: HWProd, hrsg. v. *W. Kern*, Stuttgart 1979, Sp. 340-354, hier Sp. 340f.; *Busse von Colbe, W.*, Die Planung der Betriebsgröße, S. 18-27; *Ahrens, H.*, Die Bedeutung der Betriebsgröße für Kosten und Ertrag unter besonderer Berücksichtigung der Mittelbetriebe, Diss., Münster 1961, S. 2f.; *Schmitz, R.A.*, Die Messung der Größe industrieller Wirtschaftseinheiten als betriebswirtschaftliches Problem, Diss., Köln 1961, S. 10-18.

[52] § 269 Satz 1 HGB.

[53] Vgl. *Schmitz, R.A.*, Messung der Größe, S. 17; *Rieger, W.*, Einführung in die Privatwirtschaftslehre, 2. Aufl., Erlangen 1959, S. 40; *Edelmann, W.*, Die Betriebsgröße — Entwicklung und Stand der Forschung, Diss., Nürnberg 1955, S. 16.

der Abwicklung von Geschäften dienen, d.h. nicht nur der Produktionsbereich sondern auch der Beschaffungs- und der Absatzbereich einer Unternehmung. Der Begriff Geschäftsbetrieb wurde schon in § 153 IV AktG a.F. verwendet. In den Kommentaren zu § 153 IV AktG a.F.[54] wurde insbesondere auf die Aktivierungsfähigkeit von Einführungswerbung hingewiesen. Werbemaßnahmen sind eindeutig dem Absatzbereich einer Unternehmung zuzuordnen. Da die Formulierung des § 153 IV AktG a.F. insoweit in den § 269 HGB übernommen wurde und auch die Begründung zu § 269 HGB keine Hinweise auf eine erwünschte restriktivere Auslegung enthält, ist davon auszugehen, daß diese Auslegung nicht im Widerspruch zu der mit der Formulierung beabsichtigten Regelung steht.

Bei der Messung der Betriebsgröße wird hier als Meßobjekt die gesamte rechtlich selbständige Unternehmung herangezogen. Hierbei handelt es sich um die weitest mögliche Auslegung des in § 269 HGB verwendeten Begriffs Geschäftsbetrieb. An die rechtliche Selbständigkeit einer Unternehmung knüpft die Pflicht zur Aufstellung eines Jahresabschlusses an. Insofern kann, da es sich um eine Bilanzierungsfrage handelt, bei der Definition des Betriebsbegriffs nicht über den Bereich der rechtlich selbständigen Unternehmung hinausgegangen werden. Trotz der bestehenden Unterschiede bei der Definition des Begriffs Betrieb wird auch in der Literatur[55] weitgehend die gesamte Unternehmung als Meßobjekt zur Ermittlung der Betriebsgröße verwendet.

Die Leistungsfähigkeit einer Unternehmung und damit die Betriebsgröße wird bestimmt durch die Gesamtheit der „Ausdehnungen (der Unternehmung, *d. Verf.*) in allen zugehörigen Dimensionen“[56]. Das bedeutet, daß die Betriebsgröße durch den Umfang der gesamten, für die unternehmerische Tätigkeit zur Verfügung stehenden Faktoren festgelegt wird.[57] Die Betriebsgröße ist damit unabhängig von der tatsächlich erbrachten Leistung, d.h. von der Beschäftigung, definiert. Entscheidend ist die Leistungsfähigkeit, d.h. die Kapazität der Unternehmung, nicht der Umfang, in dem diese Leistungsfähigkeit genutzt wird.[58] Die Veränderungen des Auslastungsgrades einer Unternehmung hat keinen Einfluß auf deren Betriebsgröße.

---

[54] Vgl. *Kropff, B.*, in: *E. Geßler / W. Hefermehl / U. Eckardt / B. Kropff*, Aktiengesetz-Kommentar, Bd. III, § 153 Anm. 59; *von Godin, R. / Wilhelmi, H.*, Aktiengesetz-Kommentar, 4. Aufl., Bd. 1, § 153 Anm. 6; *Adler, H. / Düring, W. / Schmaltz, K.*, Rechnungslegung und Prüfung der Aktiengesellschaft, 4. Aufl., Bd. 1, § 153 Tz. 125.

[55] Vgl. *Gutenberg, E.*, Die Produktion, S. 2; *Koch, H.*, Betriebsgröße, S. 83; *Fettel, J.*, Die Betriebsgröße, Versuche sie zu messen — Faktoren die sie beeinflussen, in: Betriebsgröße und Unternehmenskonzentration, Nürnberger Abhandlungen, Heft 10, hrsg. v. *H. Linhardt*, Berlin 1959, S. 61-71, hier S. 61f.; *Ahrens, H.*, Die Bedeutung der Betriebsgröße, S. 4.

[56] *Bloech, J.*, Betriebs- und Unternehmensgröße, in: HdWW, hrsg. v. *W. Albers u.a.*, Bd. 1, Stuttgart u.a. 1977, S. 556-565, hier S. 557.

[57] Vgl. *Koch, H.*, Betriebsgröße, S. 83; *Fettel, J.*, Die Betriebsgröße, S. 66.

431.221.3 Die Kapazität als Maßstab für die Betriebsgröße

Zur Messung der Betriebsgröße ist ein Maßstab notwendig, dessen Anwendung zu quantitativen Aussagen über die Betriebsgröße führt. Als Maßstab für die Betriebsgröße ist eine quantifizierbare Hilfsgröße heranzuziehen.[59] Diese Hilfsgröße muß für die Betriebsgröße repräsentativ sein.[60] Aufgabe jeder Messung ist die „Berechnung einer Zahl, die einen komplexen Sachverhalt (hier die Betriebsgröße, *d. Verf.*) charakterisieren soll.“[61]

In der Literatur werden u.a. folgende Maßstäbe zur Messung der Betriebsgröße genannt[62]:
— Zahl der Beschäftigten,
— Zahl der geleisteten Arbeitsstunden je Zeiteinheit,
— Lohn- und Gehaltssumme je Zeiteinheit,
— Mengen der verarbeiteten Rohstoffe je Zeiteinheit,
— Wert der verarbeiteten Rohstoffe je Zeiteinheit,
— Energieverbrauch je Zeiteinheit,
— Ausbringungsmenge je Zeiteinheit,
— Kapazität je Zeiteinheit,
— Umsatz je Zeiteinheit,
— Wertschöpfung je Zeiteinheit,
— Höhe des eingesetzten Kapitals und
— Marktanteil.

Diese Maßstäbe zur Messung der Betriebsgröße lassen sich nach verschiedenen Kriterien zu einzelnen Gruppen zusammenfassen. Eine Einteilung kann danach erfolgen, ob der jeweilige Maßstab am Input oder am Output der Unternehmung anknüpft, ob Mengen oder Werte gemessen werden oder ob sich der Maßstab auf Personen, Sachen oder Kapital bezieht.[63] Für die Entscheidung, welcher Maßstab im Einzelfall bei der Messung der Betriebsgröße

---

58 Vgl. *Gutenberg, E.*, Betriebsgröße, in: HWB, 3. Aufl., hrsg. v. *H. Seischab/K. Schwantag*, Bd. 1, Stuttgart 1956, Sp. 800-806, hier Sp. 801; *Riebel, P.*, Umgestaltung des Produktionsbereichs in wachsenden Industrieunternehmungen, in: ZfhF 1964, S. 210-233, hier S. 210.

59 Vgl. *Koch, H.*, Betriebsgröße, S. 83.

60 Vgl. *Busse von Colbe, W.*, Die Planung der Betriebsgröße, S. 32; *Zimmermann, K.*, Zur Bestimmung der Unternehmensgröße in der Industrie und im Handel (Teil 1), in: Wirtschaftswissenschaftliche Mitteilungen 1960, Heft 7/8, S. 157-161, hier S. 159.

61 *Pfanzagl, J.*, Die axiomatischen Grundlagen einer allgemeinen Theorie des Messens, Schriftenreihe des Statistischen Instituts der Universität Wien, Neue Folge Nr. 1, begründet von *W. Winkler*, hrsg. v. *S. Sagoroff*, 2. Aufl., Würzburg 1962, S. 9.

62 Vgl. *Lücke, W.*, Betriebs- und Unternehmensgröße, S. 21; *Busse von Colbe, W.*, Die Planung der Betriebsgröße, S. 34-57; *Schmitz, R.A.*, Messung der Größe, S. 92-130; *Koch, H.*, Betriebsgröße, S. 83; *Zimmermann, K.*, Zur Bestimmung der Unternehmensgröße in der Industrie und im Handel, S. 158.

63 Vgl. *Zimmermann, K.*, Zur Bestimmung der Unternehmensgröße in der Industrie und im Handel, S. 159; *Busse von Colbe, W.*, Die Planung der Betriebsgröße, S. 34f.

angewendet wird, ist der Grund, aus dem die Messung durchgeführt wird, mit zu berücksichtigen.[64] Für die hier zu betrachtende Messung der Betriebsgröße ist entscheidend, ob eine Erweiterung des Geschäftsbetriebs im Sinne des § 269 HGB vorliegt. Liegt sie vor, dürfen die dafür vorgenommenen Aufwendungen aktiviert werden.

Für die Feststellung, ob der Geschäftsbetrieb erweitert wurde, sind als Maßstab für die Messung der Betriebsgröße die tatsächlich eingesetzten Produktionsfaktoren oder der erreichte, in Mengen- oder Wertgrößen gemessene Output nicht geeignet.[65] Als Maßstab für die Betriebsgröße weisen sie den Nachteil auf, „daß sie nicht erkennen lassen, wann es sich um eine Produktionsvermehrung als Folge einer Änderung der Betriebsgröße und wann es sich um die Auswirkungen einer Änderung des Beschäftigungsgrades handelt."[66]

Diese Größen scheiden als Maßstab auch deswegen aus, weil sie häufig erst mit einer Verzögerung auf eine Erweiterung des Geschäftsbetriebs reagieren. Wird z.B. eine Produktionsanlage neu errichtet, so läuft die Produktion oft erst eine oder mehrere Perioden, nachdem mit der Erweiterung begonnen wurde, an. Die für die Leistungserstellung eingesetzten Produktionsfaktoren und die Zahl der hergestellten Erzeugnisse steigen erst mit Beginn der Produktion. D.h. die Aufwendungen für die Erweiterung fallen in Perioden an, in denen anhand solcher Maßstäbe, bei sonst unveränderten Bedingungen, keine Betriebsgrößenänderung festgestellt wird. Da Aufwendungen für die Erweiterung des Geschäftsbetriebs aber nur in der Periode der Erweiterung als Zugang aktivierbar sind, würde in Situationen, in denen unstreitig eine Erweiterung des Geschäftsbetriebs vorgenommen wurde, bei der Anwendung dieser Maßstäbe eine Aktivierung von Erweiterungsaufwendungen unterbleiben.

Als Maßstab kommen nur solche Größen in Betracht, die den Input oder den Output bei vollständiger Auslastung der Kapazität der Unternehmung wiedergeben. D.h. als Maßstab, der sich auf den Input bezieht, ist z.B. nicht die Zahl der Beschäftigten, sondern die Zahl der bei voller Auslastung der Unternehmung erforderlichen Arbeitskräfte heranzuziehen. Beim Output der Unternehmung darf als Maßstab z.B. nicht die produzierte Menge an Erzeugnissen, sondern die produzierbare Menge berücksichtigt werden.

Die Verwendung einzelner Produktionsfaktoren als Maßstab für die Betriebsgröße ist nur bei limitationalen Produktionsfunktionen geeignet.[67] Bei Substitutionalität der Produktionsfaktoren würden sich, wenn das Einsatzverhältnis der Produktionsfaktoren geändert wird, unterschiedliche Betriebsgrößen ergeben.

---

[64] Vgl. *Schönfeld, P.*, Probleme und Verfahren der Messung der Kapazität und des Auslastungsgrades, ZfgS 1967, S. 25-59, hier S. 26; *Lücke, W.*, Betriebs- und Unternehmensgröße, S. 21; *Albrecht, E.*, Betriebsgröße und Betriebsoptimum, S. 10.

[65] Vgl. Abschnitt 431.221.2.

[66] *Gutenberg, E.*, Betriebsgröße, Sp. 801.

[67] Vgl. *Koch, H.*, Betriebsgröße, S. 84.

Da in der Praxis häufig auch substitutionale Produktionsfunktionen vorliegen, sind Maßstäbe, die sich auf den Input beziehen, zur Messung der Betriebsgröße nicht geeignet.

Beschränkt man sich auf solche Maßstäbe, die sich auf eine Vollauslastung der Unternehmung beziehen und außerdem eine Outputgröße der Unternehmung betreffen, so verbleiben als mögliche Maßstäbe

— die Wertschöpfung je Zeiteinheit bei voller Auslastung,
— der Marktanteil bei voller Auslastung und
— die Kapazität je Zeiteinheit.

Der Marktanteil scheidet als Maßstab aus, da er auch vom Verhalten der Konkurrenz mit beeinflußt wird. § 269 HGB bezieht sich aber nur auf Veränderungen, die innerhalb der jeweils betrachteten Unternehmung vorgenommen werden. Der Marktanteil sagt nichts aus über die absolute Größe der Unternehmung.[68] Gegen den Marktanteil spricht auch, daß die Produktionstiefe nicht mit berücksichtigt wird. Die Betriebsgröße nimmt aber zu, wenn ceteris paribus die Produktionstiefe erhöht wird. Der Marktanteil bliebe aber unverändert.

In der Literatur[69] wird überwiegend die Kapazität als Maßstab für die Betriebsgröße herangezogen. Die Kapazität gibt die Leistungsfähigkeit der Unternehmung an, nicht die tatsächlich erbrachte Leistung.[70] Gutenberg[71] spricht von der Maximalkapazität. Die Kapazität wird bestimmt durch die bei vollständiger Auslastung der Unternehmung erreichbare Leistung. Allerdings dürfen nicht die innerhalb der einzelnen Bearbeitungsstufen technisch kurzzeitig möglichen Produktionsmengen je Zeiteinheit auf die gesamte, für die Messung zugrundegelegte Periode hochgerechnet werden. Ausfallzeiten für Wartung, Reparatur usw. sind zu berücksichtigen.[72]

Die Kapazität einer Produktionsunternehmung wird bestimmt durch die Produktionshöhe, d.h. der Anzahl der Erzeugnisse je Zeiteinheit, die Produktionsbreite, d.h. der Anzahl der verschiedenen Erzeugnisarten, und die Produktionstiefe, d.h. der Anzahl der Verarbeitungsschritte, die ein Erzeugnis in der

---

[68] Vgl. *Zimmermann, K.*, Zur Bestimmung der Unternehmensgröße in der Industrie und im Handel, S. 158f.

[69] Vgl. *Busse von Colbe, W.*, Die Planung der Betriebsgröße, S. 48f.; *Wetzel, W.*, Untersuchungen über das Problem der Betriebsgröße, Diss., Berlin 1953, S. 73; *Fettel, J.*, Die Betriebsgröße, S. 71; *Koch, H.*, Betriebsgröße, S. 85; *Lücke, W.*, Betriebs- und Unternehmensgröße, S. 22; *Albach, H.*, Betriebsgröße, Sp. 341.

[70] Vgl. *Albach, H.*, Betriebsgröße, Sp. 341; *Wetzel, W.*, Untersuchungen über das Problem der Betriebsgröße, S. 73; *Busse von Colbe, W.*, Die Planung der Betriebsgröße, S. 48f.

[71] Vgl. *Gutenberg, E.*, Die Produktion, S. 73.

[72] Vgl. *Layer, M.*, Kapazität: Begriff, Arten und Messung, in: HWProd, hrsg. v. *W. Kern*, Stuttgart 1979, Sp. 871-882, hier Sp. 874; *Busse von Colbe, W.*, Die Planung der Betriebsgröße, S. 52.

Unternehmung durchläuft.[73] Zur Messung der Kapazität reicht es nicht aus, nur die in der letzten Produktionsstufe bearbeiteten Produkte zu addieren. Erstens sind unterschiedliche Produkte bzw. Produktqualitäten durch einen Gewichtungsfaktor zu berücksichtigen. Zweitens muß auch die Produktionstiefe beachtet werden.[74] Die produzierte Menge an Produkten auf der letzten Produktionsstufe sagt nichts über die Zahl der Bearbeitungsschritte aus, die das Produkt innerhalb der Unternehmung durchlaufen hat.[75] Die Messung der Kapazität als Ausdruck für die Leistungsfähigkeit einer Unternehmung erfordert aber, daß auch das Ausmaß der Bearbeitung die Höhe der gemessenen Kapazität beeinflußt. Der Begriff Erweiterung in § 269 HGB bezieht sich nicht nur auf Veränderungen bei der Zahl der produzierbaren Erzeugnisse auf der letzten Produktionsstufe. Eine Erweiterung des Geschäftsbetriebs liegt auch dann vor, wenn die Unternehmung die Zahl der Bearbeitungsstufen erhöht, d.h. vertikal diversifiziert. Bei der Ermittlung der gesamten Kapazität einer Unternehmung ist es erforderlich, das Ausmaß der Bearbeitung der Produkte innerhalb der Unternehmung zu berücksichtigen. Die Produktionstiefe läßt sich bei der Ermittlung der Gesamtkapazität der Unternehmung über einen Gewichtungsfaktor einbeziehen. Dieser Gewichtungsfaktor kann anhand der um Preisänderungen bereinigten Wertschöpfung festgelegt werden.

Bei der Ermittlung der Gesamtkapazität sind Engpaßfaktoren zu berücksichtigen. Sie sind für die Kapazität bestimmend. Das kann bedeuten, daß ein Abbau von Kapazität in einem nicht ausgelasteten Unternehmensbereich und eine gleichzeitige Kapazitätserhöhung in einem Engpaßfaktor die Gesamtkapazität der Unternehmung erhöht, obwohl die technische, in Maschinenstunden gemessene Kapazität abnimmt. Als Engpaß für die Kapazität kommt nicht nur der Bereich der Produktion bzw. Leistungserstellung in Frage. Der Engpaß kann auch im Beschaffungs-, Verwaltungs- oder Absatzbereich der Unternehmung liegen.

Die Messung der Kapazität ist nicht auf Produktionsunternehmen beschränkt. Bei Dienstleistungsunternehmen wird die Kapazität als das im übertragenen Sinne verstandene Vermögen zur Erbringung von Dienstleistungen definiert.[76] Im folgenden wird beispielhaft die Produktionsunternehmung für die Untersuchung herangezogen. Die Ergebnisse lassen sich auf die Dienstleistungs- und Handelsunternehmen übertragen.

---

[73] Vgl. *Busse von Colbe, W.*, Die Planung der Betriebsgröße, S. 13 und 31; *Schnettler, A.*, Betriebsanalyse, 2. Aufl., Stuttgart 1960, S. 55.

[74] Vgl. *Schnettler, A.*, Betriebsanalyse, S. 55.

[75] Vgl. *Busse von Colbe, W.*, Die Planung der Betriebsgröße, S. 50.

[76] Vgl. *Frank, G.*, Kapazität und Kapazitätsmessung im Einzelhandel, in: ZfB 1970, S. 621-632, hier S. 622.

431.221.4 Die Probleme der Ermittlung der Gesamtkapazität einer Unternehmung

Die Messung der Gesamtkapazität einer Unternehmung bereitet keine Probleme, wenn nur eine Erzeugnisart hergestellt wird, die Erzeugnisse völlig identisch sind oder nur geringfügig voneinander abweichen und ein einstufiger Produktionsprozeß vorliegt.[77] Neben dem Fall, daß nur eine Erzeugnisart produziert wird, ist die Messung der Kapazität auch bei einer Kuppelproduktion mit konstanten Mengenrelationen zwischen den Erzeugnissen unproblematisch.[78]

Probleme treten auf, wenn Produkte in unterschiedlichen Qualitäten oder verschiedene Produkte gefertigt werden. Als Maßeinheit ist in solchen Fällen eine „Produkteinheit von ganz bestimmter Beschaffenheit"[79] festzulegen. Bei heterogenen Erzeugnisarten ist die Festlegung einer Maßeinheit und der Umrechnungsschlüssel für die verschiedenen Erzeugnisse auf diese Maßeinheit schwierig, da geeignete Merkmale zu ermitteln sind, um die verschiedenen Produkte gleichnamig zu machen.[80] Umrechnungsschlüssel sind auch erforderlich, um die Produktionstiefe zu berücksichtigen.

Bei mehrstufiger Produktion ist auch zu beachten, daß u.U. nicht nur Erzeugnisse der letzten Produktionsstufe, sondern auch die Erzeugnisse vorgelagerter Produktionsstufen am Absatzmarkt veräußert werden. Umgekehrt ist die Bearbeitung der hergestellten Erzeugnisse u.U. nicht bereits in der ersten Produktionsstufe der Unternehmung begonnen worden.

Bei der Messung der Kapazität einer Unternehmung sind somit Umrechnungsschlüssel erforderlich, um verschiedene Produkte gleichnamig zu machen. Daneben sind häufig auch Gewichtungen vorzunehmen, um die Zahl der Produktionsstufen zu berücksichtigen, die diese Erzeugnisse durchlaufen haben. Die Festlegung solcher Umrechnungsschlüssel und Gewichtungen bereitet meist erhebliche Probleme.

431.221.5 Die Einschränkung der Messung auf die Veränderung der Kapazität

Durchführung und Umfang jeder Messung sind abhängig von dem Grund, aus dem die Messung vorgenommen wird.[81] Der Grund für die hier betrachtete Messung ist, festzustellen, ob eine Erweiterung des Geschäftsbetriebs vorliegt.

---

[77] Vgl. *Gutenberg, E.*, Betriebsgröße, Sp. 801.

[78] Vgl. *Koch, H.*, Betriebsgröße, S. 85.

[79] *Busse von Colbe, W.*, Die Planung der Betriebsgröße, S. 50.

[80] Vgl. *Gutenberg, E.*, Betriebsgröße, Sp. 801.

[81] Vgl. *Albrecht, E.*, Betriebsgröße und Betriebsoptimum, S. 10; *Lücke, W.*, Betriebs- und Unternehmensgröße, S. 21; *Schönfeld, P.*, Probleme und Verfahren der Messung der Kapazität und des Auslastungsgrades, S. 26.

Hierzu ist es ausreichend, zu ermitteln, ob die Betriebsgröße zugenommen hat. Über die absolute oder die optimale Betriebsgröße[82] sind hier keine Aussagen erforderlich. Hier ist es nicht notwendig, Daten über die Betriebsgröße einer Unternehmung zu ermitteln, die für einen Vergleich mit anderen Unternehmen geeignet sind. Dies vereinfacht die Messung in zweierlei Hinsicht:

a) Der Umfang der Messung wird verringert.
b) Das Problem der Ermittlung geeigneter Umrechnungsschlüssel, um verschiedene Produkte gleichnamig zu machen, entfällt weitgehend.

Zu a): Da nicht die gesamte Kapazität der betrachteten Unternehmung zu messen ist, sondern nur die Kapazitätsveränderung aufgrund von Maßnahmen, die in der abgelaufenen Periode durchgeführt wurden, reicht es aus, die Kapazitätserhöhungen und -verringerungen innerhalb der einzelnen Unternehmensbereiche zu betrachten. Unternehmensbereiche, in denen sich die Kapazität nicht oder für die jeweilige Unternehmung nur unbedeutend verändert hat, brauchen nicht weiter berücksichtigt zu werden. In den Unternehmensbereichen, in denen die Kapazität erhöht oder vermindert wurde, ist es nicht notwendig, die Gesamtkapazität der jeweiligen Bereiche zu messen. Nur die Höhe, in der sich die Kapazität ändert, ist festzustellen. D.h. die hier erforderliche Messung der Kapazität kann auf einen i.d.R. geringen Teil der gesamten Kapazität einer Unternehmung reduziert werden. Nur der Umfang der in dem jeweiligen Unternehmensbereich neu geschaffenen bzw. abgebauten Kapazität ist zu messen.

Zu b): Im Zusammenhang mit dem reduzierten Umfang der Kapazitätsmessung ergibt sich eine weitere Vereinfachung der Messung. Da bei der Messung der Kapazitätsveränderungen i.d.R. nur einzelne Produkte bzw. Produktgruppen oder einzelne Produktionsstufen, bei denen sich die maximale Produktionsmenge geändert hat, zu betrachten sind, entfällt die Festlegung von Umrechnungsschlüsseln für Produkte, die in anderen Produktionsbereichen hergestellt werden. Eine Schlüsselung ist allenfalls dann erforderlich, wenn durch die Änderung der Kapazität die maximale Produktionsmenge mehrerer Produkte in entgegengesetzter Richtung beeinflußt wird, d.h. wenn sich die maximale Produktionsmenge bei einzelnen Produkten erhöht und bei anderen verringert. Ändern sich die maximalen Produktionsmengen mehrerer Produkte dagegen nur in eine Richtung, ist eine Messung der Kapazitätsverände-

---

[82] Vgl. *Albrecht, E.*, Betriebsgröße und Betriebsoptimum; *Busse von Colbe, W.*, Die Planung der Betriebsgröße; *Ahrens, H.*, Die Bedeutung der Betriebsgröße für Kosten und Ertrag unter besonderer Berücksichtigung der Mittelbetriebe; *Niehans, J.*, Eine Meßziffer für Betriebsgrößen, in: ZfgS 1955, S. 529-542; *Edelmann, W.*, Die Betriebsgröße; *Schmitz, R.A.*, Messung der Größe; *Fettel, J.*, Die Betriebsgröße; *Schönfeld, P.*, Probleme und Verfahren der Messung der Kapazität und des Auslastungsgrades; *Wittrock, W.*, Die Bestimmungsfaktoren der optimalen Betriebsgröße und ihre Problematik, Diss., Göttingen 1963.

rung in gleichnamigen Mengeneinheiten nicht erforderlich. Eine Aussage darüber, ob die Kapazität erweitert oder verringert wurde, ist hier ohne eine Schlüsselung möglich.

Als Ergebnis ist festzuhalten, daß die Feststellung einer Kapazitätserweiterung erheblich einfacher durchzuführen ist, als die Messung der Gesamtkapazität einer Unternehmung.

431.221.6 Die Feststellung der Erweiterung der Betriebsgröße

Eine Erweiterung der Betriebsgröße kann in zwei unterschiedliche Richtungen vorgenommen werden. Zum einen läßt sich eine Unternehmung horizontal erweitern, d.h. die Kapazität schon vorhandener Produktionsstufen wird erhöht. Eine Kapazitätsausweitung und damit eine horizontale Erweiterung liegt auch dann vor, wenn zwar die Zahl der auf einer Produktionsstufe bearbeitbaren Erzeugnisse nicht steigt, die Qualität der Erzeugnisse aber verbessert wird. Das ergibt sich daraus, daß bei der Ermittlung der Kapazität qualitativ bessere Produkte mit einem höheren Gewichtungsfaktor zu berücksichtigen sind.[83] Bei einer gleich hohen maximalen Stückzahl aber besserer Qualität der Produkte steigt somit die Kapazität. Bei einer horizontalen Erweiterung besteht, soweit auch nach der Erweiterung noch ein Engpaß vorliegt, häufig die Alternative, entweder die Zahl der produzierten Produkte zu erhöhen, oder die Qualität der Produkte zu verbessern.

Bei der horizontalen Erweiterung ist zu unterscheiden, ob gleichzeitig zu der Erweiterung der Kapazität durch neue Anlagen alte Anlagen und damit bisher zur Verfügung stehende Kapazität stillgelegt werden oder nicht.[84] Die Kapazität einer Produktionsstufe wird erhöht, wenn zusätzlich zu den bisher vorhandenen neue Anlagen beschafft werden oder wenn bisher vorhandene Anlagen durch neue Anlagen ersetzt werden, die leistungsfähiger sind.

Zum anderen kann eine Unternehmung vertikal erweitert werden. Bei der vertikalen Erweiterung wird die Produktionstiefe, d.h. die Zahl der Produktionsstufen oder Bearbeitungsschritte erhöht.[85]

Eine horizontale oder vertikale Erweiterung ist notwendige Voraussetzung für eine Erweiterung der Betriebsgröße und damit auch für die Erweiterung des Geschäftsbetriebs. Die horizontale oder vertikale Erweiterung in einem Unternehmensbereich reicht allein aber nicht aus, um die Betriebsgröße zu erweitern. Die Betriebsgröße der Unternehmung insgesamt muß ausgedehnt werden, d.h.

---

[83] Vgl. Abschnitt 431.221.3.

[84] Vgl. *Gutenberg, E.*, Die Produktion, S. 423f.; *Schäfer, E.*, Die Unternehmung, 10. Aufl., Wiesbaden 1980, S. 200; *Riebel, P.*, Umgestaltung des Produktionsbereichs in wachsenden Industrieunternehmungen, S. 218f.

[85] Vgl. *Riebel, P.*, Umgestaltung des Produktionsbereichs in wachsenden Industrieunternehmungen, S. 213.

die Kapazität der gesamten Unternehmung und nicht nur eines Unternehmensbereichs muß erhöht werden.[86] Der Abbau bereits vorhandener Kapazität ist mit zu berücksichtigen. Eine Erweiterung der Betriebsgröße liegt nur dann vor, wenn die in dem abgelaufenen Geschäftsjahr neu geschaffene Kapazität größer ist als die in dem gleichen Zeitraum abgebaute Kapazität.

Voraussetzung für eine Erhöhung der Gesamtkapazität der Unternehmung ist aber auch, daß die Kapazitätsausweitung in einzelnen Unternehmensbereichen nicht aufgrund von Engpässen in anderen Unternehmensbereichen ohne Auswirkungen bleibt. Eine Kapazitätserweiterung setzt voraus, daß Engpässe, die bei vollständiger Auslastung der Unternehmung auftreten, beseitigt werden.

Bei der Prüfung, ob eine Erweiterung der Betriebsgröße stattgefunden hat, sind vier Fälle zu unterscheiden, wie die Abb. 2 zeigt.

Für diese vier Fälle ist zu untersuchen, wie jeweils vorzugehen ist, um zu ermitteln, ob eine Erweiterung der Kapazität der Unternehmung und damit der Betriebsgröße vorliegt.

Im Fall 1 wird an einer Stelle in der Unternehmung zusätzliche Kapazität geschaffen. Möglich ist hier sowohl eine horizontale als auch eine vertikale Ausweitung der Kapazität. Diese zusätzliche Kapazität ersetzt keine bisher vorhandene Kapazität, die in demselben Geschäftsjahr abgebaut wird. Auch in anderen Unternehmensbereichen wird in dem betrachteten Geschäftsjahr keine Kapazität abgebaut. Die Gesamtkapazität der Unternehmung erhöht sich, da gleichzeitig zu der Kapazitätserhöhung in dem betrachteten Unternehmensbereich in anderen Unternehmensbereichen keine Kapazität abgebaut wird. In diesem Fall liegt eine Erweiterung der Betriebsgröße vor, wenn die Kapazitätserhöhung nicht durch einen Engpaß in einem anderen Unternehmensbereich dominiert wird. Die Voraussetzung für eine Aktivierung nach § 269 HGB, daß der Geschäftsbetrieb erweitert wird, ist dann erfüllt.

Beim Fall 2 wird bisher vorhandene Kapazität stillgelegt und durch neu geschaffene Kapazität ersetzt. Hier wird z.B. eine alte Anlage ceteris paribus gegen eine neue Anlage ausgetauscht. Eine Erweiterung der Betriebsgröße ist immer dann gegeben, wenn die neu beschaffte Anlage leistungsfähiger ist als die stillgelegte Anlage und die alte Anlage einen Engpaß darstellte. Bei Rationalisierungsinvestitionen, die nicht gleichzeitig zu einer Kapazitätserweiterung führen, liegt somit z.B. keine Erweiterung des Geschäftsbetriebs vor.

Bei der Beschaffung einer neuen Anlage spielen Überlegungen über die Höhe der Kapazität eine entscheidende Rolle. Insbesondere ist für die Entscheidung bedeutend, ob die mögliche Kapazität gegenüber der bisher genutzten Anlage erhöht werden soll oder nicht. Bei einem Austausch einer bisher genutzten gegen eine neue Anlage ist in aller Regel bekannt, ob die Kapazität in diesem Bereich durch diese Maßnahme erhöht oder vermindert wird oder unverändert bleibt.

---

[86] Vgl. *Veit, K.-R.*, Organisationsausgaben, S. 66.

		Die Entwicklung im betrachteten Unternehmensbereich	
		Neugeschaffene Kapazität nicht als Ersatz bisher vorhandener Kapazität	Neugeschaffene Kapazität als Ersatz bisher vorhandener Kapazität
Die Entwicklung in anderen Unternehmensbereichen	Kein Abbau von Kapazität an anderer Stelle in der Unternehmung	Fall 1	Fall 2
	Abbau von Kapazität an anderer Stelle in der Unternehmung	Fall 3	Fall 4

Abb. 2. Darstellung der Situationen, in denen eine Erweiterung der Betriebsgröße möglich ist

Da an anderer Stelle in der Unternehmung keine Kapazität abgebaut wird, liegt eine Erweiterung der Betriebsgröße und damit auch des Geschäftsbetriebs der Unternehmung immer dann vor, wenn sich die Kapazität durch den Austausch von Anlagen in diesem Bereich erhöht. Die hierzu notwendigen Informationen sind in aller Regel vorhanden. Wie im Fall 1 ist es mit sehr geringem Aufwand möglich, festzustellen, ob die Betriebsgröße erweitert wurde.

Im Fall 3 ersetzt die neu geschaffene Kapazität keine bisher vorhandene Kapazität. In dem betreffenden Unternehmensbereich wird die Kapazität erweitert, da in diesem Bereich keine bisher vorhandene Kapazität abgebaut wird. In einem anderen Unternehmensbereich wird die Kapazität dagegen verringert. In diesem Fall ist die Kapazitätserhöhung in einem Unternehmensbereich der Kapazitätsverringerung in einem anderen Unternehmensbereich gegenüberzustellen. Das gilt für den Fall, daß in mehr als zwei Unternehmensbereichen eine Kapazitätserhöhung bzw. -verringerung erfolgt, entsprechend. Eine Erweiterung der Betriebsgröße liegt immer dann vor, wenn die Summe der einzelnen Kapazitätserweiterungen größer ist, als die Summe der einzelnen Kapazitätsverringerungen. Zusätzliche Voraussetzung ist auch hier, daß ein Engpaß beseitigt bzw. reduziert wird.

Hier ist u.U. eine Schlüsselung erforderlich, um zu einer einheitlichen Verrechnungseinheit zu gelangen. Häufig geht die Veränderung der Betriebsgröße aber eindeutig in eine Richtung. Eine genaue Ermittlung der Kapazitätsänderung der gesamten Unternehmung ist dann nicht erforderlich. Eine Aussage darüber, ob eine Erweiterung der Betriebsgröße vorliegt, reicht aus. Für die Entscheidung, ob Aufwendungen für die Erweiterung des Geschäftsbetriebs nach § 269 HGB aktiviert werden dürfen, braucht der genaue Umfang der Kapazitätserweiterung nicht gemessen zu werden. Entscheidend ist allein die Tatsache, daß die Kapazität zugenommen hat. Damit entfällt dann auch das Problem der Schlüsselung.

Der Fall 4 enthält Elemente von Fall 2 und Fall 3. Der Unterschied zu Fall 3 liegt darin, daß die neu geschaffene Kapazität bisher vorhandene Kapazität ersetzt, die in demselben Geschäftsjahr abgebaut wird. Wie im Fall 2 ist hier die Kapazitätsveränderung aufgrund des Austausches einer alten gegen eine neue Anlage zu ermitteln. Diese Veränderung ist dann entsprechend der Vorgehensweise im Fall 3 den Kapazitätsveränderungen in anderen Unternehmensbereichen gegenüberzustellen. Auch hier wird eine Schlüsselung häufig nicht notwendig sein.

431.222. Die Bedeutung der Erweiterung für die Unternehmung

Als Voraussetzung für eine Aktivierung von Aufwendungen für die Erweiterung des Geschäftsbetriebs nach § 269 HGB wurde bisher die Erhöhung der Kapazität der gesamten Unternehmung genannt. Erhöht sich die Kapazität, so steigt gleichzeitig die Betriebsgröße. Eine gestiegene Betriebsgröße wurde mit einer Erweiterung des Geschäftsbetriebs gleichgesetzt. Würde man sich bei der Auslegung des § 269 HGB auf das Kriterium der Kapazitätsausweitung beschränken, dürften bei jeder, auch noch so geringen Kapazitätserhöhung Aufwendungen für die Erweiterung aktiviert werden. Dies ist aber mit der Bilanzierungshilfe, die § 269 HGB einräumt, nicht beabsichtigt.

Im Gegensatz zu § 153 IV AktG a.F., der eine einmalige Bilanzierungshilfe während der Ingangsetzungsphase der Unternehmung gewährte, ist mit § 269 HGB eine gelegentliche Bilanzierungshilfe beabsichtigt.[87] Die Bilanzierungshilfe stellt eine Ausnahmeregelung für außergewöhnliche Situationen dar.[88]

---

[87] Vgl. *Veit, K.-R.*, Organisationsausgaben, S. 66.

Geringfügige Kapazitätserweiterungen sind für Unternehmen keine außergewöhnlichen Situationen, die die Inanspruchnahme einer Bilanzierungshilfe rechtfertigen. Die Erweiterung muß für die jeweilige Unternehmung von wesentlicher Bedeutung sein.[89] Außerdem ist erforderlich, daß es sich bei der Erweiterung um eine abgegrenzte bzw. abgrenzbare Maßnahme handelt.[90]

Um festzustellen, ob die Unternehmung wesentlich erweitert wurde, ist nicht nur die Kapazitätssteigerung innerhalb des betreffenden Unternehmensbereichs, sondern die Erhöhung der Gesamtkapazität der Unternehmung zu betrachten. Nicht die absolute Veränderung der Kapazität ist entscheidend, sondern die relative Veränderung in bezug auf die Unternehmensgröße. Ob die Erweiterung für die jeweilige Unternehmung bedeutend ist, läßt sich i.d.R. ohne eine exakte Messung beurteilen.

Wesentliche Erweiterungsmaßnahmen liegen z.B. dann vor, wenn neue Betriebsabteilungen oder neue Fertigungsbereiche eingerichtet werden.[91] Die Aktivierungsfähigkeit ist aber nicht auf Maßnahmen im Fertigungsbereich beschränkt. Wird z.B. eine eigene Vertriebsorganisation aufgebaut, während der Vertrieb bisher über andere Unternehmen abgewickelt wurde, dürfen auch in diesem Fall, soweit die anderen Voraussetzungen erfüllt sind, Aufwendungen für die Erweiterung des Geschäftsbetriebs aktiviert werden. Die Unternehmung wird vertikal ausgeweitet und damit die Kapazität ceteris paribus erhöht.

Die Kapazitätserweiterung zu messen und die Bedeutung der Erweiterungsmaßnahme für die Unternehmung zu beurteilen, setzt voraus, daß die Erweiterungsmaßnahme gegenüber den übrigen Aktivitäten der Unternehmung eindeutig abgrenzbar ist. Dies erfordert eine sachliche und eine zeitliche Abgrenzung.[92] Die Erweiterungsmaßnahme muß sich sowohl vom laufenden Geschäftsbetrieb als auch von anderen in der Unternehmung durchgeführten Projekten trennen lassen. Dies ist für eine nachprüfbare Ermittlung der Aufwendungen, die für die Erweiterung getrennt zu erfassen sind, unverzichtbar. Der Zeitraum, in dem die Erweiterung durchgeführt wird, muß festgestellt werden, denn nur innerhalb dieses Zeitraums dürfen Aufwendungen für die Erweiterung als Zugang aktiviert werden.

---

[88] Vgl. *Wichmann, G.*, Die Bedeutung des Paragraph 149 Absatz 1 Satz 2 AktG für die Bilanzierung der Aktiengesellschaften, in: WPg 1977, S. 290-294, hier S. 293; *Veit, K.-R.*, Organisationsausgaben, S. 66.

[89] Vgl. *Richter, M.*, Die Bilanzierungshilfen, Rn. 34; *Selchert, F.W.*, Bilanzierung und Bilanzierungsmethode nach dem Bilanzrichtlinie-Gesetz, S. 1402; *Veit, K.-R.*, Organisationsausgaben, S. 66.

[90] Vgl. *Veit, K.-R.*, Organisationsausgaben, S. 66; *Selchert, F.W.*, Bilanzierung und Bilanzierungsmethode nach dem Bilanzrichtlinie-Gesetz, S. 1402.

[91] Vgl. *Mutze, O.*, Aktivierung und Bewertung, S. 276.

[92] Vgl. *Veit, K.-R.*, Organisationsausgaben, S. 66.

431.223. Die Abgrenzung der Erweiterung gegenüber der Betriebsumstellung und der Betriebsverlegung

In der Literatur[93] wird teilweise die Auffassung vertreten, daß auch Aufwendungen für die Betriebsumstellung und die Betriebsverlegung aufgrund von § 269 HGB aktiviert werden dürfen. Diese Auffassung entspricht der Auslegung von § 133 Nr. 4 AktG 1937, der die Aktivierung von Betriebseinrichtungskosten erlaubte. Unter die Betriebseinrichtungskosten wurden auch die Aufwendungen für Betriebsumstellungen und Betriebsverlegungen gefaßt.[94]

Obwohl die Anwendungsmöglichkeit der Bilanzierungshilfe gegenüber § 153 IV AktG 1965 a.F. ausgedehnt worden ist, läßt der Wortsinn des § 269 HGB aber nicht, wie § 133 Nr. 4 AktG 1937, allgemein die Aktivierung von Betriebseinrichtungskosten zu. § 269 HGB beschränkt die Aktivierung auf die Ingangsetzung und die Erweiterung des Geschäftsbetriebs. In der Literatur[95] wird ebenso wie im allgemeinen Sprachgebrauch zwischen der Erweiterung, der Umstellung und der Verlegung des Geschäftsbetriebs unterschieden. Da der Wortsinn des § 269 HGB nur bei einer Erweiterung, nicht aber bei einer Umstellung oder Verlegung des Geschäftsbetriebs die Aktivierung erlaubt, kann der Auffassung, daß auch Aufwendungen für Betriebsumstellungen und Betriebsverlegungen aktivierbar sind, nicht gefolgt werden. Anhaltspunkte, daß die Bilanzierungshilfe auch bei einer Betriebsumstellung oder Betriebsverlegung anwendbar ist, liegen nicht vor.

Eine Aktivierung ist nur dann zulässig, wenn gleichzeitig mit der Betriebsumstellung oder Betriebsverlegung der Geschäftsbetrieb erweitert wird. Dies ist z.B. der Fall, wenn eine Unternehmung an anderer Stelle neu aufgebaut und erweitert wird, da an dem bisherigen Ort keine für eine Kapazitätsausweitung notwendige räumliche Ausdehnung mehr möglich ist. Eine Betriebsumstellung oder Betriebsverlegung ist aber auch möglich, ohne daß die Kapazität der Unternehmung erhöht wird. Wird z.B. ceteris paribus überflüssige Kapazität in einem Unternehmensbereich abgebaut, ist häufig auch eine Umstellung des Betriebsablaufs erforderlich. In diesem Fall liegt keine Erweiterung des Geschäftsbetriebs vor.

431.224. Der Zeitraum der Erweiterung

Ebenso wie die Ingangsetzung kann sich auch eine Erweiterung des Geschäftsbetriebs über mehrere Geschäftsjahre erstrecken. Die Bilanzierung bei

---

[93] Vgl. *Niehus, R.J.*, Rechnungslegung der GmbH, S. 229; *Marettek, A.*, Ingangsetzungs- und Erweiterungsaufwendungen, Sp. 624f.

[94] Vgl. Abschnitt 42.

[95] Vgl. *Husemann, K.-H.*, Grundsätze ordnungsmäßiger Bilanzierung für Anlagegegenstände, S. 295; *Adler, H./Düring, W./Schmaltz, K.*, Rechnungslegung und Prüfung der Aktiengesellschaft, 4. Aufl., Bd. 1, § 153 Tz. 124.

einer mehrperiodigen Erweiterung erfolgt analog zu der Bilanzierung bei einer mehrperiodigen Ingangsetzung des Geschäftsbetriebs.[96]

432. Die Erfüllung der Zwecke der Bilanzierungshilfe als Voraussetzung für eine Aktivierung

Aufwendungen für die Ingangsetzung und Erweiterung des Geschäftsbetriebs dürfen nach § 269 HGB nur dann aktiviert werden, wenn mindestens ein Zweck der Bilanzierungshilfe durch die Aktivierung erfüllt wird.[97] Ein Ansatzwahlrecht besteht somit, wenn durch die Aktivierung

- ein Jahresfehlbetrag verringert bzw. vermieden wird,
- ein Verlustausweis in der Bilanz verringert bzw. vermieden wird,
- eine Unterbilanz vermieden bzw. die Höhe des Betrags, in der das Eigenkapital angegriffen ist, verringert wird (Die Verringerung der Höhe des Betrags, in der das Eigenkapital angegriffen ist, führt u.U. auch dazu, daß die Einberufung einer außerordentlichen Hauptversammlung, die an den Verlust des halben Grundkapitals gekoppelt ist, nicht erforderlich wird.) oder
- eine formelle Überschuldung vermieden bzw. die Höhe des Betrags, in der eine formelle Überschuldung besteht, verringert wird.

Ausreichend ist, daß einer der Zwecke in der Periode, in der über den Ansatz der Aufwendungen für die Ingangsetzung und Erweiterung des Geschäftsbetriebs zu entscheiden ist, erfüllt wird.

Die Bilanzierungshilfe des § 269 HGB ist also eine Hilfe für außergewöhnliche Situationen.[98] Solche außergewöhnlichen Situationen sind nur dann gegeben, wenn die Möglichkeit besteht, einen Zweck der Bilanzierungshilfe, z.B. die Vermeidung oder Verringerung eines Verlustes, zu erfüllen. Diese Möglichkeit besteht aber nur dann, wenn ohne eine Aktivierung der Ingangsetzungs- oder Erweiterungsaufwendungen z.B. ein Verlust entsteht. Liegen solche außergewöhnlichen Situationen nicht vor, lassen sich auch die Zwecke der Bilanzierungshilfe nicht erfüllen. Ein Aktivierungswahlrecht ist dann nicht gegeben, denn für die Gewährung einer Bilanzierungshilfe besteht kein Anlaß. § 269 HGB darf somit nicht angewendet werden.[99] Die Frage der Behandlung der Aufwendungen für die Ingangsetzung und Erweiterung des Geschäftsbetriebs ist dann anhand der handelsrechtlichen Regelvorschriften zu entscheiden. Die Aufwendungen für die Ingangsetzung und Erweiterung sind danach in der Periode erfolgswirksam zu verrechnen, in der sie anfallen. Die Bilanzierungshilfe

---

[96] Vgl. Abschnitt 431.14.

[97] Vgl. Abschnitt 353.

[98] Vgl. *Wichmann, G.*, Die Bedeutung des Paragraph 149 Absatz 1 Satz 2 AktG für die Bilanzierung der Aktiengesellschaften, S. 293.

[99] Vgl. Abschnitt 353.

des § 269 HGB ist somit kein Instrument mit dem die Unternehmensleitung die Ertragslage nach Bedarf verbessern und gleichzeitig eine Versteuerung und Ausschüttung des zusätzlich aktivierten Betrags vermeiden kann.[100]

Einige Autoren[101] nehmen für die Ingangsetzungs- und Erweiterungsaufwendungen ein Aktivierungsverbot an, wenn der Ertrag der Periode neben den übrigen Aufwendungen auch die Aufwendungen für die Ingangsetzung und Erweiterung des Geschäftsbetriebs deckt. Allerdings wird bei diesen Autoren nicht deutlich, aufgrund welcher Überlegungen sie zu diesem Ergebnis gelangen. Das Ergebnis bezieht sich außerdem nur auf einen einzelnen Fall, in dem die Anwendung der hier herausgearbeiteten Kriterien für die Auslegung von Bilanzierungshilfen dazu führt, daß die Bilanzierungshilfe nicht in Anspruch genommen werden darf. Das macht deutlich, daß diese Äußerungen nicht ausreichen, um alle Entscheidungssituationen über die rechtmäßige Inanspruchnahme der Bilanzierungshilfe zu kennzeichnen. Die Autoren liefern noch keine akzeptable und abgerundete hermeneutische Auslegung der Bilanzierungshilfe für alle typischen denkbaren Fälle.

Die Voraussetzung, daß die Bilanzierungshilfe nur in Anspruch genommen werden darf, wenn einer der Zwecke der Bilanzierungshilfe erfüllt wird, hat in bestimmten Situationen auch Auswirkungen auf die Höhe, in der Aufwendungen für die Ingangsetzung und Erweiterung des Geschäftsbetriebs aktiviert werden dürfen. Ingangsetzungs- und Erweiterungsaufwendungen dürfen maximal in Höhe des Betrags aktiviert werden, der ausreicht, die Zwecke der Bilanzierungshilfe zu erfüllen. Ergibt sich z. B. ohne eine Aktivierung von Aufwendungen für die Ingangsetzung und Erweiterung ein Jahresfehlbetrag von 1000 GE und beträgt die Summe der Aufwendungen für eine Erweiterung des Geschäftsbetriebs 2000 GE, so dürfen maximal 1000 GE aktiviert werden. Hier wird vorausgesetzt, daß weder eine Unterbilanz noch eine formelle Überschuldung vorliegt. Der Zweck der Vermeidung eines Jahresfehlbetrages ist dann erreicht. Eine Aktivierung der verbleibenden 1000 GE trägt nicht dazu bei, einen Zweck der Bilanzierungshilfe zu erfüllen.

Als Ergebnis ist festzuhalten, daß die Bilanzierungshilfe des § 269 HGB, Aufwendungen für die Ingangsetzung und Erweiterung des Geschäftsbetriebs zu aktivieren, nur dann besteht, wenn einer der Zwecke der Bilanzierungshilfe durch die Aktivierung erfüllt wird.

---

[100] Anderer Ansicht offenbar *von Wysocki, K.*, Diskussionsbeitrag, in: Aktuelle Probleme der Kosten- und Erlösrechnung bei weitgehend automatisierter Serienfertigung, Wolfsburger Fachgespräche, Bd. 7, Dialog zwischen Wissenschaft und Praxis über aktuelle Fragen des Finanzmanagements, hrsg. v. *Volkswagenwerk AG*, Wolfsburg 1985, S. 99.

[101] Vgl. *Freericks, W.*, Bilanzierungsfähigkeit, S. 219; *Müller-Dahl, F.P.*, Bilanzierung des Goodwill, S. 278; *Knoche, M.*, Die Berichterstattung über Bewertungsänderungen im Geschäftsbericht nach neuem Aktienrecht, Düsseldorf 1967, S. 26; *IdW*, Achte und Neunte Arbeitstagung 1965/66, als Manuskript gedruckt, Düsseldorf 1966, S. 12 (Bei diesem Bericht handelt es sich nicht um Meinungsäußerungen des IdW).

433. Das Verbot der Nachholung

Aufwendungen für die Ingangsetzung und Erweiterung des Geschäftsbetriebs dürfen, vorausgesetzt, daß einer der Zwecke der Bilanzierungshilfe erfüllt wird, nur in dem Geschäftsjahr aktiviert werden, in dem die Aufwendungen anfallen. Eine Nachholung der Aktivierung in späteren Geschäftsjahren ist nicht zulässig. Eine zeitliche Flexibilität[102] bezüglich des Ansatzes von Aufwendungen für die Ingangsetzung und Erweiterung des Geschäftsbetriebs besteht nicht.

Sinn der Bilanzierungshilfe ist es, die Ertragslage der Unternehmung während der Ingangsetzung oder Erweiterung des Geschäftsbetriebs um die hierfür angefallenen Aufwendungen zu entlasten. Nur in den Geschäftsjahren, in denen entsprechende Aufwendungen anfallen, ergibt sich somit die Alternative, diese Aufwendungen erfolgswirksam zu behandeln oder zu aktivieren. Hat sich die Unternehmung dazu entschieden, die Ingangsetzungs- und Erweiterungsaufwendungen nicht zu aktivieren, besteht in den folgenden Jahren bezüglich dieser Aufwendungen kein Aktivierungswahlrecht mehr.

Auch bei einer mehrperiodigen Erweiterung dürfen Erweiterungsaufwendungen, die in dem ersten Jahr der Erweiterung entstanden sind, somit nicht erst ein oder mehrere Jahre später aktiviert werden. Andererseits ist es aber zulässig, Aufwendungen, die z.B. im zweiten Jahr der Erweiterung anfallen, in dem betreffenden Jahr zu aktivieren, obwohl im ersten Jahr der Erweiterung das Aktivierungswahlrecht des § 269 HGB nicht in Anspruch genommen wurde. In diesem Fall liegt keine Nachholung vor.

44 Die Bewertung der Aufwendungen für die Ingangsetzung und Erweiterung des Geschäftsbetriebs

441. Die Ermittlung der für die Ingangsetzung und Erweiterung des Geschäftsbetriebs aktivierbaren Aufwendungen

441.1 Die Abgrenzung gegenüber den Anschaffungs- und Herstellungskosten anderer Aktiva

In § 269 HGB heißt es, daß die Aufwendungen für die Ingangsetzung und Erweiterung des Geschäftsbetriebs nur als Bilanzierungshilfe aktiviert werden dürfen, „soweit sie nicht bilanzierungsfähig sind“[103]. Gemeint ist, daß nur solche Aufwendungen, die ohne die Bilanzierungshilfe des § 269 HGB nicht aktivierungsfähig wären, als Aufwendungen für die Ingangsetzung und Erweiterung des Geschäftsbetriebs aktiviert werden dürfen. Aufwendungen, die zu den

---

[102] Vgl. *Börner, D./Krawitz, N.*, Steuerbilanzpolitik, Herne u.a. 1977, S. 110 f.

[103] § 269 Satz 1 HGB.

Anschaffungs- oder Herstellungskosten anderer bilanzierungsfähiger Aktiva gehören oder für die ein Wahlrecht bezüglich der Einbeziehung in die Anschaffungs- oder Herstellungskosten besteht, dürfen in der Bilanz nicht als Aufwendungen für die Ingangsetzung und Erweiterung des Geschäftsbetriebs ausgewiesen werden. Auf diese Abgrenzung ist insbesondere bei den während der Ingangsetzungs- oder Erweiterungsphase beschafften oder hergestellten Anlagegütern und Vorräten zu achten.[104]

Die Bilanzierungshilfe gilt nur für solche Aufwendungen, für die keine andere Möglichkeit zur Aktivierung besteht. Für Aufwendungen, die auch ohne die Bilanzierungshilfe des § 269 HGB aktivierbar sind, ist eine Bilanzierungshilfe nicht erforderlich.

441.2 Die Abgrenzung gegenüber dem Gründungsaufwand

Bei der Ermittlung der Aufwendungen für die Ingangsetzung des Geschäftsbetriebs ist darauf zu achten, daß keine Gründungsaufwendungen mit einbezogen werden. Die Aufwendungen für die Gründung einer Unternehmung fallen nicht unter die Ingangsetzungsaufwendungen.[105] Für sie besteht ein Aktivierungsverbot.[106] Bei einer Unternehmensgründung können z.B. folgende Aufwendungen erforderlich sein:[107]

— Gerichts- und Notariatskosten,
— Maklergebühren,
— Aufwendungen für den Druck von Aktien und Prospekten,
— Aufwendungen für die Gründungsprüfung,
— Kapitalverkehrsteuer und
— Aufwendungen für Gutachten.

Diese Aufwendungen dürfen nicht als Aufwendungen für die Ingangsetzung des Geschäftsbetriebs aktiviert werden.

Mit Ausnahme der Aufwendungen für die Gründungsprüfung können die oben genannten Aufwendungen auch bei einer Erweiterung des Geschäftsbetriebs anfallen. Bei einer Kapitalerhöhung, die im Zusammenhang mit einer Erweiterung vorgenommen wird, entstehen z.B. Gerichts- und Notariatskosten. Solche Aufwendungen dürfen nicht als Aufwendungen für die Erweiterung des Geschäftsbetriebs aktiviert werden. Wie bei der Ingangsetzung der Unterneh-

---

[104] Vgl. *Mutze, O.*, Aktivierung und Bewertung, S. 276.

[105] Vgl. Abschnitt 431.13.

[106] Vgl. § 248 I HGB.

[107] Vgl. *Kropff, B.*, in: *E. Geßler/W. Hefermehl/U. Eckardt/B. Kropff*, Aktiengesetz-Kommentar, Bd. III, § 153 Anm. 58; *Veit, K.-R.*, Organisationsausgaben, S. 69; *Adler, H./Düring, W./Schmaltz, K.*, Rechnungslegung und Prüfung der Aktiengesellschaft, 4. Aufl., Bd. 1, § 153 Tz. 123; *Timm, W.*, Gründungs- und Ingangsetzungskosten, S. 186.

mung dürfen auch bei einer Erweiterung die Aufwendungen für die Schaffung der rechtlichen Voraussetzungen für die Erweiterung des Geschäftsbetriebs nicht aktiviert werden, da § 248 I HGB für solche Aufwendungen eine Aktivierung untersagt.

441.3 Die Gleichartigkeit der Aufwendungen für die Ingangsetzung und für eine Erweiterung des Geschäftsbetriebs

Die Aufwendungen für die Ingangsetzung und die Aufwendungen für eine Erweiterung des Geschäftsbetriebs unterscheiden sich bezüglich des Anlasses, der diese Aufwendungen erforderlich macht. Anlaß für die Aufwendungen ist entweder die Gründung einer Unternehmung oder die Erweiterung einer Unternehmung. Das Ziel, das mit den Aufwendungen erreicht werden soll, ist aber in beiden Fällen identisch. Die Leistungsbereitschaft der Unternehmung soll hergestellt werden. Dieses Ziel bezieht sich bei einer Gründung auf die gesamte Unternehmung und bei einer Erweiterung auf einen Teilbereich der Unternehmung. Die Aufwendungen sind notwendig, um den Geschäftsbetrieb insgesamt oder eine Erweiterung des Geschäftsbetriebs ingangzusetzen.

Die Formulierungen „Aufwendungen für die Ingangsetzung und Erweiterung des Geschäftsbetriebs“[108] und „Aufwendungen für die Ingangsetzung des Geschäftsbetriebs und dessen Erweiterung“[109] sind insoweit nicht ganz korrekt. Genauer müßte man von „Aufwendungen für die Ingangsetzung des Geschäftsbetriebs und für die Ingangsetzung einer Erweiterung des Geschäftsbetriebs“ sprechen. Nicht die Aufwendungen für die Erweiterung des Geschäftsbetriebs sind nach § 269 HGB aktivierbar, sondern die Aufwendungen, die erforderlich sind, um diese Erweiterung in einen betriebsbereiten Zustand zu versetzen.

Anstelle der Erweiterung einer Unternehmung ist häufig auch die Gründung einer rechtlich selbständigen Unternehmung möglich. Unternehmensleitung und Eigentümer haben dann die Möglichkeit, zu entscheiden, ob z.B. ein neues Produkt innerhalb der schon bestehenden Unternehmung produziert werden soll oder ob hierfür eine rechtlich selbständige Unternehmung neu gegründet werden soll. Je nachdem, welche Entscheidung getroffen wird, fallen die Aufwendungen entweder für die Ingangsetzung oder für eine Erweiterung des Geschäftsbetriebs an, ohne daß sich bezüglich der Aufwendungen etwas ändert. Die Aufwendungen sind, unabhängig davon, ob sie für die Ingangsetzung oder die Erweiterung einer Unternehmung getätigt werden, der Höhe und der Art nach gleich. Bei der Gründung einer neuen Unternehmung fallen zwar zusätzliche Aufwendungen an, hierbei handelt es sich aber um Aufwendungen für die Gründung und nicht für die Ingangsetzung des Geschäftsbetriebs.

---

[108] § 282 HGB.

[109] § 269 Satz 1 HGB.

Da die Aufwendungen für die Herstellung der Leistungsbereitschaft der Unternehmung davon unabhängig sind, ob es sich um eine Ingangsetzung oder Erweiterung des Geschäftsbetriebs handelt, besteht kein Grund, für eine getrennte Erörterung der Aufwendungen für die Ingangsetzung und der Aufwendungen für eine Erweiterung des Geschäftsbetriebs. Im folgenden werden die Aufwendungen für die Ingangsetzung und die Aufwendungen für eine Erweiterung des Geschäftsbetriebs deshalb gemeinsam behandelt.

441.4 Die für die Ingangsetzung und Erweiterung des Geschäftsbetriebs aktivierungsfähigen Aufwendungen

Nachdem erörtert wurde, wann Aufwendungen für die Ingangsetzung und Erweiterung des Geschäftsbetriebs aktiviert werden dürfen[110] und welche Aufwendungen nicht zu den Ingangsetzungs- und Erweiterungsaufwendungen gehören[111], bleibt die Frage, welche Arten von Aufwendungen aufgrund der in § 269 HGB gewährten Bilanzierungshilfe aktivierungsfähig sind.

Eine genaue Definition der nach § 269 HGB aktivierbaren Aufwendungen ist weder durch eine verbale Umschreibung noch anhand einer abschließenden Aufzählung möglich. Welche Aufwendungen unter die Ingangsetzungs- und Erweiterungsaufwendungen fallen, ist von dem jeweiligen Einzelfall, in dem eine Ingangsetzung oder Erweiterung des Geschäftsbetriebs vorgenommen wird, abhängig. Hierbei spielen die Art der Unternehmung, z.B. ob die Unternehmung im Produktions-, Dienstleistungs- oder Handelsbereich tätig ist, aber z.B. auch die Art der Erweiterung des Geschäftsbetriebs eine Rolle. Die Aufwendungen unterscheiden sich z.B., wenn die Unternehmung im Produktionsbereich oder im Vertriebsbereich erweitert wird. Die Entscheidung, ob eine bestimmte Art von Aufwendungen aufgrund der Bilanzierungshilfe aktiviert werden darf, hängt von dem jeweiligen Einzelfall ab. Voraussetzung für eine Aktivierung ist, daß die Aufwendungen durch die Ingangsetzung oder Erweiterung des Geschäftsbetriebs verursacht worden sind, d.h. ohne die Ingangsetzung oder Erweiterung nicht angefallen wären.

Auch wenn keine abschließende Aufzählung der für eine Ingangsetzung und Erweiterung aktivierbaren Aufwendungen möglich ist, gibt es doch eine Reihe von Aufwendungen, die für die Ingangsetzung und Erweiterung des Geschäftsbetriebs typisch sind. Insbesondere, wenn die in der Unternehmung entstehenden Aufwendungen nach ihren Zwecken getrennt erfaßt werden,[112] ergeben sich Arten von Aufwendungen, die häufig einer Ingangsetzung oder Erweiterung des

[110] Vgl. Abschnitt 43.

[111] Vgl. Abschnitt 441.1 und 441.2.

[112] Zu den verschiedenen Kriterien zur Aufteilung in verschiedene Kosten- bzw. Aufwandsarten vgl. *Weber, H.K.*, Betriebswirtschaftliches Rechnungswesen, S. 305.

Geschäftsbetriebs zuzuordnen sind. Als Aufwendungen für die Ingangsetzung und Erweiterung des Geschäftsbetriebs kommen in Betracht:[113]

- Aufwendungen für die Beschaffung von Arbeitskräften,
- Aufwendungen für das Anlernen bzw. Umschulen von Arbeitskräften,
- Aufwendungen für die Auswahl der Lieferanten,
- Aufwendungen für den Aufbau bzw. Ausbau der Unternehmensorganisation,
- Aufwendungen für die Inbetriebnahme einer neuen Fertigungsanlage,
- Aufwendungen für die Einführungswerbung neuer Produkte,
- Aufwendungen für die Erschließung neuer Märkte und
- Aufwendungen für Marktanalysen.

Die genannten Aufwendungen fallen häufig bei einer Ingangsetzung oder Erweiterung des Geschäftsbetriebs an. Die Aufzählung ist aber weder vollständig noch dürfen die genannten Aufwendungen in jedem Fall als Aufwendungen für die Ingangsetzung und Erweiterung des Geschäftsbetriebs aktiviert werden. Die übrigen — oben herausgearbeiteten — Voraussetzungen sind ebenfalls zu beachten.[114] Aufwendungen, die als Anschaffungs- oder Herstellungskosten anderer Aktiva bilanzierungsfähig sind, dürfen nicht als Ingangsetzungs- und Erweiterungsaufwendungen aktiviert werden. Daneben ist zu beachten, daß die Aufwendungen nicht der rechtlichen Gründung oder dem laufenden Geschäftsbetrieb der Unternehmung zuzurechnen sind. Zu den Aufwendungen für den laufenden Geschäftsbetrieb zählen z.B. auch die Vertriebseinzelkosten, die bereits für den Vertrieb am Abschlußstichtag noch gelagerter Erzeugnisse entstanden sind. Diese Aufwendungen dürfen weder als Bestandteil der Herstellungskosten der fertigen Erzeugnisses[115] noch als Aufwendungen für die Ingangsetzung und Erweiterung des Geschäftsbetriebs aktiviert werden. Die Vertriebsgemeinkosten sind dem laufenden Geschäftsbetrieb zuzurechnen oder, soweit sie für eine Ingangsetzung oder Erweiterung des Geschäftsbetriebs angefallen sind, z.B. die Einführungswerbung für ein neues Produkt, den Ingangsetzungs- und Erweiterungsaufwendungen.

---

[113] Vgl. *Fischer, G.*, Gemeinkosten- und Gewinnzuschläge bei den Einrichtungs- und Anlaufkosten, S. 81; *Stuhrmann, G.*, Ingangsetzungskosten, S. 391; *Selchert, F.W.*, Bilanzierung und Bilanzierungsmethode nach dem Bilanzrichtlinie-Gesetz, S. 1402; *Saage, G.*, Gewinnermittlung, S. 1667; *Veit, K.-R.*, Die Aktivierung immaterieller Wirtschaftsgüter und langfristig wirksamer Ausgaben in der Steuerbilanz, in: DB 1985, S. 557-560, hier S. 559; *ders.*, Organisationsausgaben, S. 65; *Müller-Dahl, F.P.*, Betriebswirtschaftliche Probleme, S. 172; *Husemann, K.-H.*, Grundsätze ordnungsmäßiger Bilanzierung für Anlagegegenstände, S. 295; *Maul, K.-H.*, Bilanzierungshilfen im künftigen Bilanzrecht, S. 236; *Klinger, K.*, Anlaufkosten, S. 225f.; *Greiffenhagen, H.*, Zur Aktivierung von Betriebseinrichtungskosten, S. 4.

[114] Vgl. Abschnitt 431.14, 431.224., 441.1 und 441.2.

[115] Vgl. § 255 II Satz 6 HGB.

441.5 Die Erfassung der Aufwendungen für die Ingangsetzung und Erweiterung des Geschäftsbetriebs im Rechnungswesen der Unternehmung

Voraussetzung für eine Aktivierung von Ingangsetzungs- und Erweiterungsaufwendungen ist eine getrennte Erfassung dieser Aufwendungen im Rechnungswesen der Unternehmung. Eine korrekte Erfassung der für eine Ingangsetzung oder Erweiterung angefallenen Aufwendungen ist gewährleistet, wenn die Ingangsetzung bzw. Erweiterung des Geschäftsbetriebs in der Kostenrechnung als gesonderter Kostenträger oder als Kostenstelle behandelt werden.[116] Die einzelnen Aufwendungen für eine Ingangsetzung oder Erweiterung sind diesem Kostenträger zuzurechnen. Hierbei sind sowohl Einzel- als auch Gemeinkosten zu berücksichtigen.

Die Lohn- und Materialkosten, die für die Einarbeitung oder Umschulung von Mitarbeitern entstehen, können z.B. anhand von Lohnzetteln und Materialentnahmescheinen erfaßt werden. Bei Leistungen, die von Dritten erbracht werden, wenn z.B. die Einarbeitung der Mitarbeiter oder die Einführungswerbung nicht von der Unternehmung selbst durchgeführt wird, lassen sich die Aufwendungen für die Ingangsetzung und Erweiterung anhand der Rechnungen ermitteln. Als Gemeinkosten ergeben sich z.B. Gehälter von Angestellten, die nur zeitweise mit der Ingangsetzung oder Erweiterung des Geschäftsbetriebs befaßt sind. Hier ist eine Schlüsselung notwendig.

Unabhängig davon, wie die Aufwendungen für die Ingangsetzung und Erweiterung erfaßt werden, ist zu beachten, daß nur pagatorische Größen, z.B. kein kalkulatorischer Unternehmerlohn, in diese Aufwendungen einbezogen werden dürfen. Als Aufwendungen für die Ingangsetzung und Erweiterung des Geschäftsbetriebs dürfen nur pagatorische Größen aktiviert werden, denn im Jahresabschluß dürfen nur Zahlungsgrößen erfaßt werden.

441.6 Die teilweise Bilanzierung von Aufwendungen für die Ingangsetzung und Erweiterung des Geschäftsbetriebs

§ 269 HGB gewährt, soweit die Voraussetzungen für den Ansatz erfüllt sind, ein Wahlrecht, die Aufwendungen für die Ingangsetzung und Erweiterung des Geschäftsbetriebs zu aktivieren. Zu untersuchen ist, ob neben den beiden Extrempunkten, Aktivierung der gesamten Aufwendungen für die Ingangsetzung und Erweiterung und keine Aktivierung, die das Wahlrecht auf jeden Fall zuläßt, auch eine teilweise Aktivierung erlaubt ist.

Der Wortsinn des § 269 HGB enthält keine Hinweise, daß Zwischenwerte nicht angesetzt werden dürfen. Der Charakter der Vorschrift als Bilanzierungshilfe spricht dafür, daß auch Zwischenwerte zulässig sind. Eine Hilfe bei der Bilanzierung liegt auch dann vor, wenn weniger als der maximal aktivierbare Betrag angesetzt wird. In bestimmten Situationen darf sogar nur ein Teilbetrag

---

[116] Vgl. *Klinger, K.*, Anlaufkosten, S. 226.

der gesamten Aufwendungen für die Ingangsetzung und Erweiterung aktiviert werden.[117] Dies gilt immer dann, wenn die Aktivierung eines Teils der Ingangsetzungs- oder Erweiterungsaufwendungen dazu führt, daß alle Zwecke der Bilanzierungshilfe erreicht sind. Die Aktivierung eines höheren Betrags kann dann keinen weiteren Beitrag mehr dazu leisten, einen Zweck der Bilanzierungshilfe zu erfüllen.

Das Wahlrecht des § 269 HGB bezieht sich nicht nur auf die beiden Extrempunkte, entweder keine oder alle Ingangsetzungs- bzw. Erweiterungsaufwendungen zu aktivieren. Auch eine Aktivierung von Zwischenwerten ist erlaubt.[118] Bei diesem Wahlrecht besteht eine quantitative Flexibilität.[119] Wird nur ein Teilbetrag der Aufwendungen für die Ingangsetzung und Erweiterung des Geschäftsbetriebs aktiviert, oder darf nur ein Teilbetrag aktiviert werden, dann darf der Restbetrag allerdings auch in den folgenden Geschäftsjahren nicht aktiviert werden.[120]

442. Die Abschreibung der Aufwendungen für die Ingangsetzung und Erweiterung des Geschäftsbetriebs

442.1 Der Abschreibungsbeginn

Die Abschreibung der aktivierten Aufwendungen für die Ingangsetzung und Erweiterung des Geschäftsbetriebs ist in § 282 HGB gesetzlich geregelt: „Für die Ingangsetzung und Erweiterung des Geschäftsbetriebs ausgewiesene Beträge sind in jedem folgenden Geschäftsjahr zu mindestens einem Viertel durch Abschreibungen zu tilgen.“[121] Diese Formulierung entspricht bezüglich des Abschreibungsbeginns der des § 153 IV AktG a.F.. Eine Abschreibung ist in jedem, dem Jahr der Aktivierung folgenden Geschäftsjahr vorzunehmen. D.h. mit den Abschreibungen ist erstmals in dem Geschäftsjahr nach der Aktivierung der Aufwendungen für die Ingangsetzung und Erweiterung des Geschäftsbetriebs zu beginnen.[122] Im Jahr des Zugangs besteht keine Abschreibungspflicht.

---

[117] Vgl. Abschnitt 432.

[118] Vgl. *Bauer, J.*, Grundlagen einer handels- und steuerrechtlichen Rechnungspolitik der Unternehmung, Schriftenreihe Besteuerung der Unternehmung, hrsg. v. *G. Rose*, Bd. 11, Wiesbaden 1981, S. 441; *Limberg, M.*, Ingangsetzungskosten, S. 199; *Selchert, F.W.*, Bilanzierung und Bilanzierungsmethode nach dem Bilanzrichtlinie-Gesetz, S. 1402; *Schöne, W.-D.*, Aktivierung von Kosten der Ingangsetzung des Geschäftsbetriebs im Jahresabschluß der GmbH nach geltendem und nach zukünftigem Recht, in: GmbH-Rundschau 1985, S. 385-389, hier S. 386.

[119] Vgl. *Börner, D./Krawitz, N.*, Steuerbilanzpolitik, S. 111f.

[120] Vgl. Abschnitt 433.

[121] § 282 HGB.

[122] Vgl. *Kübler, B.M.*, Grenzen der Beeinflussung des Gewinnausweises nach den Bewertungsvorschriften des AktG 1965, S. 40; *Claussen, C.P.*, in: Kölner Kommentar zum Aktiengesetz, Bd. 2, § 153 Anm. 37.

Abschreibungen dürfen allerdings vorgenommen werden.[123] Die Regelung der Abschreibungsfreiheit im Jahr der Aktivierung von Ingangsetzungs- und Erweiterungsaufwendungen entspricht den Zwecken der Bilanzierungshilfe. In dem Jahr, in dem die Aufwendungen anfallen, soll die Ertragslage der Unternehmung entlastet werden. Durch eine Abschreibung im Jahr des Zugangs würde die durch die Aktivierung entstehende Entlastung teilweise rückgängig gemacht und damit die Zwecke der Bilanzierungshilfe nicht beachtet.

Der Abschreibungsbeginn ist auch für den Fall festzulegen, daß sich die Ingangsetzung oder Erweiterung des Geschäftsbetriebs über mehrere Geschäftsjahre erstreckt. Für die Ingangsetzung oder eine Erweiterung des Geschäftsbetriebs können dann in mehreren aufeinanderfolgenden Geschäftsjahren Aufwendungen aktiviert werden.[124] § 153 IV AktG a.F. wurde in diesem Punkt unterschiedlich ausgelegt. Teilweise wurde die Auffassung vertreten, daß auch bei einer mehrperiodigen Ingangsetzung oder Erweiterung mit der Abschreibung in dem Jahr zu beginnen ist, das dem Jahr folgt, in dem erstmalig Aufwendungen für eine Ingangsetzungs- oder Erweiterungsmaßnahme aktiviert wurden.[125] Andere Autoren[126] hielten eine Abschreibung erst dann für erforderlich, wenn die Ingangsetzung im wesentlichen abgeschlossen war, u.U. erst mehrere Jahre nach Beginn der Ingangsetzung oder Erweiterung.

Die zweite Auslegung ist nach § 282 HGB nicht mehr möglich.[127] Bei der Auslegung der Vorschriften des Bilanzrichtlinien-Gesetzes ist nämlich auch die 4. EG-Richtlinie zu berücksichtigen.[128] Art. 34 I a) der 4. EG-Richtlinie verlangt, daß die aktivierten Aufwendungen spätestens nach fünf Jahren abgeschrieben sind. Diese Frist von fünf Jahren bezieht sich auf die in den einzelnen Geschäftsjahren für die Ingangsetzung und Erweiterung des Geschäftsbetriebs aktivierten Aufwendungen. Die Aufwendungen dürfen nicht länger als fünf Jahre in der Bilanz angesetzt werden.[129] Mit der Abschreibung ist nach § 282 HGB somit auch bei einer mehrperiodigen Ingangsetzung oder

---

[123] Vgl. *Kropff, B.*, in: *E. Geßler/W. Hefermehl/U. Eckardt/B. Kropff*, Aktiengesetz-Kommentar, Bd. III, § 153 Anm. 61; *Claussen, C.P.*, in: Kölner Kommentar zum Aktiengesetz, Bd. 2, § 153 Anm. 37.

[124] Vgl. Abschnitt 431.14 und 431.224.

[125] Vgl. *Husemann, K.-H.*, Grundsätze ordnungsmäßiger Bilanzierung für Anlagegegenstände, S. 296.

[126] Vgl. *Limberg, M.*, Ingangsetzungskosten, S. 199; *Kübler, B.M.*, Grenzen der Beeinflussung des Gewinnausweises nach den Bewertungsvorschriften des AktG 1965, S. 40; *Kropff, B.*, in: *E. Geßler/W. Hefermehl/U. Eckardt/B. Kropff*, § 153 Anm. 61; *Adler, H./Düring, W./Schmaltz, K.*, Rechnungslegung und Prüfung der Aktiengesellschaft, 4. Aufl., Bd. 1, § 153 Tz. 127.

[127] Vgl. *Biener, H.*, AG, KGaA, GmbH, Konzerne, S. 121; *Richter, M.*, Die Bilanzierungshilfen, Rn. 38.

[128] Vgl. Abschnitt 324.

[129] Vgl. *Küntzel, W.*, Das neue Bilanzrecht — Grundlagen und Ziele sowie aktien- und steuerrechtliche Probleme der EG-Bilanzrichtlinie, Diss., Saarbrücken 1982, S. 193.

Erweiterung in dem Geschäftsjahr zu beginnen, daß dem Jahr der erstmaligen Aktivierung von Aufwendungen für die Ingangsetzung oder die Erweiterung des Geschäftsbetriebs folgt. Das früher für § 153 IV AktG a.F. verwendbare, sehr ungenaue Kriterium, daß erst dann abzuschreiben ist, wenn die Ingangsetzung im wesentlichen abgeschlossen ist, läßt sich nicht mehr heranziehen.[130] Die Abb. 3 zeigt den Abschreibungsbeginn und den Abschreibungszeitraum bei einer Ingangsetzung des Geschäftsbetriebs für den Fall, daß die Aufwendungen innerhalb von drei Geschäftsjahren anfallen.

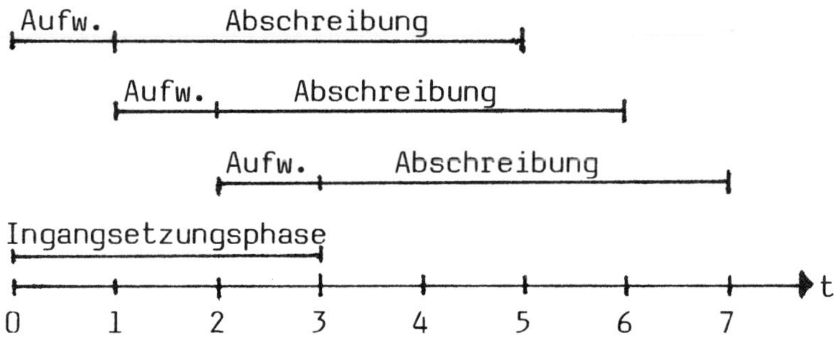

Abb. 3. Der Abschreibungsbeginn und der Abschreibungszeitraum bei einer mehrperiodigen Ingangsetzung des Geschäftsbetriebs

442.2 Das Abschreibungsverfahren

Die Höhe der Abschreibungen pro Geschäftsjahr wird durch den Abschreibungszeitraum und durch das Abschreibungsverfahren festgelegt. § 253 II Satz 1 und 2 HGB der für abnutzbare Gegenstände des Anlagevermögens planmäßige Abschreibungen vorschreibt, kann hier nicht angewendet werden, da aktivierte Aufwendungen für die Ingangsetzung und Erweiterung des Geschäftsbetriebs nicht Teil des Anlagevermögens der Unternehmung sind. § 282 HGB enthält, ebenso wie § 153 IV AktG a.F., keinen Hinweis auf ein bestimmtes, anzuwendendes Abschreibungsverfahren. § 153 IV AktG a.F. wurde überwiegend so ausgelegt, daß planmäßige Abschreibungen nicht zwingend sind.[131]

§ 282 HGB schreibt vor, daß für die Ingangsetzung und Erweiterung ausgewiesene Beträge in jedem Geschäftsjahr zu mindestens einem Viertel durch

---

130 Vgl. *Richter, M.*, Die Bilanzierungshilfen, Rn. 38.

131 Vgl. z.B. *Husemann, K.-H.*, Grundsätze ordnungsmäßiger Bilanzierung für Anlagegegenstände, S. 296; *Richter, M.*, Die Bilanzierungshilfen, Rn. 35; anderer Ansicht: *Claussen, C.P.*, in: Kölner Kommentar zum Aktiengesetz, Bd. 2, § 153 Anm. 37, der ohne Begründung gleichmäßige Jahresraten, d.h. eine lineare Abschreibung, für gesetzlich zwingend hält.

Abschreibungen zu tilgen sind. Die Mindestabschreibung von 25 % pro Jahr bezieht sich auf den als Zugang erfaßten Betrag der Aufwendungen für die Ingangsetzung und Erweiterung des Geschäftsbetriebs. Höhere Abschreibungen und damit auch eine kürzere Abschreibungsdauer sind, wie bei § 153 IV AktG a.F., erlaubt.[132] Das geht aus dem Wortsinn des § 282 HGB hervor, der eine Abschreibung in Höhe von „mindestens einem Viertel"[133] pro Geschäftsjahr vorschreibt und damit lediglich eine Untergrenze festlegt. Durch diese Regelung soll den Bilanzierenden die Möglichkeit gegeben werden, die ausnahmsweise aktivierten Ingangsetzungs- und Erweiterungsaufwendungen, soweit die Ertragslage der Unternehmung das zuläßt, schneller abzuschreiben, als § 282 HGB zwingend vorschreibt. Hier entsteht zwar ein Widerspruch zu dem Grundsatz der Bewertungsstetigkeit,[134] die Vergleichbarkeit der aufeinanderfolgenden Jahresabschlüsse läßt sich aber durch entsprechende Erläuterungen gewährleisten,[135] die im Gesetz teilweise sogar konkret genannt sind. So schreibt § 265 II Satz 1 HGB vor, daß zu jedem Bilanzposten der Vorjahresbetrag anzugeben ist. Ist der Vorjahresbetrag nicht vergleichbar, so ist dies nach § 265 II Satz 2 HGB im Anhang anzugeben und zu erläutern.[136]

Für den Fall, daß ein höherer Abschreibungssatz als 25 % angewendet wird, darf auch in den folgenden Jahren wieder auf die Mindestabschreibung von 25 % zurückgegangen werden. Anderer Ansicht ist *Marettek*[137], der eine Verringerung des Abschreibungssatzes für unzulässig hält, ohne dies allerdings zu begründen. Für diese Auffassung sind im Gesetz keine Anhaltspunkte zu erhalten.

Der Abschreibungssatz von 25 % darf aber auch dann nicht unterschritten werden, wenn in den Vorjahren mehr als 25 % abgeschrieben wurden, da § 282 HGB für jedes folgende Geschäftsjahr eine Mindestabschreibung von 25 % verlangt. Geringere Abschreibungen ergeben sich nur dann, wenn der nach den Abschreibungen der Vorjahre verbleibende, aktivierte Restbuchwert geringer ist, als die geforderte Abschreibung von 25 %. Eine Abschreibung in Höhe von 25 % ist in diesem Fall nicht mehr möglich. Der Restbuchwert ist abzuschreiben.

---

132 Vgl. zu § 153 IV AktG a.F. z.B. *Kropff, B.*, in: *E. Geßler/W. Hefermehl/U. Eckardt/B. Kropff*, Aktiengesetz-Kommentar, Bd. III, § 153 Anm. 61; *Marettek, A.*, Ingangsetzungs- und Erweiterungsaufwendungen, Sp. 625; *Husemann, K.-H.*, Grundsätze ordnungsmäßiger Bilanzierung für Anlagegegenstände, S. 296; *Richter, M.*, Die Bilanzierungshilfen, Rn. 35; *Timm, W.*, Gründungs- und Ingangsetzungskosten, S. 190.

133 § 282 HGB.

134 Vgl. § 252 I Nr. 6 HGB.

135 Vgl. Abschnitt 344.5.

136 Vgl. *Baetge, J./Commandeur, D.*, Vergleichbar, vergleichbare Beträge in aufeinanderfolgenden Jahresabschlüssen, S. 333f.

137 Vgl. *Marettek, A.*, Ingangsetzungs- und Erweiterungsaufwendungen, Sp. 625.

442.3 Abschreibungen aufgrund des Imparitätsprinzips

Die Anwendung des Imparitätsprinzips erfordert eine vollständige Abschreibung der aktivierten Aufwendungen für die Ingangsetzung und Erweiterung des Geschäftsbetriebs, wenn durch die Ingangsetzungs- oder Erweiterungsmaßnahme negative Erfolgsbeiträge entstehen.[138] Neue Informationen über die erwarteten Überschüsse bzw. Fehlbeträge aufgrund der durchgeführten Ingangsetzungs- oder Erweiterungsmaßnahme können zu einer anderen Beurteilung der Ingangsetzungs- oder Erweiterungsmaßnahme führen, als im Zeitpunkt der erstmaligen Aktivierung.

So wäre aufgrund des Imparitätsprinzips in dem Jahr nach der erstmaligen Aktivierung von Ingangsetzungs- und Erweiterungsaufwendungen eine Abschreibung des gesamten aktivierten Betrags erforderlich, wenn sich die durchgeführte Ingangsetzung oder Erweiterung des Geschäftsbetriebs als Fehlmaßnahme herausstellt. Liegen im Zeitpunkt der Aufstellung des Jahresabschlusses Anhaltspunkte vor, daß eine im abgelaufenen Geschäftsjahr durchgeführte Ingangsetzung oder Erweiterung eine Fehlmaßnahme war, so dürfen die für die Ingangsetzung oder Erweiterung angefallenen Aufwendungen gar nicht erst aktiviert werden.

45 Der Ausweis der Aufwendungen für die Ingangsetzung und Erweiterung des Geschäftsbetriebs

§ 269 HGB enthält bezüglich des Ausweises der aktivierten Aufwendungen für die Ingangsetzung und Erweiterung des Geschäftsbetriebs konkrete Anweisungen. Die Ingangsetzungs- und Erweiterungsaufwendungen sind in der Bilanz unter der Bezeichnung „Aufwendungen für die Ingangsetzung und Erweiterung des Geschäftsbetriebs“ gesondert auszuweisen. Auch die Position, an der dieser Posten in der Bilanz auszuweisen ist, ist festgelegt. Der Ausweis hat vor dem Anlagevermögen zu erfolgen.[139] Diese Regelungen sind so eindeutig formuliert, daß eine weitere Auslegung nicht erforderlich ist.

Für die aktivierten Ingangsetzungs- und Erweiterungsaufwendungen schreibt § 268 II HGB, wie für die Posten des Anlagevermögens, einen Anlagespiegel vor, der alternativ in der Bilanz oder im Anhang enthalten sein darf. Der Anlagespiegel ist nach der direkten Bruttomethode zu erstellen.[140] Die Anschaffungs- oder Herstellungskosten sind in ihrer ursprünglichen Höhe, d.h. in Höhe des Betrags anzusetzen, zu dem sie als Zugang gebucht wurden. Im Anlagespie-

---

[138] Vgl. Abschnitt 354.

[139] Vgl. § 269 HGB.

[140] Vgl. *Harms, J.E. / Küting, K.*, Die Notwendigkeit einer Sonderregelung für geringwertige Wirtschaftsgüter im künftigen Bilanzrecht, S. 2001f.; *Bolin, M. / Haeger, B. / Zündorf, H.*, Einzelaspekte des künftigen Bilanzrechts, S. 605.

gel ist die gesamte Summe der Aufwendungen für die Ingangsetzung und Erweiterung, die in dem abgelaufenen oder in vorhergehenden Geschäftsjahren aktiviert wurden, solange auszuweisen, bis die für eine Ingangsetzung oder Erweiterung aktivierten Aufwendungen vollständig abgeschrieben sind. Die Abschreibungen sind während des Abschreibungszeitraums zu kumulieren. Einerseits werden die ursprünglichen Anschaffungs- oder Herstellungskosten, andererseits die gesamten bisher vorgenommenen Abschreibungen ausgewiesen. Die Abschreibungen des abgelaufenen Geschäftsjahres sind in der Bilanz oder im Anhang zusätzlich anzugeben.[141]

Eine vertikale Gliederung des Postens „Aufwendungen für die Ingangsetzung und Erweiterung des Geschäftsbetriebs“[142] ist nicht erforderlich.[143] Die Aufwendungen für die Ingangsetzung und für einzelne, unabhängig voneinander durchgeführte Erweiterungen brauchen, soweit sie in einem Geschäftsjahr gleichzeitig in der Bilanz enthalten sind, nicht getrennt ausgewiesen zu werden. Das gilt sowohl für die Bilanz als auch für den Anlagespiegel und den Abschreibungsbetrag des abgelaufenen Geschäftsjahres, soweit diese nicht schon in der Bilanz enthalten sind.

Eine vertikale Gliederung ist nämlich auch bei anderen Bilanzposten, z.B. den bebauten Grundstücken, nicht vorgeschrieben. Ein getrennter Ausweis der Aufwendungen für die Ingangsetzung und für einzelne Erweiterungen des Geschäftsbetriebs kann somit auch nicht unter bezug auf den Grundsatz der Klarheit gefordert werden, denn der Grundsatz der Klarheit darf nicht so ausgelegt werden, daß bei einem einzelnen Bilanzposten höhere Anforderungen bestehen als bei anderen Bilanzposten.

46 Die Erläuterung der Aufwendungen für die Ingangsetzung und Erweiterung des Geschäftsbetriebs

461. Die gesetzlichen Grundlagen für die Erläuterung

Das Ansatzwahlrecht für die Aufwendungen für die Ingangsetzung und Erweiterung des Geschäftsbetriebs führt ebenso wie jedes andere Wahlrecht zunächst, für sich betrachtet, zu einer Verschlechterung der Rechenschaft des Jahresabschlusses,[144] insbesondere im Hinblick auf die Vergleichbarkeit aufeinanderfolgender Jahreserfolge.[145] Beziehen sich die Wahlrechte, wie in unserem Fall, auf die Bilanz oder die Gewinn- und Verlustrechnung, ist mit der Inanspruchnahme eines Wahlrechts aber nicht zwangsläufig verbunden, daß die

[141] Vgl. § 268 II Satz 3 HGB.

[142] § 269 Satz 1 HGB.

[143] Vgl. *Veit, K.-R.*, Organisationsausgaben, S. 68.

[144] Vgl. *Adam, E.*, Generalklausel, S. 269.

[145] Vgl. Abschnitt 344.5.

Rechenschaftsfunktion des Jahresabschlusses insgesamt beeinträchtigt wird.[146] Durch die Wahlrechte wird der Informationsgehalt des Rechenwerks innerhalb des Jahresabschlusses beeinflußt.[147] D.h. durch Wahlrechte werden nur Teile des Jahresabschlusses im Hinblick auf den Informationsgehalt beeinträchtigt. Der Informationsverlust innerhalb der Bilanz oder der Gewinn- und Verlustrechnung läßt sich aber durch Erläuterungen im Anhang, der für Kapitalgesellschaften vorgeschrieben ist,[148] d.h. innerhalb des Jahresabschlusses ausgleichen. Der Anhang hat die Aufgabe, Informationsmängel der Bilanz und Gewinn- und Verlustrechnung zu beheben.[149]

Die Ausnutzung der Wahlrechte darf nicht dazu führen, daß die Informations- bzw. Rechenschaftsfunktion des Jahresabschlusses insgesamt verschlechtert wird.[150] Die Generalklausel des § 264 II HGB, die ein den tatsächlichen Verhältnissen entsprechendes Bild der Vermögens-, Finanz- und Ertragslage der Unternehmung vorschreibt, erfordert dies.

Um die Rechenschaftsfunktion des Jahresabschlusses zu erfüllen, verlangt § 269 HGB, wenn Aufwendungen für die Ingangsetzung und Erweiterung aktiviert werden, daß dieser Posten im Anhang erläutert wird. Eine Aktivierung ist nur in Verbindung mit einer entsprechenden Erläuterung im Anhang zulässig. Bei der Auslegung des § 269 HGB sind die Grundsätze der Klarheit und Vergleichbarkeit zu berücksichtigen.[151]

462. Der Umfang der Erläuterung

§ 284 II Nr. 1 HGB fordert, daß die auf die Posten der Bilanz und der Gewinn- und Verlustrechnung angewendeten Bilanzierungs- und Bewertungsmethoden im Anhang erläutert werden. Nach dieser Vorschrift sind somit auch die Bilanzierungs- und Bewertungsmethoden für die aktivierten Aufwendungen für die Ingangsetzung und Erweiterung des Geschäftsbetriebs zu erläutern. Erläuterungen dieses Postens sind ebenfalls aufgrund der Generalklausel des § 264 II HGB erforderlich, damit ein den tatsächlichen Verhältnissen entsprechendes

---

[146] Vgl. *Claussen, C.P.*, in: Kölner Kommentar zum Aktienrecht, Bd. 2, § 149 Anm. 10.

[147] Vgl. *Lutter, M.*, Rechnungslegung nach künftigem Recht, S. 1292.

[148] Vgl. § 264 I HGB.

[149] Vgl. *Russ, W.*, Der Anhang als dritter Teil des Jahresabschlusses, Reihe: Steuer, Wirtschaft und Recht, Bd. 9, hrsg. v. *J.G. Bischoff / A. Kellermann*, Bergisch-Gladbach 1984, S. 18; *Forster, K.-H.*, Anhang, Lagebericht, Prüfung und Publizität im Regierungsentwurf eines Bilanzrichtlinie-Gesetzes, in: DB 1982, S. 1577-1582 und 1631-1635, hier S. 1578; *Semler, J.*, Erläuterungs- und Lagebericht, Quartalsberichte sowie Formen der Publizität, in: Rechnungslegung nach neuem Recht, hrsg. v. *M. Bierich / W. Busse von Colbe / G. Laßmann / M. Lutter*, ZfbF, Sonderheft 10/1980, Wiesbaden 1980, S. 177-210, hier S. 178; *Baetge, J.*, Objektivierung, S. 48.

[150] Vgl. *Lutter, M.*, Rechnungslegung nach künftigem Recht, S. 1292.

[151] Vgl. Abschnitt 354.

Bild der Vermögens-, Finanz- und Ertragslage der Unternehmung entsteht. Zusätzlich zu diesen Regelungen verlangt auch der § 269 HGB, die aktivierten Ingangsetzungs- und Erweiterungsaufwendungen im Anhang zu erläutern.

Veit[152] und *Harms/Küting*[153] folgern hieraus, daß an den Umfang und den Inhalt der Erläuterungen nach § 269 HGB höhere Anforderungen zu stellen sind, als an Erläuterungen nach den §§ 264 II und 284 II Nr. 1 HGB. Dem kann nicht zugestimmt werden.

Entscheidend für den Umfang und den Inhalt der vorgeschriebenen Erläuterungen ist das Kriterium anhand dessen zu ermitteln ist, welche Erläuterungen erforderlich sind. Dieses Kriterium ist bei allen drei Vorschriften, aufgrund der die Aufwendungen für die Ingangsetzung und Erweiterung zu erläutern sind, identisch. Der gemeinsame Zweck dieser Vorschriften ist, die Rechenschaftsfunktion des Jahresabschlusses sicherzustellen. Werden aber bei den drei Vorschriften jeweils die gleichen Kriterien angewendet, so gelangt man bei gleichen Sachverhalten, hier der Aktivierung von Aufwendungen für die Ingangsetzung und Erweiterung, zwangsläufig zu denselben Ergebnissen. § 269 HGB verlangt somit keine umfangreicheren Erläuterungen als die §§ 264 II und 284 II Nr. 1 HGB. Die Forderung des § 269 HGB, die Aufwendungen für die Ingangsetzung und Erweiterung zu erläutern, stellt lediglich noch einmal eindeutig klar, daß dieser Posten im Anhang zu erläutern ist und unterstreicht damit nochmals die Bedeutung der Erläuterungen bei diesem Posten.

Die Rechenschaftsfunktion des Jahresabschlusses erfordert bezüglich der Erläuterungen im Anhang, daß die Grundsätze der Klarheit und Vergleichbarkeit beachtet werden. Diese Grundsätze sind bei der Auslegung heranzuziehen, um zu ermitteln, welche Erläuterungen im Einzelfall erforderlich sind.

Als Erläuterungen zu den in der Bilanz aktivierten Aufwendungen für die Ingangsetzung und Erweiterung des Geschäftsbetriebs sind im Anhang folgende Angaben zu machen:

— Anzugeben ist, ob die Aufwendungen die Ingangsetzung der Unternehmung oder eine Erweiterung betreffen. Dies ist in den Jahren nach der Unternehmensgründung, in denen die Möglichkeit besteht, Ingangsetzungsaufwendungen in der Bilanz zu aktivieren, erforderlich. Andernfalls wird u.U. nicht deutlich, ob die Aufwendungen für die Ingangsetzung oder eine Erweiterung angefallen sind.
— Bei einer Erweiterung des Geschäftsbetriebs sind Angaben über die Art der Erweiterung erforderlich (z.B. eine die Kapazität insgesamt erweiternde Produktionsanlage, auf der ein neues Produkt gefertigt wird).
— Werden gleichzeitig in der Bilanz Aufwendungen aktiviert, die nicht nur für eine Ingangsetzung oder eine einzelne Erweiterung angefallen sind, ist eine

[152] Vgl. *Veit, K.-R.*, Organisationsausgaben, S. 68.

[153] Vgl. *Harms, J.E./Küting, K.*, Bilanzpolitische Bedeutung, S. 649.

getrennte Erläuterung der Ingangsetzung bzw. der einzelnen Erweiterungen notwendig. Die im Anlagespiegel vorgeschriebenen Angaben und die Abschreibungen des Geschäftsjahres sind für die Ingangsetzung bzw. die einzelnen Erweiterungen im Anhang getrennt anzugeben. *Veit*[154] schlägt eine vertikale Aufgliederung in der Bilanz vor. Eine vertikale Gliederung der aktivierten Ingangsetzungs- und Erweiterungsaufwendungen schreibt das Gesetz aber nicht vor. Eine Erläuterung im Anhang reicht aus, um der Rechenschaftsfunktion des Jahresabschlusses gerecht zu werden.

— Die einzelnen Maßnahmen, die für die Ingangsetzung oder Erweiterung des Geschäftsbetriebs durchgeführt wurden, sind darzulegen, soweit sie bezüglich der Höhe der Aufwendungen für die Unternehmung von Bedeutung sind (z.B. Schulung von Mitarbeitern, Einführungswerbung für ein neues Produkt).

— Werden die aktivierten Aufwendungen für die Ingangsetzung und Erweiterung aufgrund des Imparitätsprinzips abgeschrieben, so ist dies im Anhang anzugeben. Für den Bilanzleser ist diese Information bedeutend, da sonst nicht erkennbar ist, ob die Unternehmung lediglich von dem bestehenden Abschreibungswahlrecht Gebrauch gemacht hat oder ob eine Abschreibung aufgrund des Imparitätsprinzips vorgenommen werden mußte.

47 Die Ausschüttungssperre des § 269 HGB

471. Der Zweck der Ausschüttungssperre

Im Gegensatz zu § 153 IV AktG a.F. kann die Bilanzierungshilfe, die § 269 HGB gewährt, aufgrund der Ausschüttungssperre nicht mehr dazu genutzt werden, den Betrag der maximal möglichen Ausschüttungen durch eine Aktivierung von Aufwendungen für die Ingangsetzung und Erweiterung zu erhöhen. Die Ausschüttungssperre wird durch die 4. EG-Richtlinie[155] zwingend vorgeschrieben, soweit die einzelstaatlichen Vorschriften eine Aktivierung von Ingangsetzungs- und Erweiterungsaufwendungen zulassen.

Die Aktivierung von Aufwendungen für die Ingangsetzung und Erweiterung des Geschäftsbetriebs soll aus Gründen des Gläubigerschutzes nicht dazu führen, daß höhere Ausschüttungen möglich werden,[156] mit der Folge, daß der

---

[154] Vgl. *Veit, K.-R.*, Organisationsausgaben, S. 68.

[155] Vgl. Art. 34 I b) der 4. EG-Richtlinie.

[156] Vgl. *Dziadkowski, D.*, Betriebswirtschaftliche Überlegungen zur Anpassung des deutschen Handelsbilanzrechts und Bilanzsteuerrechts an die EG-Bilanzrichtlinie, S. 230; *Wirtschaftsprüferkammer / IdW*, Zum Referentenentwurf eines Gesetzes über Gesellschaften mit beschränkter Haftung (RefE), Gemeinsame Stellungnahme der Wirtschaftsprüferkammer und des Instituts der Wirtschaftsprüfer zum Abschnitt Rechnungslegung, in: WPg 1970, S. 154-163, hier S. 160; *Maul, K.-H.*, Bilanzierungshilfen im künftigen Bilanzrecht, S. 240.

Unternehmung Eigenkapital entzogen wird. Mit der Ausschüttungssperre ist beabsichtigt, daß die Aktivierung von Ingangsetzungs- und Erweiterungsaufwendungen die Höhe der Ausschüttungen nicht beeinflußt. Der Betrag der maximal möglichen Ausschüttungen soll bei Inanspruchnahme der Bilanzierungshilfe des § 269 HGB weder erhöht noch vermindert werden.

472. Die Auswirkungen der Aktivierung von Aufwendungen für die Ingangsetzung und Erweiterung des Geschäftsbetriebs auf die Höhe der Ausschüttungen

Die Ausschüttungssperre ist in § 269 Satz 2 HGB geregelt. Sind Aufwendungen für die Ingangsetzung und Erweiterung des Geschäftsbetriebs in der Bilanz ausgewiesen, „so dürfen Gewinne nur ausgeschüttet werden, wenn die nach der Ausschüttung verbleibenden jederzeit auflösbaren Gewinnrücklagen zuzüglich eines Gewinnvortrags und abzüglich eines Verlustvortrags dem angesetzten Betrag mindestens entsprechen.“[157] Mit dem angesetzten Betrag ist nicht der Betrag gemeint, zu dem die Aufwendungen für die Ingangsetzung und Erweiterung ursprünglich als Zugang angesetzt wurden, sondern der in der Bilanz des abgelaufenen Geschäftsjahres angesetzte Betrag. Die entsprechende Formulierung in der 4. EG-Richtlinie, in der ausdrücklich von dem nicht abgeschriebenen Teil der Ingangsetzungs- und Erweiterungsaufwendungen gesprochen wird,[158] macht dies deutlich. Bei der Berechnung des ausschüttungsfähigen Betrags ist ein Gewinn- bzw. Verlustvortrag auf das dem abgelaufenen Geschäftsjahr folgende Geschäftsjahr zu berücksichtigen. Ein Gewinnvortrag ist zu den jederzeit auflösbaren Gewinnrücklagen zu addieren, ein Verlustvortrag ist zu subtrahieren.

Allerdings ist zu beachten, daß nur solche Gewinnrücklagen berücksichtigt werden dürfen, die nicht schon aufgrund einer anderen Ausschüttungssperre, z.B. bei der Aktivierung latenter Steuern,[159] für die Ausschüttung gesperrt sind. Gewinnrücklagen, die bereits einer anderen Ausschüttungssperre zugerechnet worden sind, erfüllen nicht mehr die Voraussetzung des § 269 Satz 2 HGB, daß nur „jederzeit auflösbare“ Gewinnrücklagen angerechnet werden dürfen.[160] Dieselben Gewinnrücklagen dürfen nicht gleichzeitig bei mehreren Ausschüttungssperren berücksichtigt werden.

Die Wirkung der Ausschüttungssperre zeigt die Tabelle 2:

---

[157] § 269 Satz 2 HGB.

[158] Vgl. Art. 34 I b) der 4. EG-Richtlinie.

[159] Vgl. § 274 II HGB.

[160] Vgl. *Gross, G.*/*Schruff, L.*, Der Jahresabschluß nach neuem Recht, Düsseldorf 1986, S. 81.

Tabelle 2

Die Wirkung der Ausschüttungssperre des § 269 Satz 2 HGB

	Fall 1	Fall 2	Fall 3
Jahresergebnis ohne Aktivierung nach § 269 HGB	- 100	- 100	- 150
Jahresergebnis bei Aktivierung nach § 269 HGB	0	0	- 50
Höhe der auflösbaren Gewinnrücklagen	100	200	100
maximale Ausschüttung ohne Aktivierung	0	100	0
maximale Ausschüttung bei Aktivierung			
- ohne Ausschüttungssperre	100	200	50
- mit Ausschüttungssperre	0	100	0

In den Fällen 1 und 2 wird durch die Aktivierung von Aufwendungen für die Ingangsetzung und Erweiterung des Geschäftsbetriebs in Höhe von 100 GE der Ausweis eines Jahresfehlbetrags vermieden. Im Fall 1 ist ohne die Aktivierung von Ingangsetzungs- und Erweiterungsaufwendungen keine Ausschüttung möglich, da die auflösbaren Gewinnrücklagen gerade ausreichen, den Jahresfehlbetrag auszugleichen. Ohne die Ausschüttungssperre könnten bei einer Aktivierung die auflösbaren Gewinnrücklagen zur Ausschüttung verwendet werden. Die Ausschüttungssperre erfordert aber, daß mindestens in Höhe des aktivierten Betrags auflösbare Gewinnrücklagen vorhanden sind. D.h. die Rücklagen in Höhe von 100 GE sind für die Ausschüttung gesperrt. Auch bei einer Aktivierung von Aufwendungen für die Ingangsetzung und Erweiterung darf im Fall 1 nicht ausgeschüttet werden.

Der Fall 2 unterscheidet sich von dem Fall 1 dadurch, daß auflösbare Gewinnrücklagen in Höhe von 200 GE vorhanden sind. Von diesen 200 GE werden bei einer Aktivierung von Ingangsetzungs- und Erweiterungsaufwendungen, wie im Fall 1, 100 GE für die Ausschüttung gesperrt. Die restlichen 100 GE dürfen zur Ausschüttung verwendet werden. Wie im Fall 1 wird der maximal mögliche Ausschüttungsbetrag durch die Aktivierung von Aufwendungen für die Ingangsetzung und Erweiterung aufgrund der Ausschüttungssperre nicht verändert.

Im Fall 3 wird ein Jahresfehlbetrag durch die Aktivierung von Ingangsetzungs- und Erweiterungsaufwendungen nicht verhindert sondern lediglich verringert. Auch hier werden auflösbare Rücklagen in Höhe von 100 GE durch die Ausschüttungsperre an die Unternehmung gebunden, mit dem Ergebnis, daß auch bei einer Aktivierung keine Ausschüttungen zulässig sind. Die Ausschüttungssperre verhindert, daß die Aktivierung von Aufwendungen für die Ingangsetzung und Erweiterung des Geschäftsbetriebs dazu genutzt werden kann, einen höheren Betrag auszuschütten.

Bei den anderen Zwecken der Bilanzierungshilfe des § 269 HGB, der Vermeidung oder Verringerung einer Unterbilanz bzw. einer formellen Überschuldung,[161] greift die Ausschüttungssperre nicht, da in diesen Fällen bei einer Aktivierung von Aufwendungen für die Ingangsetzung und Erweiterung des Geschäftsbetriebs auch ohne die Ausschüttungssperre keine Ausschüttungen möglich sind. Die Tabelle 3 zeigt dies am Beispiel der Vermeidung bzw. Verringerung einer Unterbilanz.

Im Fall 1 führt die Aktivierung von Ingangsetzungs- und Erweiterungsaufwendungen zu einer Verringerung, in den Fällen 2 und 3 zur Vermeidung einer Unterbilanz. Während in den Fällen 1 und 2 eine Unterbilanz in dem abgelaufenen Geschäftsjahr erst entsteht, zumindest soweit keine Aufwendungen für die Ingangsetzung und Erweiterung des Geschäftsbetriebs aktiviert werden, hat im Fall 3 schon im Vorjahr eine Unterbilanz bestanden. Der Verlustvortrag aus dem Vorjahr kann nicht durch einen Jahresüberschuß oder durch Rücklagen ausgeglichen werden.

Ausschüttungen können bei einer Aktivierung von Aufwendungen für die Ingangsetzung und Erweiterung auch ohne die Ausschüttungssperre nicht vorgenommen werden, da die Aktivierung zum Zweck der Vermeidung bzw. Verringerung einer Unterbilanz allenfalls dazu führt, daß sich ein Bilanzgewinn von Null ergibt. Eine Unterbilanz und damit auch eine formelle Überschuldung liegen dann nicht mehr vor.

Auch wenn, wie im Fall 3, die Summe aus dem Jahresergebnis bei Aktivierung von Ingangsetzungs- und Erweiterungsaufwendungen und den Rücklagen positiv ist, sind keine Ausschüttungen zulässig, da zunächst der Verlustvortrag aus dem Vorjahr zu berücksichtigen ist.

---

[161] Vgl. Abschnitt 334.

Tabelle 3

Die Höhe der Ausschüttungen bei einer Aktivierung von Ingangsetzungs- und Erweiterungsaufwendungen zur Vermeidung bzw. Verringerung einer Unterbilanz

	Fall 1	Fall 2	Fall 3
Jahresergebnis ohne Aktivierung nach § 269 HGB	- 400	- 100	0
Jahresergebnis bei Aktivierung nach § 269 HGB	- 300	0	+ 100
Höhe der Gewinn- und Kapitalrücklagen	100	-	-
Verlustvortrag aus dem Vorjahr	-	-	100
Höhe des Betrages, in der eine Unterbilanz besteht - ohne Aktivierung - mit Aktivierung	 300 200	 100 0	 100 0
maximale Ausschüttung	0	0	0

Eine Aktivierung von Aufwendungen für die Ingangsetzung und Erweiterung des Geschäftsbetriebs ist zur Vermeidung bzw. Verringerung einer Unterbilanz nur soweit erlaubt, solange die Summe aus dem Jahresergebnis bei Aktivierung und den Rücklagen geringer oder gleich hoch ist, wie der Verlustvortrag aus dem Vorjahr. Sind beide Beträge gleich hoch, ist der Zweck der Vermeidung einer Unterbilanz vollständig erfüllt. Das Ansatzwahlrecht des § 269 HGB darf nur dann in Anspruch genommen werden, wenn mindestens ein Zweck der Bilanzierungshilfe erfüllt wird.[162] Die Bilanzierungshilfe darf somit nicht dazu genutzt werden, daß die Summe aus dem Jahresergebnis bei Aktivierung und den Rücklagen den Betrag des Verlustvortrags übersteigt. Die Anwendung der Bilanzierungshilfe des § 269 HGB würde somit auch ohne Ausschüttungssperre nicht dazu führen, daß Ausschüttungen ermöglicht werden.

162 Vgl. Abschnitt 432.

Ändert man den Fall 3 dahingehend ab, daß ein Verlustvortrag nur in Höhe von 50 GE besteht, dürfen Aufwendungen für die Ingangsetzung und Erweiterung des Geschäftsbetriebs nur bis zu einem Betrag von 50 GE aktiviert werden. Eine Unterbilanz wird dann vermieden. Ausschüttungen sind in diesem Fall auch ohne die Ausschüttungssperre nicht möglich, da kein Bilanzgewinn ausgewiesen werden kann.

Als Ergebnis bleibt festzuhalten, daß die Ausschüttungssperre bei einer Aktivierung von Aufwendungen für die Ingangsetzung und Erweiterung des Geschäftsbetriebs allein aus dem Zweck, eine Unterbilanz oder eine formelle Überschuldung zu vermeiden oder zu verringern, nicht angewendet werden kann, da auch ohne die Ausschüttungssperre keine Ausschüttungen möglich sind. Von Bedeutung ist die Ausschüttungssperre immer dann, wenn durch die Aktivierung von Ingangsetzungs- und Erweiterungsaufwendungen ein Jahresfehlbetrag vermieden oder verringert wird und gleichzeitig auflösbare Gewinnrücklagen vorhanden sind. Im Fall der Verringerung eines Jahresfehlbetrages müssen die auflösbaren Gewinnrücklagen den nach einer Aktivierung verbleibenden Jahresfehlbetrag übersteigen. Ein Gewinnvortrag aus dem Vorjahr ist hierbei zu den auflösbaren Gewinnrücklagen zu addieren, ein Verlustvortrag aus dem Vorjahr ist zu subtrahieren.

5 Ergebnisse der Untersuchung

(1) § 269 HGB enthält ein Wahlrecht, Aufwendungen für die Ingangsetzung und Erweiterung des Geschäftsbetriebs zu aktivieren. Die aufgrund von § 269 HGB aktivierten Aufwendungen sind nach § 282 HGB zu mindestens einem Viertel pro Jahr abzuschreiben. Angewendet werden darf das Ansatzwahlrecht des § 269 HGB von Unternehmen in der Rechtsform der Aktiengesellschaft, der Kommanditgesellschaft auf Aktien, der GmbH, der Genossenschaft und von Unternehmen, die nach dem Publizitätsgesetz rechnungslegungspflichtig sind.

(2) Eine den §§ 269 und 282 HGB vergleichbare Regelung enthielt der § 153 IV AktG a.F.. Gegenüber § 153 IV AktG a.F. wurde das Aktivierungswahlrecht in § 269 HGB von den Aufwendungen für die Ingangsetzung des Geschäftsbetriebs auf die Aufwendungen für die Ingangsetzung und Erweiterung des Geschäftsbetriebs ausgedehnt. Neu ist auch die Ausschüttungssperre, die verhindert, daß aufgrund der Aktivierung von Ingangsetzungs- und Erweiterungsaufwendungen eine höhere Ausschüttung möglich wird. Die Mindestabschreibung wurde von 20 % auf 25 % pro Jahr angehoben.

(3) Bei dem Ansatzwahlrecht für die Aufwendungen für die Ingangsetzung und Erweiterung des Geschäftsbetriebs handelt es sich um eine Bilanzierungshilfe. Bilanzierungshilfen sind gesetzliche Ausnahmevorschriften, die den Bilanzierenden Wahlrechte zugestehen, die mit anderen Vorschriften desselben Gesetzes, den Regelvorschriften, nicht kompatibel sind. Das resultiert daraus, daß die Vorschriften, die eine Bilanzierungshilfe enthalten, im Gegensatz zu den handelsrechtlichen Regelvorschriften nicht mit dem Zwecksystem des Jahresabschlusses kompatibel sind. Bilanzierungshilfen werden aus Gründen gewährt, die von dem Zwecksystem des Jahresabschlusses unabhängig sind. Diese Gründe werden deshalb als bilanzfremd bezeichnet.

(4) Die §§ 269 und 282 HGB sind auslegungsbedürftige Vorschriften. Zur Auslegung sind die von der juristischen Methodenlehre entwickelten Auslegungskriterien heranzuziehen. Bei der Auslegung der Bilanzierungshilfe ist zu beachten, daß diese Vorschrift eine gesetzliche Ausnahmeregelung darstellt. Der Bedeutungszusammenhang des Gesetzes ist deshalb bei der Auslegung nur bedingt heranzuziehen. Bei der Auslegung sind dagegen die Zwecke der Bilanzierungshilfe von besonderer Bedeutung.

(5) Die Zwecke der Bilanzierungshilfe des § 269 HGB sind:
— Die Vermeidung bzw. Verringerung eines Verlustausweises,
— die Vermeidung bzw. Verringerung einer Unterbilanz,
— die Vermeidung bzw. Verringerung einer formellen Überschuldung und
— die Vermeidung der Einberufung einer außerordentlichen Hauptversammlung (§ 92 I AktG, § 49 III GmbHG und § 33 III GenG).

(6) Bezüglich der Ansatzregelung für die Ingangsetzungs- und Erweiterungsaufwendungen besteht zwischen der Bilanzierungshilfe des § 269 HGB und den handelsrechtlichen Regelvorschriften ein Normenkonflikt. Wegen dieses Normenkonfliktes ist eine Aktivierung von Aufwendungen für die Ingangsetzung und Erweiterung des Geschäftsbetriebs nur dann gerechtfertigt, wenn durch die Aktivierung dieser Aufwendungen mindestens einer der Zwecke der Bilanzierungshilfe erfüllt wird. Nur, wenn ein Zweck der Bilanzierungshilfe erfüllt wird, ist der Bilanzierende berechtigt, das Ansatzwahlrecht des § 269 HGB in Anspruch zu nehmen und damit abweichend von den handelsrechtlichen Regelvorschriften zu bilanzieren. Wird dagegen durch eine Aktivierung von Ingangsetzungs- und Erweiterungsaufwendungen kein Zweck der Bilanzierungshilfe erfüllt, ist eine Aktivierung dieser Aufwendungen aufgrund der Bilanzierungshilfe des § 269 HGB nicht zulässig. Ein Grund, anders als nach den handelsrechtlichen Regelvorschriften zu entscheiden, liegt dann nicht vor.

(7) Neben der Voraussetzung, daß mindestens ein Zweck der Bilanzierungshilfe erfüllt wird, ist für eine Inanspruchnahme der Bilanzierungshilfe erforderlich, daß eine Ingangsetzung oder eine Erweiterung des Geschäftsbetriebs durchgeführt wurde. Eine Ingangsetzung liegt immer dann vor, wenn eine Unternehmung gegründet wird. Eine Erweiterung des Geschäftsbetriebs setzt voraus, daß die Kapazität und damit die Betriebsgröße der Unternehmung gesteigert wird. Die Kapazität ist definiert als die mögliche, nicht die tatsächliche, Produktionsmenge. Bei der Messung der Kapazität ist die Produktionstiefe mit zu berücksichtigen. Eine Erweiterung liegt auch dann vor, wenn ceteris paribus die Produktionstiefe erhöht wird.

(8) Um festzustellen, ob die Kapazität der Unternehmung gesteigert und damit die Unternehmung erweitert wurde, ist es nicht erforderlich, die Gesamtkapazität der Unternehmung zu messen. Es reicht aus, die jeweiligen Kapazitätsänderungen zu betrachten. Die Feststellung, daß die Kapazität erweitert worden ist, genügt. Eine genaue Messung der Kapazitätserweiterung kann unterbleiben, wenn eindeutig ist, in welche Richtung die Kapazität verändert wurde.

(9) Zu den Aufwendungen für die Ingangsetzung und Erweiterung des Geschäftsbetriebs gehören die Aufwendungen für den Auf- bzw. Ausbau der Unternehmensorganisation einschließlich der Beschaffungs- und Absatzkanäle, für die Einstellung und das Einarbeiten von Arbeitskräften und

für die Inbetriebnahme von neuen Fertigungsanlagen. Diese Aufwendungen dürfen aber nur dann als Ingangsetzungs- und Erweiterungsaufwendungen aktiviert werden, wenn sie weder zu den Gründungsaufwendungen gehören noch unter die Anschaffungs- bzw. Herstellungskosten anderer Aktiva fallen.

(10) Mit den Abschreibungen der aktivierten Ingangsetzungs- und Erweiterungsaufwendungen ist im Jahr nach der Aktivierung der Aufwendungen zu beginnen. § 282 HGB schreibt kein Abschreibungsverfahren vor. Allerdings beträgt die Mindestabschreibung 25 % pro Jahr. Aktivierte Aufwendungen für die Ingangsetzung und Erweiterung des Geschäftsbetriebs sind nach dem Imparitätsprinzip vollständig abzuschreiben, wenn sich herausstellt, daß die Ingangsetzung bzw. die Erweiterung des Geschäftsbetriebs eine Fehlmaßnahme war, d.h. insgesamt betrachtet zu einem negativen Erfolgsbeitrag führt.

(11) § 269 HGB enthält konkrete Bestimmungen über den Ausweis. Aktivierte Ingangsetzungs- und Erweiterungsaufwendungen sind gesondert vor dem Anlagevermögen unter der Bezeichnung „Aufwendungen für die Ingangsetzung und Erweiterung des Geschäftsbetriebs" auszuweisen.

(12) Als Kriterium für den Inhalt und Umfang der in § 269 HGB vorgeschriebenen Erläuterungen ist die Generalnorm des § 264 II HGB heranzuziehen. Die Rechenschaftsfunktion des Jahresabschlusses muß gewährleistet sein.

(13) Die Ausschüttungssperre des § 269 Satz 2 HGB führt dazu, daß der ausschüttungsfähige Betrag, anders als nach § 153 IV AktG a.F., durch eine Aktivierung von Ingangsetzungs- und Erweiterungsaufwendungen nicht erhöht werden kann. Mit der Bilanzierungshilfe des § 269 HGB kann die Höhe der Ausschüttungen nicht beeinflußt werden.

Literaturverzeichnis

Adam, A., Messen und Regeln in der Betriebswirtschaftslehre, Würzburg 1959.

Adam, Elmar, Die Generalklausel über den Inhalt des Jahresabschlusses nach dem Aktiengesetz 1965, Frankfurt/Main u.a. 1975 (Generalklausel).

Aden, Menno, Das Konkursrecht, Wiesbaden 1983.

Adler, Hans/Düring, Walther/Schmaltz, Kurt, Rechnungslegung und Prüfung der Aktiengesellschaft, 3. Aufl., Stuttgart 1957.

Adler, Hans/Düring, Walther/Schmaltz, Kurt, Rechnungslegung und Prüfung der Aktiengesellschaft, 4. Aufl., Bd. 1, Stuttgart 1968.

Ahrens, Heinz, Die Bedeutung der Betriebsgröße für Kosten und Ertrag unter besonderer Berücksichtigung der Mittelbetriebe, Diss., Münster 1961 (Die Bedeutung der Betriebsgröße).

Aktiengesetz Großkommentar, begr. v. *W. Gadow, E. Heinichen u.a.,* 2. Aufl., bearb. v. *Carl Hans Barz u.a.,* Berlin 1961.

Aktiengesetz Großkommentar, begr. v. *W. Gadow, E. Heinichen u.a.,* 3. Aufl., bearb. v. *Carl Hans Barz u.a.,* Berlin u.a. 1973.

Albach, Horst, Rechnungslegung im neuen Aktienrecht, in: NB 1966, S. 178-192.

Albach, Horst, Betriebsgröße, in: HWProd, hrsg. v. *Werner Kern,* Stuttgart 1979, Sp. 340-354.

Albrecht, Erwin, Betriebsgröße und Betriebsoptimum, Diss., Basel 1945.

Arbeitskreis Aktienrechtsreform im Institut der Wirtschaftsprüfer in Deutschland e.V., Vorschläge zur Aktienrechtsreform des Arbeitskreises Aktienrechtsreform im Institut der Wirtschaftsprüfer, Düsseldorf 1956.

Arbeitskreis „Rechnungslegungsvorschriften der EG-Kommission" der Gesellschaft für Finanzwirtschaft in der Unternehmensführung e.V. (GEFIU), Stellungnahme zum Vorschlag einer 4. Richtlinie des Rates zur Koordinierung der nationalen Gesetzgebungen hinsichtlich des Jahresabschlusses der Kapitalgesellschaften, in: DB 1978, Beilage Nr. 12/78 zu Heft 31.

Arbeitskreis „Rechnungslegungsvorschriften der EG-Kommission" der Gesellschaft für Finanzwirtschaft in der Unternehmensführung e.V. (GEFIU), Vorschlag zur Umsetzung der 4. EG-Richtlinie in deutsches Aktienrecht, in: DB 1979, Beilage Nr. 3/79 zu Heft 13.

Arbeitskreis „Rechnungslegungsvorschriften der EG-Kommission" der Gesellschaft für Finanzwirtschaft in der Unternehmensführung e.V. (GEFIU), Stellungnahme zum Vorentwurf eines Gesetzes zur Durchführung der 4. EG- (Bilanz-)Richtlinie zur

Koordinierung des Gesellschaftsrechts (Bilanzrichtlinie - Gesetz) vom 5.2.1980, in: DB 1980, Beilage Nr. 12/80 zu Heft 24.

Arians, Georg, Sonderbilanzen, Bilanzen aus besonderem Anlaß und Grundsätze ordnungsmäßiger Bilanzierung, 2. Aufl., Köln u.a. 1985 (Sonderbilanzen).

Auler, Wolf-D., Prüfungspflichten bei einer notleidenden Aktiengesellschaft, in: DB 1976, S. 1537-1539.

Auler, Wolf-D., Der Überschuldungsstatus als Bewertungsproblem, in: DB 1976, S. 2169-2173.

Baetge, Jörg, Möglichkeiten der Objektivierung des Jahreserfolges, Bd. 2 der Schriftenreihe des Instituts für Revisionswesen der Westfälischen Wilhelms-Universität Münster, hrsg. v. *Ulrich Leffson,* Düsseldorf 1970 (Objektivierung).

Baetge, Jörg, Rechnungslegungszwecke des aktienrechtlichen Jahresabschlusses, in: Bilanzfragen, Festschrift zum 65. Geburtstag von *Ulrich Leffson,* hrsg. v. *Jörg Baetge, Adolf Moxter* und *Dieter Schneider,* Düsseldorf 1976, S. 11-30.

Baetge, Jörg, Früherkennung negativer Entwicklungen der zu prüfenden Unternehmung mit Hilfe von Kennzahlen, in: WPg 1980, S. 651-665.

Baetge, Jörg, Vermögens- und Finanzlage, Prüfung der, in: HWRev, hrsg. v. *Adolf G. Coenenberg* und *Klaus von Wysocki,* Stuttgart 1983, Sp. 1641-1662.

Baetge, Jörg (Hrsg.), Der Jahresabschluß im Widerstreit der Interessen, Düsseldorf 1983.

Baetge, Jörg (Hrsg.), Das neue Bilanzrecht — Ein Kompromiß divergierender Interessen?, Düsseldorf 1985.

Baetge, Jörg, Grundsätze ordnungsmäßiger Buchführung, in: Handbuch der Rechnungslegung — Kommentar zur Bilanzierung und Prüfung, hrsg. v. *Karlheinz Küting* und *Claus-Peter Weber,* Stuttgart 1986, S. 177-204.

Baetge, Jörg / Ballwieser, Wolfgang, Zum bilanzpolitischen Spielraum der Unternehmensleitung, in: BFuP 1977, S. 199-215.

Baetge, Jörg / Ballwieser, Wolfgang, Ansatz und Ausweis von Leasingobjekten in Handels- und Steuerbilanz, in: DBW 1978, S. 3-19.

Baetge, Jörg / Commandeur, Dirk, Vergleichbar, vergleichbare Beträge in aufeinanderfolgenden Jahresabschlüssen, in: Handwörterbuch unbestimmter Rechtsbegriffe im Bilanzrecht des HGB, hrsg. v. *Ulrich Leffson, Dieter Rückle* und *Bernhard Großfeld,* Köln 1986, S. 326-335.

Baetge, Jörg / Commandeur, Dirk, Kommentierung zu § 264 HGB, in: Handbuch der Rechnungslegung — Kommentar zur Bilanzierung und Prüfung, hrsg. v. *Karlheinz Küting* und *Claus-Peter Weber,* Stuttgart 1986, S. 781-802.

Baetge, Jörg / Knüppe, Wolfgang, Vorhersehbare Risiken und Verluste, in: Handwörterbuch unbestimmter Rechtsbegriffe im Bilanzrecht des HGB, hrsg. v. *Ulrich Leffson, Dieter Rückle* und *Bernhard Großfeld,* Köln 1986, S. 394-403.

Baetge, Jörg / Moxter, Adolf / Schneider, Dieter (Hrsg.), Bilanzfragen, Festschrift zum 65. Geburtstag von *Ulrich Leffson,* Düsseldorf 1976.

Baetge, Jörg / Uhlig, Annegret, Zur Ermittlung der handelsrechtlichen „Herstellungskosten" unter Verwendung der Daten der Kostenrechnung, in: WiSt 1985, S. 274-280.

Bauer, Jörg, Grundlagen einer handels- und steuerrechtlichen Rechnungspolitik der Unternehmung, Schriftenreihe Besteuerung der Unternehmung, hrsg. v. *Gerd Rose,* Bd. 11, Wiesbaden 1981.

Baumbach, Adolf, Handelsgesetzbuch nach dem Stand vom 1. August 1932, Liebermann's Kurzkommentare, Bd. 9, Berlin 1932.

Beermann, Klaus, Prognosemöglichkeiten von Kapitalverlusten mit Hilfe von Jahresabschlüssen, Bd. 11 der Schriftenreihe des Instituts für Revisionswesen der Westfälischen Wilhelms-Universität Münster, hrsg. v. *Ulrich Leffson,* Düsseldorf 1976.

Beisse, Heinrich, Zum Verhältnis von Bilanzrecht und Betriebswirtschaftslehre, in: StuW 1984, S. 1-14.

Biener, Herbert, AG, KGaA, GmbH, Konzerne — Rechnungslegung, Prüfung und Publizität nach den Richtlinien der EG, Köln 1979 (AG, KGaA, GmbH, Konzerne).

Bierich, Marcus / Busse von Colbe, Walther / Laßmann, Gert / Lutter, Marcus (Hrsg.), Rechnungslegung nach neuem Recht, ZfbF, Sonderheft 10/1980, Wiesbaden 1980.

Biermann, Manfred, Die Überschuldung als Voraussetzung zur Konkurseröffnung, Die Unternehmung im Markt, Bd. 9, hrsg. v. *Johannes Fettel,* Berlin 1963.

Birk, Dieter, Zur Verfassungsmäßigkeit des Passivierungswahlrechts für Pensionsrückstellungen nach § 250 Abs. 3 HGBE (Bilanzrichtliniegesetz), in: BB 1983, S. 2065-2071.

Bleckmann, Albert, Gemeinschaftsrechtliche Probleme des Entwurfs des Bilanzrichtlinie-Gesetzes, in: BB 1984, S. 1525-1526.

Bleckmann, Albert, Europarecht — Das Recht der Europäischen Wirtschaftsgemeinschaft, 4. Aufl., Köln u.a. 1985.

Bloech, Jürgen, Betriebs- und Unternehmensgröße, in: HdWW, hrsg. v. *Willi Albers u.a.,* Bd. 1, Stuttgart u.a. 1977, S. 556-565.

Blumers, Wolfgang, Überschuldung als Konkursgrund bei der GmbH u. Co. KG, in: BB 1976, S. 1441-1443.

Blumers, Wolfgang, Bilanzierungstatbestände und Bilanzierungsfristen in Handelsrecht und Strafrecht, Köln 1983 (Bilanzierungstatbestände).

Boelke, Wilfried, Die Bewertungsvorschriften des Aktiengesetzes 1965 und ihre Geltung für die Unternehmen in anderer Rechtsform, Berlin 1970 (Bewertungsvorschriften).

Bönkhoff, Franz Josef, Die Kreditwürdigkeitsprüfung — zugleich ein Beitrag zur Prüfung von Plänen und Prognosen, Bd. 17 der Schriftenreihe des Instituts für Revisionswesen der Westfälischen Wilhelms-Universität Münster, hrsg. v. *Ulrich Leffson,* Düsseldorf 1983.

Börner, Dietrich / Krawitz, Norbert, Steuerbilanzpolitik, Herne u.a. 1977.

Bolin, Manfred / Haeger, Bernd / Zündorf, Horst, Einzelaspekte des künftigen Bilanzrechts, in: DB 1985, S. 605-611.

Bundesgerichtshof, Urteil vom 9.10.1958 — II ZR 348/56, in: BB 1958, S. 1181-1182.

Bundesgerichtshof, Urteil vom 9.7.1979 — II ZR 211/76, in: DB 1979, S. 1694.

Bundesminister der Justiz, Referentenentwurf eines Aktiengesetzes, Köln 1958.

Bundesminister der Justiz, Vorentwurf eines Gesetzes zur Durchführung der Vierten Richtlinie des Rates der Europäischen Gemeinschaften zur Koordinierung des Gesellschaftsrechts (Bilanzrichtlinie-Gesetz), vom 5. Feburar 1980, Text und Begründung, Az.: 9522/1 — 3 — 1a SH 3, abgedruckt bei: *Forster, Karl-Heinz / Gelhausen, Wolf Dietrich,* Der Jahresabschluß nach dem Vorentwurf eines Bilanzrichtlinie-Gesetzes, 2. Aufl., Düsseldorf 1980 (Vorentwurf eines Bilanzrichtlinie-Gesetzes vom 5. Februar 1980).

Bundesminister der Justiz, Entwurf eines Gesetzes zur Durchführung der Vierten Richtlinie des Rates der Europäischen Gemeinschaften zur Koordinierung des Gesellschaftsrechts (Bilanzrichtlinie-Gesetz), vom 18. Mai 1981, Az.: 3507/8 — 30 784/81.

Bundesregierung, Begründung des Regierungsentwurfs des Aktiengesetzes 1965, abgedruckt in: *Kropff, Bruno,* Aktiengesetz, Düsseldorf 1965.

Bundesregierung, Entwurf eines Gesetzes zur Durchführung der Vierten Richtlinie des Rates der Europäischen Gemeinschaften zur Koordinierung des Gesellschaftsrechts (Bilanzrichtlinie-Gesetz), Text und Begründung, vom 12. Februar 1982, BR-Drucks. 61/82 v. 19.3.1982.

Bundesregierung, Entwurf eines Gesetzes zur Durchführung der Vierten Richtlinie des Rates der Europäischen Gemeinschaften zur Koordinierung des Gesellschaftsrechts (Bilanzrichtlinie-Gesetz), Text und Begründung, vom 3. Juni 1983, BR-Drucks. 257/83 v. 3.6.1983 (Gesetzentwurf eines Bilanzrichtlinie-Gesetzes vom 3. Juni 1983).

Busse von Colbe, Walther, Die Planung der Betriebsgröße, Bd. 7 der Schriftenreihe Betriebswirtschaftliche Beiträge, hrsg. v. *Hans Münstermann,* Wiesbaden 1964.

Busse von Colbe, Walther / Chmielewicz, Klaus (Hrsg.), Das neue Bilanzrichtliniegesetz, Institut für Unternehmensführung und Unternehmensforschung, Arbeitsbericht Nr. 26, Bochum 1983 (Nachdruck 1984).

Busse von Colbe, Walther / Laßmann, Gert (Hrsg.), Zum Vorentwurf eines Bilanzrichtlinie-Gesetzes gemäß 4. EG-Richtlinie, Stuttgart 1981.

Busse von Colbe, Walther / Lutter, Marcus (Hrsg.), Die Rechnungslegung in den Ländern der Europäischen Gemeinschaft und in den USA, Bochum 1973.

Bydlinski, Franz, Juristische Methodenlehre und Rechtsbegriff, Wien u.a. 1982.

Canaris, Claus-Wilhelm, Die Feststellung von Lücken im Gesetz — Eine methodologische Studie über Voraussetzungen und Grenzen richterlicher Rechtsfortbildung praeter legem, 2. Aufl., Berlin 1983.

Castan, Edgar, Rechnungslegung der Unternehmung, 2. Aufl., München 1984.

Chmielewicz, Klaus, Vereinheitlichung der Rechnungslegung durch ein rechtsformunabhängiges Rechnungslegungsgesetz, in: Rechnungslegung nach neuem Recht, hrsg. v. *Marcus Bierich, Walther Busse von Colbe, Gert Laßmann* und *Marcus Lutter,* ZfbF,

Sonderheft 10/1980, Wiesbaden 1980, S. 15-52 (Vereinheitlichung der Rechnungslegung).

Chmielewicz, Klaus, Zur Neuordnung der handelsrechtlichen Rechnungslegung, in: Zum Vorentwurf eines Bilanzrichtlinie-Gesetzes gemäß 4. EG-Richtlinie, hrsg. v. *Walther Busse von Colbe* und *Gert Laßmann,* Stuttgart 1981, S. 7-28.

Coenenberg, Adolf G., Jahresabschluß und Jahresabschlußanalyse, 7. Aufl., München 1984.

Coing, Helmut, Juristische Methodenlehre, Berlin u.a., 1972.

Creifelds, Carl (Hrsg.), Rechtswörterbuch, 7. Aufl., München 1983.

Deutscher Industrie- und Handelstag u.a., Zur Durchführung der 4. EG- (Bilanz-) Richtlinie zum Gesellschaftsrecht, in: DB 1979, S. 1093-1099.

Deutscher Industrie- und Handelstag u.a., Erste Stellungnahme zum Vorentwurf eines Bilanzrichtlinie-Gesetzes, in: BB 1980, Beilage Nr. 9/80 zu Heft 28.

Deutscher Industrie- und Handelstag u.a., Stellungnahme zum Entwurf eines Bilanzrichtlinie-Gesetzes, in: DB 1981, S. 2448-2461.

Deutscher Industrie- und Handelstag u.a., Stellungnahme der Spitzenverbände zum Bilanzrichtlinie-Gesetz, in: DB 1984, Beilage Nr. 7/84 zu Heft 9.

Döllerer, Georg, Grundsätze ordnungsmäßiger Bilanzierung, deren Entstehung und Ermittlung, in: WPg 1959, S. 653-658.

Döllerer, Georg, Die Maßgeblichkeit der Handelsbilanz für die Steuerbilanz, in: BB 1969, S. 501-507.

Döllerer, Georg, Handelsbilanz ist gleich Steuerbilanz, in: Der Jahresabschluß im Widerstreit der Interessen, hrsg. v. *Jörg Baetge,* Düsseldorf 1983, S. 157-177.

Döllerer, Georg, Bilanzrecht und Betriebswirtschaftslehre, Dankrede anläßlich der Verleihung der Ehrendoktorwürde an Georg Döllerer durch den Fachbereich Wirtschaftswissenschaften der Johann Wolfgang Goethe-Universität Frankfurt am 16. Juni 1983, Umdruck der Johann Wolfgang Goethe-Universität, Frankfurt/Main 1983, S. 19-25.

Drukarczyk, Jochen, Bilanzielle Überschuldungsmessung — Zur Interpretation der Vorschriften von § 92 Abs. 2 AktG und § 64 Abs. 1 GmbHG, in: ZGR 1979, S. 553-582.

Dziadkowski, Dieter, Betriebswirtschaftliche Überlegungen zur Anpassung des deutschen Handelsbilanzrechts und Bilanzsteuerrechts an die EG-Bilanzrichtlinie, in: StuW 1979, S. 228-236.

Dziadkowski, Dieter, Die Aktivierungsunfähigkeit handelsrechtlicher Bilanzierungshilfen in der Steuerbilanz, in: BB 1980, S. 1515-1520 (Aktivierungsunfähigkeit).

Dziadkowski, Dieter, Bilanzhilfsposten (Bilanzierungshilfen) und Bewertungshilfen im künftigen Handelsbilanzrecht, in: BB 1982, S. 1336-1345 (Bilanzhilfsposten).

Eckes, Burkhard, Bewertungsstetigkeit — Muß- oder Sollvorschrift?, Geänderte Konzeption im neuen Entwurf eines Bilanzrichtlinie-Gesetzes, in: BB 1985, S. 1435-1444.

Edelmann, Walter, Die Betriebsgröße — Entwicklung und Stand der Forschung, Diss., Nürnberg 1955.

Egner, Henning / Wolff, Gerhardt, Zur Unbrauchbarkeit des Überschuldungstatbestands als gläubigerschützendes Instrument, in: AG 1978, S. 99-106.

Engisch, Karl, Einführung in das juristische Denken, 8. Aufl., Stuttgart u.a. 1983.

Entwurf eines Gesetzes betreffend die Kommanditgesellschaften auf Aktien und die Aktiengesellschaften, in: Stenographische Berichte über die Verhandlungen des Reichstages des Norddeutschen Bundes, 1. Legislaturperiode, Session 1870, Bd. 4, Anlagen zu den Verhandlungen des Reichstages Nr. 73-216, Berlin 1870, Nr. 158, S. 645-649.

Entwurf eines Gesetzes betreffend die Kommanditgesellschaften auf Aktien und die Aktiengesellschaften, Begründung (Motive), in: Stenographische Berichte über die Verhandlungen des Reichstages des Norddeutschen Bundes, 1. Legislaturperiode, Session 1870, Bd. 4, Anlagen zu den Verhandlungen des Reichstages Nr. 73-216, Berlin 1870, Nr. 158, S. 649-660.

Entwurf eines Handelsgesetzbuchs und eines Einführungsgesetzes zum Handelsgesetzbuch, in: Stenographische Berichte über die Verhandlungen des Reichstages, 9. Legislaturperiode, IV. Session 1895/97, 7. Anlagenband Nr. 731-908, Berlin 1897, Nr. 775, S. 4080-4169.

Europäisches Parlament, Entschließung mit der Stellungnahme des Europäischen Parlaments zu dem Vorschlag der Kommission der Europäischen Gemeinschaften an den Rat für eine 4. Richtlinie, in: ABl.EG Nr. C 129 v. 11.12.1972, S. 38-40.

Faller, Eberhard, Der Grundsatz der Einzelbewertung und die Notwendigkeit zu seiner Durchbrechung unter Berücksichtigung des Bilanzrichtlinien-Gesetzentwurfs, in: BB 1985, S. 2017-2023.

Federmann, Rudolf, Bilanzierung nach Handelsrecht und Steuerrecht, 4. Aufl., Bielefeld 1978.

Federmann, Rudolf, Die Memoranden zur Anpassung der deutschen Rechnungslegungsvorschriften nach Maßgabe der 4. EG-Richtlinie, in: BB 1980, S. 425-437.

Fettel, Johannes, Die Betriebsgröße, Versuche sie zu messen — Faktoren die sie beeinflussen, in: Betriebsgröße und Unternehmenskonzentration, Nürnberger Abhandlungen, Heft 10, hrsg. v. *Hanns Linhardt,* Berlin 1959, S. 61-71 (Die Betriebsgröße).

Fikentscher, Wolfgang, Methoden des Rechts, Bd. IV, IV, Tübingen 1977.

Fischer, Guido, Gemeinkosten- und Gewinnzuschläge bei den Einrichtungs- und Anlaufkosten, in: Der praktische Betriebswirt 1941, S. 81-86.

Fischer, Michael W., Hermeneutik als Lebensform?, in: Hermeneutik und Strukturtheorie des Rechts, hrsg. v. *Michael W. Fischer, Erhard Mock* und *Helmut Schreiner,* Stuttgart 1984, S. 51-73.

Fischer, Michael W. / Mock, Erhard / Schreiner, Helmut (Hrsg.), Hermeneutik und Strukturtheorie des Rechts, Stuttgart 1984.

Fischer, Werner, Die Überschuldungsbilanz, Köln u.a. 1980.

Fleck, Albert / Tietze, Hubert, 4. EG-Richtlinie und Bilanzsteuerrecht, in: DB 1978, Beilage 15 / 78 zu Heft 37.

Forster, Karl-Heinz, Bewertungsstetigkeit und Rechnungslegung nach dem AktG 1965, in: WPg 1966, S. 555-559.

Forster, Karl-Heinz, Rückstellungen für Verluste aus schwebenden Geschäften, in: WPg 1971, S. 393-399.

Forster, Karl-Heinz, Ausgewählte Fragen zur Rechnungslegung nach dem Publizitätsgesetz, in: WPg 1972, S. 469-475.

Forster, Karl-Heinz, Zur Bilanzierung, Reservebildung und Ausschüttung in der GmbH, Anmerkungen zum Aufsatz von Marcus Lutter, in: DB 1979, S. 1099-1100.

Forster, Karl-Heinz, Anhang, Lagebericht, Prüfung und Publizität im Regierungsentwurf eines Bilanzrichtlinie-Gesetzes, in: DB 1982, S. 1577-1582 und 1631-1635.

Forster, Karl-Heinz, Bewertungsstetigkeit — was sie ist und was sie nicht ist, in: Der Wirtschaftsprüfer im Schnittpunkt nationaler und internationaler Entwicklungen, Festschrift zum 60. Geburtstag von *Klaus von Wysocki,* hrsg. v. *Gerhard Gross,* Düsseldorf 1985, S. 29-43.

Forster, Karl-Heinz / Gelhausen, Wolf Dietrich, Der Jahresabschluß nach dem Vorentwurf eines Bilanzrichtlinie-Gesetzes, 2. Aufl., Düsseldorf 1980.

Frank, Gundolf, Kapazität und Kapazitätsmessung im Einzelhandel, in: ZfB 1970, S. 621-632.

Freericks, Wolfgang, Bilanzierungsfähigkeit und Bilanzierungspflicht in Handels- und Steuerbilanz, Köln u.a. 1976 (Bilanzierungsfähigkeit).

Friederich, Hartmut, Grundsätze ordnungsmäßiger Bilanzierung für schwebende Geschäfte, Beiträge zu den Grundsätzen ordnungsmäßiger Bilanzierung, Schriften der Schmalenbach-Gesellschaft, Bd. 4, Düsseldorf 1975.

Frotz, Hans, Die durch § 149 Abs. 1 AktG gezogenen Grenzen von Bilanzstrategie und Bilanztaktik, in: DB 1976, S. 1343-1346.

Fülling, Friedhelm, Grundsätze ordnungsmäßiger Bilanzierung für Vorräte, Beiträge zu den Grundsätzen ordnungsmäßiger Bilanzierung, Schriften der Schmalenbach-Gesellschaft, Bd. 6, Düsseldorf 1976.

Gadamer, Hans-Georg, Wahrheit und Methode — Grundzüge einer philosophischen Hermeneutik, (1. Aufl.), Tübingen 1960 (Wahrheit und Methode).

Gebhardt, Günter, Insolvenzprognosen aus handelsrechtlichen Jahresabschlüssen, Wiesbaden 1980.

Geisthardt, Achim, Bedeutung der vierten EG-Richtlinie für den Aussagegehalt des aktienrechtlichen Jahresabschlusses, Thun u.a. 1980 (Bedeutung der 4. Richtlinie).

Gesetz betreffend die Kommanditgesellschaften auf Aktien und die Aktiengesellschaften, in: Stenographische Berichte über die Verhandlungen des Reichstages, 5. Legislaturperiode, IV. Session 1884, Bd. 3, Anlagen zu den Verhandlungen des Reichstages Nr. 1-59, Berlin 1884, Nr. 21, S. 215-232.

Gesetz zur Durchführung der Vierten, Siebenten und Achten Richtlinie des Rates der Europäischen Gemeinschaften zur Koordinierung des Gesellschaftsrechts (Bilanzrichtlinien-Gesetz — BiRiLiG) vom 19. Dezember 1985, BGBl. 1985, Teil I, Nr. 62 v. 24.12.1985, S. 2355 2433.

Geßler, Ernst/Hefermehl, Wolfgang/Eckardt, Ulrich/Kropff, Bruno, Aktiengesetz-Kommentar, Bd. II, München 1973/74.

Geßler, Ernst/Hefermehl, Wolfgang/Eckardt, Ulrich/Kropff, Bruno, Aktiengesetz-Kommentar, Bd. III, München 1973.

von Godin, Reinhard/Wilhelmi, Hans, Aktiengesetz-Kommentar, 2. Aufl., Berlin 1950.

von Godin, Reinhard/Wilhelmi, Hans, Aktiengesetz-Kommentar, 4. Aufl., Bd. 1, Berlin u.a. 1971.

Grabitz, Eberhard, Gemeinschaftsrecht bricht nationales Recht, Abhandlungen aus dem Seminar für öffentliches Recht, Universität Hamburg, hrsg. v. *Rudolf Laun* und *Hans Peter Ipsen,* Heft 55, Hamburg 1966.

Greiffenhagen, H., Zur Aktivierung von Betriebseinrichtungskosten, in: GmbH-Rundschau 1964, S. 3-7.

Gross, Gerhard (Hrsg.), Der Wirtschaftsprüfer im Schnittpunkt nationaler und internationaler Entwicklungen, Festschrift zum 60. Geburtstag von *Klaus von Wysocki,* Düsseldorf 1985.

Gross, Gerhard/Schruff, Lothar, Der Jahresabschluß nach neuem Recht, Düsseldorf 1986.

Großfeld, Bernhard, Bilanzrecht, Heidelberg u.a. 1978.

Groupe d'Etudes des Experts Comptables de la C.E.E., Deutsche Übersetzung der 1. Stellungnahme der Groupe d'Etudes des Experts Comptables de la C.E.E. vom 26.6.1972 zum Vorschlag einer 4. Richtlinie (Dokument GEEC — 4DSA — 26672), abgedruckt bei: *Schruff, Lothar,* Rechnungslegung und Prüfung der AG und GmbH nach neuem Recht (4. EG-Richtlinie), Düsseldorf 1978, S. III/2-III/7.

Groupe d'Etudes des Experts Comptables de la C.E.E., Deutsche Übersetzung der 2. Stellungnahme der Groupe d'Etudes des Experts Comptables de la C.E.E. vom 21.2.1973 zum Vorschlag einer 4. Richtlinie (Dokument GEEC — 4DSA — 21273), abgedruckt bei: *Schruff, Lothar,* Rechnungslegung und Prüfung der AG und GmbH nach neuem Recht (4. EG-Richtlinie), Düsseldorf 1978, S. III/8-III/16.

Groupe d'Etudes des Experts Comptables de la C.E.E., Deutsche Übersetzung der 3. Stellungnahme der Groupe d'Etudes des Experts Comptables de la C.E.E. vom 21.4.1975 zum geänderten Vorschlag einer 4. Richtlinie (Dokument GEEC — 4DSA — 21475), abgedruckt bei: *Schruff, Lothar,* Rechnungslegung und Prüfung der AG und GmbH nach neuem Recht (4. EG-Richtlinie), Düsseldorf 1978, S. III/17-III/21.

Groupe d'Etudes des Experts Comptables de la C.E.E., Deutsche Übersetzung der 4. Stellungnahme der Groupe d'Etudes des Experts Comptables de la C.E.E. vom 18.6.1975 zum geänderten Vorschlag einer 4. Richtlinie (Dokument GEEC — 4DSA

— 18675), abgedruckt bei: *Schruff, Lothar,* Rechnungslegung und Prüfung der AG und GmbH nach neuem Recht (4. EG-Richtlinie), Düsseldorf 1978, S. III/22-III/25.

Gurke, Michael, Verhaltensweisen und Sorgfaltspflichten von Vorstandsmitgliedern und Geschäftsführern bei drohender Überschuldung, Berlin 1982 (Sorgfaltspflichten von Vorstandsmitgliedern).

Gurke, Michael, Zur Konkursantragspflicht der GmbH-Geschäftsführer wegen Überschuldung der Gesellschaft, in: DB 1982, S. 1857-1858.

Gutenberg, Erich, Betriebsgröße, in: HWB, 3. Aufl., hrsg. v. *Hans Seischab* und *Karl Schwantag,* Bd. 1, Stuttgart 1956, Sp. 800-806.

Gutenberg, Erich, Grundlagen der Betriebswirtschaftslehre, Bd. 1, Die Produktion, 22. Aufl., Berlin u.a. 1976 (Die Produktion).

Hantke, Hans, Handels- und steuerrechtlicher Jahresabschluß, München u.a. 1982.

Harms, Jens E./Küting, Karlheinz, Ermittlung und Ausweis des Eigenkapitals nach dem Bilanzrichtlinie-Gesetz, in: DB 1983, S. 1449-1454.

Harms, Jens E./Küting, Karlheinz, Bilanzpolitische Bedeutung von Bilanzierungshilfen nach altem und neuem Recht, in: BB 1984, S. 648-653 (Bilanzpolitische Bedeutung).

Harms, Jens E./Küting, Karlheinz, Die Notwendigkeit einer Sonderregelung für geringwertige Wirtschaftsgüter im künftigen Bilanzrecht, DB 1984. S. 1997-2005.

Harneit, Paul, Überschuldung und erlaubtes Risiko, Bd. 8 der Schriften zum gesamten Wirtschaftsstrafrecht, hrsg. v. *Erich Samson* und *Klaus Tiedemann,* Köln 1984.

Hast, Karl, Grundsätze ordnungsmäßiger Bilanzierung für Anlagegegenstände, 2. Aufl., Leipzig 1935.

Helmrich, Herbert, Europäische Rechtsetzung und die Aufgabe des nationalen Gesetzgebers, in: Das neue Bilanzrecht — Ein Kompromiß divergierender Interessen?, hrsg. v. *Jörg Baetge,* Düsseldorf 1985, S. 13-27.

Helmrich, Herbert, Zur Umsetzung der 4. und 7. EG-Richtlinie in deutsches Handels- und Gesellschaftsrecht, in: ZfbF 1985, S. 723-734.

Heyd, Reinhard, Ziele und Funktionsfähigkeit von Jahresabschlüssen nach den vorparlamentarischen Regierungsvorlagen für ein Bilanzrichtlinie-Gesetz unter besonderer Berücksichtigung des Interessenschutzes und der Interessengewichtung bei unterschiedlichen Rechtsformen, Frankfurt/Main u.a. 1982 (Ziele).

Hirtz, Herbert, Die Vorstandspflichten bei Verlust, Zahlungsunfähigkeit und Überschuldung einer Aktiengesellschaft, Diss., Aachen 1965 (Vorstandspflichten).

Hofbauer, Max A., Die Grundzüge der Bilanzierungsvorschriften des Bilanzrichtlinie-Gesetzes, in: DStR 1982, Sonderbeilage zu Heft 15.

Husemann, Karl-Heinz, Grundsätze ordnungsmäßiger Bilanzierung für Anlagegegenstände, Düsseldorf 1970.

Huthmacher, Karl Eugen, Der Vorrang des Gemeinschaftsrechts bei indirekten Kollisionen, Köln u.a. 1985.

Institut der Wirtschaftsprüfer in Deutschland e.V. (Hrsg.), Wirtschaftsprüfer-Handbuch 1963, Düsseldorf 1963.

Institut der Wirtschaftsprüfer in Deutschland e.V., Achte und Neunte Arbeitstagung 1965/66, als Manuskript gedruckt, Düsseldorf 1966.

Institut der Wirtschaftsprüfer in Deutschland e.V., Zur Frage der Bedeutung aktienrechtlicher Bewertungsvorschriften für das Steuerrecht, in: WPg 1967, S. 666-669.

Institut der Wirtschaftsprüfer in Deutschland e.V., Stellungnahme des Instituts der Wirtschaftsprüfer in Deutschland e.V.: Zur Transformation der 4. EG-Richtlinie ins nationale Recht, in: WPg 1979, S. 169-185.

Institut der Wirtschaftsprüfer in Deutschland e.V., Stellungnahme zum Regierungsentwurf eines Bilanzrichtlinie-Gesetzes 1983, in: WPg 1984, S. 125-140.

Institut der Wirtschaftsprüfer in Deutschland e.V. (Hrsg.), Wirtschaftsprüfer-Handbuch 1985/86, Bd. 1, Düsseldorf 1985.

Ipsen, Hans Peter, Europäisches Gemeinschaftsrecht, Tübingen 1972.

Jonas, Heinrich H., Die EG-Bilanzrichtlinie, Freiburg 1980.

Klinger, K., Anlaufkosten bei der Errichtung, Einrichtung und Ingangsetzung von Industriebetrieben, in: DB 1965, S. 225-228 (Anlaufkosten).

Knobbe-Keuk, Brigitte, Bilanz- und Unternehmenssteuerrecht, 5. Aufl., Köln 1985.

Knoblauch, Peter, Die vierte EG-Richtlinie, Frankfurt/Main 1978.

Knoche, Martin, Die Berichterstattung über Bewertungsänderungen im Geschäftsbericht nach neuem Aktienrecht, Düsseldorf 1967.

Koch, Helmut, Die Problematik des Niederstwertprinzips, in: WPg 1957, S. 1-6, 31-35 und 60-63.

Koch, Helmut, Betriebsgröße, in: HWS, Bd. 2, hrsg. v. *Erwin von Beckerath u.a.*, Stuttgart 1959, S. 82-92.

Koch, Helmut, Die Problematik des Teilwertes, in: ZfhF 1960, S. 319-353.

Kölner Kommentar zum Aktiengesetz, hrsg. v. *Wolfgang Zöllner*, Bd. 1, 3. Lieferung, §§ 74-94, Köln u.a. 1970.

Kölner Kommentar zum Aktiengesetz, hrsg. v. *Wolfgang Zöllner*, Bd. 2, 1. Lieferung, §§ 148-178, Köln u.a. 1971.

Kölner Kommentar zum Aktiengesetz, hrsg. v. *Wolfgang Zöllner*, Bd. 2, 4. Lieferung, §§ 241-290, Köln u.a. 1976.

Kommentar zum Bürgerlichen Gesetzbuch, begr. v. *Julius von Staudinger*, bearb. v. *Helmut Coing* und *Norbert Habermann*, 12. Aufl., Berlin 1980.

Kommentar zum GmbHG, begr. v. *Franz Scholz*, 6. Aufl., bearb. v. *Volker Emmerich, Karsten Schmidt, Manfred Skibbe, Harm Peter Westermann, Hans-Joachim Priester, Uwe H. Schneider, Klaus Tiedemann* und *Heinz Winter*, Köln 1978-1983.

Kommission der Europäischen Gemeinschaften, Vorentwurf einer 4. Richtlinie vom 9.3.1968, in: ABl.EG Nr. L 65 v. 14.3.1968, S. 8-12.

Kommission der Europäischen Gemeinschaften, Vorschlag einer 4. Richtlinie vom 16.11.1971, in: ABl.EG Nr. C 7 v. 28.1.1972, S. 11-26.

Kommission der Europäischen Gemeinschaften, Geänderter Vorschlag einer 4. Richtlinie vom 26.2.1973, in: Bulletin der EG, Beilage 6/74, abgedruckt bei: *Schruff, Lothar,* Rechnungslegung und Prüfung der AG und GmbH nach neuem Recht (4. EG-Richtlinie), Düsseldorf 1978, S. II/1-II/125.

Kommission und Rat der Europäischen Gemeinschaften, Erklärungen der Kommission und des Rates für das Protokoll über die Ratstagung am 25. Juli 1978 (Dok. Rat R/1961/78 (ES 93) v. 18.7.1978), abgedruckt bei: *Biener, Herbert,* AG, KGaA, GmbH, Konzerne — Rechnungslegung, Prüfung und Publizität nach den Richtlinien der EG, Köln 1979, S. 183-185.

Kommission Rechnungswesen im Verband der Hochschullehrer für Betriebswirtschaft e.V., Reformvorschläge zur handelsrechtlichen Rechnungslegung, in: DB 1978, S. 1291-1292.

Kommission Rechnungswesen im Verband der Hochschullehrer für Betriebswirtschaft e.V., Reformvorschläge zur handelsrechtlichen Rechnungslegung, in: DBW 1979, S. 1-70 (Reformvorschläge).

Kommission Rechnungswesen im Verband der Hochschullehrer für Betriebswirtschaft e.V., Stellungnahme zum Vorentwurf eines Bilanzrichtlinie-Gesetzes vom 5.2.1980, in: DBW 1980, S. 589-597.

Kommission Rechnungswesen im Verband der Hochschullehrer für Betriebswirtschaft e.V., Stellungnahme zum Regierungsentwurf eines Bilanzrichtlinie-Gesetzes, in: DBW 1983, S. 5-15.

Kresse, Werner/Kotsch-Faßhauer, Lieselotte, Das Bilanzrichtlinie-Gesetz und seine Anwendung in Buchführung und Jahresabschluß, Stuttgart 1984 (Das Bilanzrichtlinie-Gesetz).

Kriele, Martin, Theorie der Rechtsgewinnung — entwickelt am Problem der Verfassungsinterpretation, Berlin 1967.

Kropff, Bruno, Leitgedanken der Bewertungsvorschriften des künftigen Aktienrechts, in: WPg 1964, S. 565-575.

Kropff, Bruno, Aktiengesetz, Textausgabe des Aktiengesetzes vom 6.9.1965 und des Einführungsgesetzes zum Aktiengesetz vom 6.9.1965 mit Begründung des Regierungsentwurfs und Bericht des Rechtsausschusses des Deutschen Bundestags, Düsseldorf 1965.

Kropff, Bruno, Bilanzwahrheit und Ermessensspielraum in den Rechnungslegungsvorschriften des Aktiengesetzes 1965, in: WPg 1966, S. 369-380 (Bilanzwahrheit und Ermessensspielraum).

Kropff, Bruno, Sinn und Grenzen von Bilanzpolitik — im Hinblick auf den Entwurf des Bilanzrichtlinie-Gesetzes, in: Der Jahresabschluß im Widerstreit der Interessen, hrsg. v. *Jörg Baetge,* Düsseldorf 1983, S. 179-211 (Sinn und Grenzen).

Kruse, Heinrich Wilhelm, Grundsätze ordnungsmäßiger Buchführung, Köln 1976.

Kübler, Bruno M., Grenzen der Beeinflussung des Gewinnausweises nach den Bewertungsvorschriften des AktG 1965, Diss., Köln 1969.

Kühnberger, Manfred / Lenz, Hansrudi / Stachuletz, Rainer, Rechnungslegungsvorschriften des Entwurfs eines Bilanzrichtlinie-Gesetzes — ein Schritt zu einem „Allgemeinen Rechnungslegungsgesetz"?, in: DB 1982, S. 3-9 (Rechnungslegungsvorschriften).

Küntzel, Wolfram, Das neue Bilanzrecht — Grundlagen und Ziele sowie aktien- und steuerrechtliche Probleme der EG-Bilanzrichtlinie, Diss., Saarbrücken 1982.

Küting, Karlheinz / Haeger, Bernd / Zündorf, Horst, Die Erstellung des Anlagengitters nach künftigem Bilanzrecht, in: BB 1985, S. 1948-1957.

Küting, Karlheinz / Weber, Claus-Peter (Hrsg.), Handbuch der Rechnungslegung — Kommentar zur Bilanzierung und Prüfung, Stuttgart 1986.

Kupsch, Peter, Bilanzierungsproblematik und Vorstandspflichten bei Verlust in Höhe der Hälfte des Grundkapitals und bei Überschuldung, in: WPg 1982, S. 273-280 (Vorstandspflichten).

Kupsch, Peter, Zur Problematik der Überschuldungsmessung, in: BB 1984, S. 159-165.

Lamers, Alfons, Aktivierungsfähigkeit und Aktivierungspflicht immaterieller Werte, Bd. 2 der Hochschulschriften zur Betriebswirtschaftslehre, hrsg. v. *D. Beschorner* und *M. Heinhold,* München 1981 (Aktivierungsfähigkeit).

Lange, Albert / Falk, Baldhard, Die Aktivierung von Anlaufkosten, in: Der Wirtschaftsprüfer 1954, S. 169-175.

Larenz, Karl, Methodenlehre der Rechtswissenschaft, 5. Aufl., Berlin u.a. 1983 (Methodenlehre).

Layer, Manfred, Kapazität: Begriff, Arten und Messung, in: HWProd, hrsg. v. *Werner Kern,* Stuttgart 1979, Sp. 871-882.

Leffson, Ulrich, Der Jahresabschluß in der Aktienrechtsreform — mit einem Vorschlag zur Änderung des Regierungsentwurfs, Wiesbaden 1961.

Leffson, Ulrich, Die Grundsätze ordnungsmäßiger Buchführung, 6. Aufl., Düsseldorf 1982 (GoB).

Leffson, Ulrich, Die Erfassungs- und Bewertungsprinzipien des Handelsrechts, in: Handbuch des Jahresabschlusses in Einzeldarstellungen, hrsg. v. *Klaus von Wysocki* und *Joachim Schulze-Osterloh,* Köln 1984.

Leffson, Ulrich, Bilanzanalyse, 3. Aufl., Stuttgart 1984.

Leffson, Ulrich / Rückle, Dieter / Großfeld, Bernhard (Hrsg.), Handwörterbuch unbestimmter Rechtsbegriffe im Bilanzrecht des HGB, Köln 1986.

Limberg, Manfred, Ingangsetzungskosten des Geschäftsbetriebs nach § 153 Abs. 4 AktG 1965 in der Handels- und Steuerbilanz, in: StBp 1973, S. 198-202 (Ingangsetzungskosten).

Linhardt, Hanns (Hrsg.), Betriebsgröße und Unternehmenskonzentration, Nürnberger Abhandlungen, Heft 10, Berlin 1959.

Lücke, Wolfgang, Betriebs- und Unternehmungsgröße, Stuttgart 1967.

Lütkemeyer, Jörg, Die Überschuldung der GmbH — Ein Beitrag zum Recht der Unternehmensbewertung, Gelsenkirchen 1983 (Die Überschuldung der GmbH).

Lutter, Marcus, Rechnungslegung nach künftigem Recht, in: DB 1979, S. 1285-1296.

Lutter, Marcus, Rechtliches Gewicht und rechtspolitische Bedeutung der 4. Richtlinie, in: Rechnungslegung nach neuem Recht, hrsg. v. *Marcus Bierich, Walther Busse von Colbe, Gert Laßmann* und *Marcus Lutter,* ZfbF, Sonderheft 10/1980, Wiesbaden 1980, S. 3-13.

Lutter, Marcus, Europäisches Gesellschaftsrecht, 2. Aufl., ZGR, Sonderheft 1/1984, Berlin u.a. 1984.

Männel, Wolfgang, Auszahlungen, Ausgaben, Aufwand und Kosten, in: WISU 1979, S. 479-485.

Marettek, Alexander, Ingangsetzungs- und Erweiterungsaufwendungen, Prüfung der, in: HWRev, hrsg. v. *Adolf G. Coenenberg* und *Klaus von Wysocki,* Stuttgart 1983, Sp. 624-628.

Maul, Karl-Heinz, Bilanzierungshilfen im künftigen Bilanzrecht, in: AG 1980, S. 233-240.

Mellwig, Winfried, Bilanzrechtsprechung und Betriebswirtschaftslehre, in: BB 1983, S. 1613-1620.

Moxter, Adolf, Bilanzlehre, Wiesbaden 1974.

Moxter, Adolf, Aktivierungsgrenzen bei immateriellen Anlagewerten, in: BB 1978, S. 821-825.

Moxter, Adolf, Immaterielle Anlagewerte im neuen Bilanzrecht, in: BB 1979, S. 1102-1109.

Moxter, Adolf, Die handelsrechtlichen Grundsätze ordnungsmäßiger Buchführung und das neue Bilanzrecht, in: ZGR 1980, S. 254-276.

Moxter, Adolf, Goodwill, in: HWR, hrsg. v. *Erich Kosiol, Klaus Chmielewicz* und *Marcel Schweitzer,* 2. Aufl., Stuttgart 1981, Sp. 684-691.

Moxter, Adolf, Der Jahresabschluß im Widerstreit der Interessen — Ziele und Zielerreichung, in: Der Jahresabschluß im Widerstreit der Interessen, hrsg. v. *Jörg Baetge,* Düsseldorf 1983, S. 11-20.

Moxter, Adolf, Das Realisationsprinzip — 1884 und heute, in: BB 1984, S. 1780-1786.

Müller, Welf, Der Verlust der Hälfte des Grund- oder Stammkapitals — Überlegungen zu den §§ 92 Abs. 1 AktG und 49 Abs. 3 GmbHG, in: ZGR 1985, S. 191-213 (Der Verlust der Hälfte des Grund- oder Stammkapitals).

Müller-Dahl, Frank P., Betriebswirtschaftliche Probleme der handels- und steuerrechtlichen Bilanzierungsfähigkeit, Berlin 1979 (Betriebswirtschaftliche Probleme).

Müller-Dahl, Frank P., Die Bilanzierung des Goodwill — betriebswirtschaftlich sowie handels- und steuerrechtlich unter Berücksichtigung des Vorentwurfs eines Bilanzrichtlinie-Gesetzes, in: BB 1981, S. 274-284 (Bilanzierung des Goodwill).

Muser, Willy, Die aktienrechtliche Meldepflicht nach § 83 AktG 1937, in: WPg 1961, S. 29-33.

Mutze, Otto, Aktivierung und Bewertung immaterieller Wirtschaftsgüter nach Handels- und Steuerrecht, Berlin 1960 (Aktivierung und Bewertung).

Mutze, Otto, Gewinnverwirklichung und Berücksichtigung von Risiken bei langfristigen Rücklagen, in: AG 1969, S. 275-281.

Niehans, Jürg, Eine Meßziffer für Betriebsgrößen, in: ZfgS 1955, S. 529-542.

Niehus, Rudolf J., Rechnungslegung und Prüfung der GmbH nach neuem Recht, Kommentar zu den die GmbH betreffenden Vorschriften des Regierungsentwurfs eines Bilanzrichtlinie-Gesetzes vom 12.2.1982, Berlin u.a. 1982 (Rechnungslegung der GmbH).

Oberlandesgericht Köln, Urteil vom 5.5.1977 — 14 U 46/76, in: AG 1978, S. 17-26.

Ott, Jürgen, Gibt es eine Verpflichtung zur Passivierung von Pensionsanwartschaften?, in: BB 1983, S. 1643-1645.

Paal, Eberhard, Realisierung sog. Teilgewinne aus langfristigen auftragsbezogenen Leistungen im Jahresabschluß der AG, Düsseldorf 1977.

Pfanzagl, J., Die axiomatischen Grundlagen einer allgemeinen Theorie des Messens, Schriftenreihe des Statistischen Instituts der Universität Wien, Neue Folge Nr. 1, begr. v. *W. Winkler,* hrsg. v. *S. Sagoroff,* 2. Aufl., Würzburg 1962.

Pfleger, Günter, Die neue Praxis der Bilanzpolitik — Gestaltungsmöglichkeiten in der Handels- und Steuerbilanz nach gegenwärtigem und künftigem Bilanzrecht, Freiburg 1984.

Plate, Georg, Eignung von Zahlungsunfähigkeit und Überschuldung als Indikatoren für die Insolvenzreife einer Unternehmung, in: DB 1980, S. 217-222.

Plate, Georg, Die Konkursbilanz, Köln u.a. 1979.

Plückebaum, Rudolf/Wendt, Wilhelm, Aktienrechtliche Bilanzierungsvorschriften und bilanzsteuerliche Auswirkungen, Stuttgart 1973.

Pohlig, Rolf, Anmerkungen zum Eigenkapitalausweis und zur Ergebnisverwendung nach künftigem Recht, in: DBW 1981, S. 140-145.

Popper, Karl R., Logik der Forschung, 8. Aufl., Tübingen 1984.

Pribilla, Max E., Die Überschuldungsbilanz, in: KTS 1958, S. 1-8 und 17-24.

Rat der Europäischen Gemeinschaften, Vierte Richtlinie des Rates v. 25.7.1978, in: ABl.EG Nr. L 222 v. 14.8.1978, S. 11-31, (4. EG-Richtlinie).

Rechtsausschuß des Deutschen Bundestags, Ausschußbericht zum Aktiengesetz 1965, abgedruckt in: *Kropff, Bruno,* Aktiengesetz, Düsseldorf 1965.

Rechtsausschuß des Deutschen Bundestags, Unterausschuß „Bilanzrichtlinie-Gesetz“, Entwurf einer geänderten Konzeption von Vorschriften des Bilanzrichtlinie-Gesetzes vom 29. März 1985.

Rechtsausschuß des Deutschen Bundestags, Unterausschuß „Bilanzrichtlinie-Gesetz“, Entwurf eines Gesetzes zur Durchführung der Vierten, Siebenten und Achten Richtlinie des Rates der Europäischen Gemeinschaften zur Koordinierung des Gesellschaftsrechts (Bilanzrichtlinien-Gesetz) vom 1. August 1985 (Entwurf eines Bilanzrichtlinien-Gesetzes).

Rechtsausschuß des Deutschen Bundestags, Entwurf eines Gesetzes zur Durchführung der Vierten, Siebenten und Achten Richtlinie des Rates der Europäischen Gemeinschaften zur Koordinierung des Gesellschaftsrechts (Bilanzrichtlinien-Gesetz — BiRiLiG) vom 13. November 1985, BT-Drucks. 10/4268 v. 18.11.1985 (Bilanzrichtlinien-Gesetz vom 13. November 1985).

Reuter, Edzard, Neue Produkte erfordern erhebliche Vorleistungen, in: Handelsblatt Nr. 73 v. 16. April 1985, S. 22-23.

Reuter, Edzard, Bilanzierung in Ländern mit hohen Inflationsraten aus der Sicht einer multinationalen Großunternehmung, in: Das neue Bilanzrecht — Ein Kompromiß divergierender Interessen?, hrsg. v. *Jörg Baetge,* Düsseldorf 1985, S. 177-208.

Richter, Martin, Die Bilanzierungshilfen, in: Handbuch des Jahresabschlusses in Einzeldarstellungen, hrsg. v. *Klaus von Wysocki* und *Joachim Schulze-Osterloh,* Köln 1984.

Riebel, Paul, Umgestaltung des Produktionsbereichs in wachsenden Industrieunternehmungen, in: ZfhF 1964, S. 210-233.

Riegel, Reinhard, Allgemeine Auslegungsgrundsätze und Grundlagen des Gemeinschaftsrechts, in: BayVBl. 1974, S. 33-39.

Rieger, Wilhelm, Einführung in die Privatwirtschaftslehre, 2. Aufl., Erlangen 1959.

Rinck, Gerd, Wirtschaftswissenschaftliche Begriffe in Rechtsnormen, in: Recht im Wandel, Beiträge zu Strömungen und Fragen im heutigen Recht, Festschrift Hundertfünfzig Jahre Carl Heymanns Verlag, Köln u.a. 1965, S. 361-375.

Russ, Wolfgang, Der Anhang als dritter Teil des Jahresabschlusses, Reihe: Steuer, Wirtschaft und Recht, Bd. 9, hrsg. v. *Johannes Georg Bischoff* und *Alfred Kellermann,* Bergisch Gladbach 1984.

Saage, Gustav, Die Reservepolitik im neuen Aktienrecht, in: NB 1966, S. 71-83.

Saage, Gustav, Veränderte Grundlagen der Gewinnermittlung nach Handels- und Steuerrecht, in: DB 1969, S. 1661-1667 und 1709-1714 (Gewinnermittlung).

Schäfer, Erich, Die Unternehmung, 10. Aufl., Wiesbaden 1980.

Schedlbauer, Hans, Sonderprüfungen, Stuttgart 1984.

Schedlbauer, Hans, Auslösung und Durchführung von Insolvenzprüfungen, in: DB 1984, S. 2205-2213.

Schlegelberger, Franz / Quassowski, Leo / Herbig, Gustav / Geßler, Ernst / Hefermehl, Wolfgang, Aktiengesetz, Kommentar, Berlin 1938.

Schmalenbach, Eugen, Dynamische Bilanz, 4. Aufl., Leipzig 1926.

Schmalenbach, Eugen, Dynamische Bilanz, 10. Aufl., Bremen 1948.

Schmalenbach, Eugen, Dynamische Bilanz, 12. Aufl., Köln u.a. 1956.

Schmidt, Harald, Bilanzierung und Bewertung, Wiesbaden 1978.

Schmidt, Karsten, Sinnwandel und Funktion des Überschuldungstatbestandes, in: Juristenzeitung 1982, S. 165-174.

Schmitz, Roland A., Die Messung der Größe industrieller Wirtschaftseinheiten als betriebswirtschaftliches Problem, Diss., Köln 1961 (Messung der Größe).

Schneider, Dieter, Aktienrechtlicher Gewinn und ausschüttungsfähiger Betrag, in: WPg 1971, S. 607-617 (Aktienrechtlicher Gewinn).

Schneider, Dieter, Gliederungs-, Ansatz- und Bewertungswahlrechte für den Jahresabschluß, in: Rechnungslegung nach neuem Recht, hrsg. v. *Marcus Bierich, Walther Busse von Colbe, Gert Laßmann* und *Marcus Lutter,* ZfbF, Sonderheft 10/1980, Wiesbaden 1980, S. 81-100.

Schneider, Dieter, Bilanzierungs- und Buchungsfähigkeit, in: HWR, hrsg. v. *Erich Kosiol, Klaus Chmielewicz* und *Marcel Schweitzer,* 2. Aufl., Stuttgart 1981, Sp. 215-224.

Schneider, Dieter, Wozu eine Reform des Jahresabschlusses? Oder: Jahresabschlußzwecke im Lichte der Temperaturmessung, in: Der Jahresabschluß im Widerstreit der Interessen, hrsg. v. *Jörg Baetge,* Düsseldorf 1983, S. 131-155.

Schneider, Dieter, Rechtsfindung durch Deduktion von Grundsätzen ordnungsmäßiger Buchführung aus gesetzlichen Jahresabschlußzwecken?, in: StuW 1983, S. 141-160 (Rechtsfindung).

Schneider, W. Edelfried, Bilanztheoretische Probleme der vierten EG-Richtlinie, Bonner Betriebswirtschaftliche Schriften, Bd. 7, hrsg. v. *Horst Albach, Hans-Jacob Krümmel* und *Hermann Sabel,* Bonn 1980.

Schnettler, Albert, Betriebsanalyse, 2. Aufl., Stuttgart 1960.

Schönbrodt, Bernd, Erfolgsprognosen mit Bilanzkennzahlen, Beiträge zum Rechnungs-, Finanz- und Revisionswesen, Bd. 3, hrsg. v. *Adolf G. Coenenberg* und *Klaus von Wysocki,* Frankfurt/Main u.a. 1981.

Schöne, Wolf-Dieter, Aktivierung von Kosten der Ingangsetzung des Geschäftsbetriebs im Jahresabschluß der GmbH nach geltendem und nach zukünftigem Recht, in: GmbH-Rundschau 1985, S. 385-389.

Schönfeld, Peter, Probleme und Verfahren der Messung der Kapazität und des Auslastungsgrades, ZfgS 1967, S. 25-59.

Schönnenbeck, Hermann, Bilanzierung drohender Verluste aus schwebenden Geschäften, in: DB 1962, S. 1281-1284 und 1313-1317.

Schruff, Lothar, Rechnungslegung und Prüfung der AG und GmbH nach neuem Recht (4. EG-Richtlinie), Düsseldorf 1978 (Rechnungslegung und Prüfung).

Schruff, Lothar, Struktur und Inhalt der geänderten Konzeption eines Bilanzrichtlinie-Gesetzes, in: Das neue Bilanzrecht — Ein Kompromiß divergierender Interessen?, hrsg. v. *Jörg Baetge,* Düsseldorf 1985, S. 29-80.

Schürer, Heinz, Der Tatbestand der Überschuldung im deutschen Insolvenzrecht, Diss., München 1962.

Schulte, Karl-Werner, Imparitätsprinzip und Niederstwertvorschrift, in: WPg 1979, S. 505-510.

Schwantag, Karl, Kosten der Betriebseinrichtung im Jahresabschluß und in der Überschuldungsbilanz von Kapitalgesellschaften, in: Aktuelle Betriebswirtschaft, Festschrift für *Konrad Mellerowicz,* Berlin 1952, S. 206-224.

Schwerdtfeger, Gunter, Öffentliches Recht in der Fallbearbeitung, 5. Aufl., München 1980.

Selchert, Friedrich W., Bilanzierung und Bilanzierungsmethode nach dem Bilanzrichtlinie-Gesetz, in: BB 1984, S. 1399-1404.

Semler, Johannes, Erläuterungs- und Lagebericht, Quartalsberichte sowie Formen der Publizität, in: Rechnungslegung nach neuem Recht, hrsg. v. *Marcus Bierich, Walther Busse von Colbe, Gert Laßmann* und *Marcus Lutter,* ZfbF, Sonderheft 10/1980, Wiesbaden 1980, S. 177-210.

Siebert, Wolfgang, Die Methode der Gesetzesauslegung, Heidelberg 1958.

Staub, Hermann, Kommentar zum Handelsgesetzbuch, 6. und 7. Aufl., Bd. 1, Berlin 1900.

Stegmüller, Wolfgang, Hauptströmungen der Gegenwartsphilosophie, Bd. 2, Stuttgart 1975.

Stüdemann, Klaus, Grundlagen zur Unterscheidung von materiellen und immateriellen Gütern und zu ihrer Aktivierung in der Bilanz, in: DB 1985, S. 345-352.

Stuhrmann, G., Zur Frage der steuerrechtlichen Aktivierungspflicht von Ingangsetzungskosten nach § 153 Abs. 4 S. 2 AktG, in: Information 1975, S. 391-392 (Ingangsetzungskosten).

Sudhoff, Heinrich, Der Gesellschaftsvertrag der Personengesellschaften, 5. Aufl., München 1978.

Teichmann, Robert / Köhler, Walter, Aktiengesetz-Kommentar, 3. Aufl., Heidelberg 1950.

Timm, Wolfram, Die Gründungs- und Ingangsetzungskosten — ihre Behandlung im Jahresabschluß der Aktiengesellschaft in den Ländern der Europäischen Wirtschaftsgemeinschaft, in: Die Rechnungslegung in den Ländern der Europäischen Gemeinschaft und in den USA, hrsg. v. *Walther Busse von Colbe* und *Marcus Lutter,* Bochum 1973, S. 178-201 (Gründungs- und Ingangsetzungskosten).

Tipke, Klaus, Steuerrecht, 7. Aufl., Köln 1979.

Tipke, Klaus, Über teleologische Auslegung, Lückenfeststellung und Lückenausfüllung, in: Der Bundesfinanzhof und seine Rechtsprechung, Festschrift für *Hugo von Wallis,* hrsg. v. *F. Klein* und *K. Vogel,* Bonn 1985, S. 133-150.

Trumpler, Hans, Die Bilanz der Aktiengesellschaft, Basel 1950.

Ulmer, Peter, Konkursantragspflicht bei Überschuldung der GmbH und Haftungsrisiken bei Konkursverschleppung, in: KTS 1981, S. 469-492.

Veit, Klaus-Rüdiger, Die Konkursrechnungslegung, Köln u.a. 1982.

Veit, Klaus-Rüdiger, Zur Bilanzierung von Organisationsausgaben und Gründungsausgaben nach künftigem Recht, in: WPg 1984, S. 65-70 (Organisationsausgaben).

Veit, Klaus-Rüdiger, Die Aktivierung immaterieller Wirtschaftsgüter und langfristig wirksamer Ausgaben in der Steuerbilanz, in: DB 1985, S. 557-560.

Vodrazka, Karl, Prüfung der Überschuldung und Unterbilanz, HWRev, hrsg. v. *Adolf G. Coenenberg* und *Klaus von Wysocki,* Stuttgart 1983, Sp. 1541-1556.

Völschau, Gert, Zielsetzung, System und rechtliche Gestaltung der Rechnungslegungsvorschriften des neuen Aktiengesetzes, Diss., Hamburg 1969 (Zielsetzung).

Volkswagenwerk AG (Hrsg.), Aktuelle Probleme der Kosten- und Erlösrechnung bei weitgehend automatisierter Serienfertigung, Wolfsburger Fachgespräche, Bd. 7, Dialog zwischen Wissenschaft und Praxis über aktuelle Fragen des Finanzmanagements, Wolfsburg 1985.

von Wallis, Hugo, Die wirtschaftliche Betrachtungsweise im Steuerrecht, in: Probleme des Finanz- und Steuerrechts, Festschrift für *Ottmar Bühler,* hrsg. v. *Armin Spitaler,* Köln 1954, S. 249-277.

Walter, Norbert, Zur Ansatzfähigkeit immaterieller Anlagewerte in der Handels- und Steuerbilanz, Diss., Berlin 1982.

Weber, Helmut Kurt, Betriebswirtschaftliches Rechnungswesen, 2. Aufl., München 1978.

Weber, Helmut Kurt, Ausgaben und Einnahmen, in: HWR, hrsg. v. *Erich Kosiol, Klaus Chmielewicz* und *Marcel Schweitzer,* 2. Aufl., Stuttgart 1981, Sp. 93-100.

Weibel, Peter F., Die Aussagefähigkeit von Kriterien zur Bonitätsbeurteilung im Kreditgeschäft der Banken, Bern u.a. 1973.

Weimar, Robert, Von der Gesetzesanwendung zur Rechtsfortschreibung, in: Hermeneutik und Strukturtheorie des Rechts, hrsg. v. *Michael W. Fischer, Erhard Mock* und *Helmut Schreiner,* Stuttgart 1984, S. 155-167.

Weinrich, Günter, Kreditwürdigkeitsprognosen — Steuerung des Kreditgeschäftes durch Risikoklassen, Wiesbaden 1978.

Wetzel, Hans-Peter, Die Auswirkungen des Bilanzrichtlinie-Gesetzes auf den Maßgeblichkeitsgrundsatz der Handelsbilanz für die Steuerbilanz und umgekehrt, Konstanzer Dissertationen Bd. 58, Konstanz 1985.

Wetzel, Wolfgang, Untersuchungen über das Problem der Betriebsgröße, Diss., Berlin 1953.

Wichmann, Gerd, Die Bedeutung des Paragraph 149 Absatz 1 Satz 2 AktG für die Bilanzierung der Aktiengesellschaften, in: WPg 1977, S. 290-294.

Wild, Jürgen, Methodenprobleme in der Betriebswirtschaftslehre, in: HWB, 4. Aufl., Bd. I/2, hrsg. v. *Erwin Grochla* und *Waldemar Wittmann,* Stuttgart 1975, Sp. 2654-2677.

Wirtschaftsprüferkammer / Institut der Wirtschaftsprüfer in Deutschland e.V., Zum Referentenentwurf eines Gesetzes über Gesellschaften mit beschränkter Haftung (RefE),

Gemeinsame Stellungnahme der Wirtschaftsprüferkammer und des Instituts der Wirtschaftsprüfer zum Abschnitt Rechnungslegung, in: WPg 1970, S. 154-163.

Wirtschaftsprüferkammer / Institut der Wirtschaftsprüfer in Deutschland e.V., Gemeinsame Stellungnahme der Wirtschaftsprüferkammer und des Instituts der Wirtschaftsprüfer zum Vorentwurf eines Bilanzrichtlinie-Gesetzes, in: WPg 1980, S. 501-523.

Wirtschaftsprüferkammer / Institut der Wirtschaftsprüfer in Deutschland e.V., Gemeinsame Stellungnahme der Wirtschaftsprüferkammer und des Instituts der Wirtschaftsprüfer zum Entwurf eines Bilanzrichtlinie-Gesetzes, in: WPg 1981, S. 609-621.

Wirtschaftsprüferkammer / Institut der Wirtschaftsprüfer in Deutschland e.V., Gemeinsame Stellungnahme zur geänderten Konzeption des Bilanzrichtlinie-Gesetzes, in: WPg 1985, S. 349-353.

Wirtschaftsprüferkammer / Institut der Wirtschaftsprüfer in Deutschland e.V., Gemeinsame Stellungnahme zum Entwurf eines Bilanzrichtlinien-Gesetzes, in: WPg 1985, S. 537-553.

Wirtschafts- und Sozialausschuß der Europäischen Gemeinschaften, Anhörung des Wirtschafts- und Sozialausschusses zu dem Vorschlag für eine 4. Richtlinie, in: ABl.EG Nr. C 39 v. 7.6.1973, S. 31-39.

Wittrock, Wilfried, Die Bestimmungsfaktoren der optimalen Betriebsgröße und ihre Problematik, Diss., Göttingen 1963.

Wöhe, Günter, Bilanzierung und Bilanzpolitik, 6. Aufl., München 1984.

Wolff, Hans J. / Bachof, Otto, Verwaltungsrecht I, 9. Aufl., München 1974.

von Wysocki, Klaus, Diskussionsbeitrag, in: Aktuelle Probleme der Kosten- und Erlösrechnung bei weitgehend automatisierter Serienfertigung, Wolfsburger Fachgespräche, Bd. 7, Dialog zwischen Wissenschaft und Praxis über aktuelle Fragen des Finanzmanagements, hrsg. v. Volkswagenwerk AG, Wolfsburg 1985, S. 99.

von Wysocki, Klaus / Schulze-Osterloh, Joachim (Hrsg.), Handbuch des Jahresabschlusses in Einzeldarstellungen, Köln 1984.

Zilias, Manfred, Unterbilanz und Überschuldung der Aktiengesellschaft, in: WPg 1977, S. 445-455.

Zimmermann, Karl, Zur Bestimmung der Unternehmensgröße in der Industrie und im Handel (Teil 1), in: Wirtschaftswissenschaftliche Mitteilungen 1960, Heft 7/8, S. 157-161.

Zuleeg, Manfred, Die Rechtswirkung europäischer Richtlinien, in: ZGR 1980, S. 466-485.

Sachregister